우리는 어떻게 공범이 되는가

우리는 어떻게 공범이 되는가

맥스 베이저먼
연아람 옮김

COMPLICIT
Max H. Bazerman

민음사

COMPLICIT
: How We Enable the Unethical and How to Stop
by Max H. Bazerman

Copyright © Princeton University Press 2022
All rights reserved.
No part of this book may be reproduced or transmitted in any form or by any means, electronic or mechanical, including photocopying, recording or by any information storage and retrieval system, without permission in writing from the Publisher.

Korean translation edition is published by arrangement with
Princeton University Press through EYA Co., Ltd.

Korean Translation Copyright © Minumsa 2025

이 책의 한국어판 저작권은 EYA Co., Ltd.를 통해
Princeton University Press와 독점 계약한 (주)민음사에 있습니다.

저작권법에 의해 한국 내에서 보호를 받는 저작물이므로
무단 전재와 무단 복제를 금합니다.

나의 윤리적 판단과 해석에 커다란 영향을 준
마자린 바나지, 돌리 추그, 조슈아 그린, 고(故) 데이비드 메식, 돈 무어,
앤 텐브룬셀에게 이 책을 바친다.

일러두기

1 본문의 각주는 옮긴이의 것이다.
2 원문에서 이탤릭체로 강조한 구절은 고딕체로 표기했다.
3 국내에 번역 출간된 책은 한국어판 제목으로 표기하고 미출간된 책은 처음에 원제를 병기했다.

차례

들어가며 9

1장 누구나 공범이 될 수 있다 11
우리 모두의 이야기 | 윤리의식을 높이는 법 | 공모란 무엇인가

1 명백한 공모

2장 진정한 파트너 29
적극적인 협력 | 한두 사람이 수백만 명을 해칠 수는 없다

음모론을 취여 주다 | 진정한 파트너들이 범법자를 돕는 이유

3장 협력자들 49
모든 협력이 바람직한 것은 아니다 | 디젤게이트의 공범들

"비즈니스 비용" | 공조의 이유

2 일상의 공모

4장 특권을 누리는 사람들 75
차별적 구조에서 이득을 본다는 것 | 특권을 인식하지 못하는 것은 공모일까

타인을 인정하는 특권

5장 가짜 예언가에게 빠지다 97
카리스마 넘치는 리더의 매력 | 월그린은 어떻게 거짓 예언에 넘어갔나

카리스마 넘치는 리더의 위험 | 거짓 예언자가 통하는 이유

6장 권위와 충성 　　　　　　　　　　　　　116
권위에 침묵하다 | 충성심과 조직적 공모 | 충성심의 명암 | 충성에는 보상이 따른다
침묵의 파란 벽 | 왜 인간은 권위에 복종하고 충성하는가

7장 타인에 대한 신뢰 　　　　　　　　　　144
함께하는 동료를 신뢰하는 것 | 신뢰의 장단점

8장 비윤리적 시스템에 의한 공모　　　　　162
"우리는 제안만 할 뿐입니다" | 목표가 윤리를 잠식할 때 | 독립성이라는 허상
부도덕한 환경 개선이 먼저다

3 공모에 대처하는 법

9장 공모의 심리학 　　　　　　　　　　　189
한 사람만 비난하기 | 간접적인 해악을 미치는 심리
공모 행위가 쉽게 간과되는 이유 | 부작위 편향 | 공모의 점진적 진화
보복에 대한 두려움 | 무엇을 해야 하는가

10장 공범이 되지 않으려면 　　　　　　　207
어떻게 행동할 것인가 | 공모자가 되지 않는 법: 적극적인 행동 사례

11장 리더는 무엇을 할 수 있는가　　　　　236
집단행동 장려하기 | 윤리적인 조직 설계하기 | 정의로운 사회 만들기
윤리적인 제도 수립하기 | 먼저 입을 열다

나가며　257

감사의 말　259

주　262

들어가며

이 글은 내가 윤리에 관해 쓴 세 번째 책이다. 첫 번째 책은 2011년에 친구이자 공저자인 앤 텐브룬셀과 함께 낸 『Blind spots, 이기적 윤리』였다. 1990년대 중반부터 2010년까지 나와 앤이 진행한 공동 연구에 기초하여 탄생한 『Blind spots, 이기적 윤리』는 왜 사람들이 자기도 모르는 새 나쁜 일을 저지르는지를 다룬 심리학 문헌의 시초라 할 수 있다. 2020년에 출간된 『완벽이 아닌 최선을 위해』는 좀 더 규범적인 방향으로 전환하여 윤리적 행동을 방해하는 장애물을 어떻게 극복할 수 있을지 통찰을 제시하고자 했다. 『완벽이 아닌 최선을 위해』는 내가 조금 더 깊이 파고들어야 할 철학 개념과 이론을 계속해서 맞닥뜨렸기에 집필하는 데 시간이 오래 걸렸다. 이 책 『우리는 어떻게 공범이 되는가』는 그때와 사뭇 달랐다. 2020년 미국 대선 때만 해도 내가 공모에 관한 책을 쓰게 될 줄은 꿈에도 몰랐다. 1년 만에 초고가 완성되었고 여러 친구와 동료들이 읽어 주었다. 이 책은 2021년 1월 6일, 말도 안 되게 많은 사람이 쿠데타 시도에 가담하여 미국의 민주주의를 위협한 충격적인 사건에 감응하여 쓴 것이다. 어떻게 그토록 많은 사람이 그런 쿠데타가 일어나는 데에 기꺼이 일조할 수 있었을까?

이 질문에 답을 구하기 시작하면서 최근에 일어난 가장 악랄한 사건의 공모자들 사이에 유사성이 있다는 사실을 깨달았다. 독자들 대부분은 2장과 3장에서 설명할 공모자들에는 공감하지 않을 테지만, 그 뒤에 이어지는 장에 등장하는 공모자들에 대해서는 대체로 수긍하리라 장담한다. 내가 비윤리적인 일에 공모하게 된 일화도 몇 가지 풀어놓았는데, 7장에서 자세히 설명할 것이다. 내 경험담을 포함한 것은 불법적 사건에 가담하는 일이 누구에게나 일어날 수 있다는 사실을 강조하기 위해서다.

1장 누구나 공범이 될 수 있다

2004년, 미국에서 오피오이드 사태가 촉발된 것은 세계적인 경영 컨설팅 기업 매킨지가 퍼듀 파마(Purdue Pharma)에 마약성 진통제 옥시콘틴의 판매를 촉진하는 전략을 제공하기 시작하면서부터였다. 매킨지의 컨설팅은 퍼듀가 2007년에 해당 약품의 부정 표시 혐의에 대한 죄를 인정하고 오피오이드 중독이 전국으로 퍼져 수많은 사람의 삶을 파괴한 지 한참이 지난 2019년까지 계속되었다. 2021년에 매킨지는 퍼듀의 판매를 촉진하도록 도운 일에 대해 미국 47개 주와 5억 7300만 달러에 합의했다.[1] 캘리포니아주 정부가 주장한 바에 따르면 "두 회사가 파트너십을 맺은 지 얼마 되지 않았을 때 매킨지는 의사들을 대상으로 구체적인 메시지를 전달하면 옥시콘틴 판매를 늘릴 수 있다고 퍼듀에 조언했다."[2]

여러 해에 걸쳐 매킨지가 퍼듀에 옥시콘틴의 판매를 촉진하고 정부 규제를 빠져나갈 수 있는 전략 컨설팅을 제공하는 동안 미국 식품의약국(FDA)의 약물 규제 부서도 거의 같은 기간에 매킨지로부터 정책 컨설팅을 받았다. 그중에는 제약회사에 대한 규제를 강화하는 전략도 있었다. 매킨지가 FDA와 맺은 계약에 따르면 매킨지는 이런 명백한 이해관계 충돌 사실을 밝혔어야 했다. 그러나 2021년 프로퍼블리카*가 이해 충돌의 공개와 관련하여 매킨지가 제출한 문서를 요청했을 때 FDA는 "당 기관의 파일을 샅샅이 뒤졌으나" 아무것도 나오지 않았다고 답했다.[3]

2019년 초에 퍼듀가 비위를 저지를 수 있었던 것이 매킨지의 컨설팅 덕이었다는 소식이 대중에 알려진 이후에도 FDA는 계속해서 매킨지에게 컨설팅을 받았다. 2019년 2월부터 2021년 1월까지 FDA와 새로 맺은 계약으로 매킨지가 지급받은 컨설팅 비용은 2000만 달러가 넘는다.[4] 매킨지가 FDA와 퍼듀에 동시에 컨설팅을 제공한 것은 명백하게 공익에 반하는 일이었다. 2008년에 FDA가 퍼듀에 옥시콘틴의 약품 안전 계획 제출을 요구할 예정이라고 알리자, 퍼듀는 매킨지에 FDA의 요청에 대응하는 방안을 의뢰했다. 매킨지는 파워포인트 프레젠테이션을 통해 몇 가지 방안을 제안했다. 여기에는 FDA를 고소하거나 마약성 진통제를 만드는 다른 제약회사들(이 중에는 존슨앤드존슨이나 말린크로트와 같은 매킨지의 다른 고객사도 있었다.)과 힘을 합쳐 FDA의 새로운 규제를 막는 방법이 포함되어 있었다. 퍼듀가 다른 기업과 함께 새로

---

* 2007년에 설립되어 탐사 보도를 전문으로 하는 미국의 비영리 인터넷 언론.

운 FDA 규제를 막는 방법을 선택하자, 매킨지는 퍼듀 임원들과 FDA 관리들의 만남을 주선하는 등 전략 실행을 도왔다. 이즈음에 FDA는 의약품 안전 계획을 수립하면서 매킨지에 FDA의 "새로운 운영 모델" 개발을 위한 컨설팅을 의뢰한 상태였다. 프로퍼블리카에 따르면, 이후 2012년에 FDA는 "규제 정도를 상당히 완화한" 마약성 진통제 안전 계획을 발표했다.[5]

2013년에 FDA와 여러 컨설팅 계약을 맺은 와중에도 매킨지는 퍼듀에 구체적인 판매 전술을 여럿 제안했다. 그중에는 다량의 마약성 진통제를 처방하는 기관에 판촉을 집중하는 법, (수익이 증가하도록) 더 많은 복용량을 권유하는 법, 환자들과 약국에 직접 옥시콘틴을 유통하는 방법도 있었다. 2017년에 매킨지는 퍼듀에 더 많은 용량을 더 많이 처방하는 약국에 인센티브를 제공하는 방법을 제안했는데 이는 실제로 중독을 이용하는 것이었다. 일례로 매킨지는 마약성 진통제에 중독되거나 과다 복용하는 환자를 고객으로 둔 CVS 같은 약국에 고액의 보너스(약 1만 5000달러)를 지급할 것을 퍼듀에 제안했다.[6] "매킨지는 엄청난 전문성을 발휘하여 퍼듀 파마가 더 많은 약을 팔도록 도왔고, 그것은 성공했다." 2021년에 매킨지에게 합의금을 받아 낸 주역 중 한 사람인 노스캐롤라이나주 법무부 장관 조시 스타인이 《워싱턴 포스트》와의 인터뷰에서 한 말이다. "처방된 약의 수, 퍼듀의 수익, 매킨지의 수수료가 급증한 만큼 중독자, 과다 복용자, 사망자의 수도 급증했다."[7] 마약성 진통제 판매를 증가시키기 위해 제약회사들과 일하는 동안에도 매킨지는 계속해서 FDA를 비롯한 정부 기구와 비영리 기관에 오피오이드 사태 개선 방안을 컨설팅했다.

2018년에 매사추세츠주 정부가 오피오이드 사태에 대한 책임을 물어 퍼듀를 고소하자 매킨지는 크게 당황했다. 매킨지의 고위 간부 두 사람은 오피오이드 프로젝트와 관련된 회사 문서를 파기할 것을 논의했다.[8] 그러나 매킨지는 고객사의 범법 행위에 가담한 사실이 밝혀질 때마다 그래 왔듯이 이번에도 책임을 인정하지 않았다. 매킨지의 글로벌 회장 케빈 스니더는 합의를 결정한 후 무미건조한 성명서를 내놓았다. "당사는 미국 전역의 지역사회에 신속하고 유의미한 지원을 제공하기 위해 이 사태를 수습하기로 결정했다. (……) 당사는 결과적으로 미국 사회에 중독이 만연해진 비극적인 현실을 충분히 인지하지 못한 점을 매우 유감스럽게 생각한다. 이번 합의를 통해 미국의 오피오이드 사태 해결에 일조할 수 있기를 희망한다."[9]

매킨지는 스스로 "전 세계에서 가장 유력한 다수의 기업과 기관에 신뢰할 수 있는 자문과 컨설팅을 제공"한다고 홍보한다.[10] 그러면서 자신들은 조언만 할 뿐 결정은 고객사의 몫이라고 주장하며 법적으로 스스로를 방어한다. 다시 말해 고객사들은 매킨지에 수백만 달러의 컨설팅 수수료를 지급한 뒤에도 자유롭게 매킨지의 조언을 거부할 수 있다는 말이다. 그러나 최근 매킨지는 고객사가 자신들의 제안을 이행하도록 적극적으로 돕는 일에 뛰어들었다. 콜로라도주 법무부 장관인 필 와이저가 《뉴욕 타임스》에 밝힌 바에 따르면 퍼듀에 한 일이 바로 그런 것이었다. 두 명의 매킨지 사장은 퍼듀의 소유주 새클러 가문의 일원들과 합작하여 퍼듀 임원진의 결정을 뒤엎고 자신들의 계획을 실행에 옮겼다. 와이저는 "매킨지 사장들의 행태를 보면 거의 자기들이 퍼듀 임원인 양 굴었다."라고 했다.[11] 이처럼 퍼듀의 일상적인 의사결정에 관여해 왔으면서도 매킨지는 오피오이드 사태에 실질적인 책임을 지지 않으려 했다.

8장에서 논의할 테지만 매킨지가 수익을 위해 불법행위를 저지르도록 도운 고객사는 퍼듀만이 아니다. 선뜻 5억 7300만 달러라는 배상금을 지급하기로 합의한 것이 흔한 일은 아니지만, 매킨지가 사회에 피해를 일으키는 고객사를 도운 유일한 컨설팅 회사는 아니라는 것이다.

물론 다른 사람들이 비위를 저지르도록 돕는 일을 유명 컨설팅 회사만 하는 것은 아니다. 우리도 다른 사람의 비윤리적인 행위에 가담할지 여부를 결정해야 할 때가 많다. 환경을 파괴하거나, 소비자를 속이거나, 질 낮은 제품을 팔거나, 세계적 불평등을 조장하는 회사에서 일할지 말지를 결정해야 하는 경우가 그렇다. 조직의 일 중 비교적 해롭지 않은 분야에서 일하는 경우가 있는가 하면, 범법자들이 위해를 가하는 일을 더 직접적으로 돕는 경우가 있다. 나는 변호사가 아니므로 이 책을 통해 법적 조언을 하지는 않을 것이다. 그 대신 행동윤리학을 연구하는 사람으로서 다른 사람이 우리가 제공하는 도움(그에 대한 비용을 지급하든 않든)을 이용하여 사회에 해를 끼칠 가능성이 있을 때 우리가 공범인지 아닌지를 조언할 것이다.

매킨지가 오피오이드 사태에 미친 영향을 설명한 것은 퍼듀 파마와 새클러 가문의 책임을 면해 주려는 의도가 아니다. 2장에서 논의하겠지만 책임은 여러 사람에게 있다. 독자들은 퍼듀를 도와 통증으로 고통받는 많은 사람을 옥시콘틴에 중독되게 하거나 약을 남용하게 만든 공범들을 더 보게 될 것이다. 컨설팅 회사, 유통업체, 약국, 처방전을 쓴 의사들 모두 오피오이드 중독이 만연한 현실에 책임이 있다. 이 책 『우리는 어떻게 공범이 되는가』는 독자들이 이미 알고 있는 이야기를 다른 관점에서 살펴봄으로써 가장 악명 높은 범죄자들 주변에는 항상 **공범들이 있다**는 사실을 보여 줄 것이다.

우리 모두의 이야기

나는 어떤 기업에 강의와 자문을 제공할지 결정해야 할 때가 많다. 결정이 쉬운 경우도 있다. 이를테면 수익 증대를 위해 기후변화 논의를 의도적으로 왜곡한 엑손과는 일하지 않는다.[12] 마찬가지로 개인적인 윤리적 신념 때문에 포장육, 담배, 총기 산업군의 기업과도 일하지 않는다. 문제는 내가 하버드 경영대학원에서 시험 없이 입학할 수 있는 최고경영자 과정에서도 여러 과목을 가르친다는 사실이다. 내가 협업하기를 거부하는 기업의 임원이 학생으로 들어온다면 어떻게 대처해야 할까? 내게는 다른 학생들을 대하듯이 그들을 반갑게 맞이할 의무가 있다. 어쨌거나 그것은 내가 경영자 과정에서 강의하기로 했을 때 암묵적으로 동의한 부분이기 때문이다. 하지만 내가 비윤리적이라고 여기는 일에 사용할지도 모를 효과적인 협상 방법이나 의사결정 전략을 경영진에게 가르침으로써 어쩌면 나는 공모자가 될 수 있다. 그들에게 자신의 윤리의식을 점검하고 향상하도록 가르친다는 사실이 나를 책임에서 자유롭게 만들 수 있을까? 나는 이 책 전반에 걸쳐 내가 공모자가 되었던 경험에 관해 이야기할 것이며, 7장에서는 서문에서 언급했듯이 한 사례를 자세하게 설명할 것이다.

우리는 모두 자신이 옳지 않다고 믿는 행위, 나라면 절대 하지 않을 행위를 하는 사람들을 목격한 경험이 있다. 그럴 때 그 행위는 잘못이라고 직언하거나 비위를 막기 위한 조치를 취했는가? 누군가 괴롭힘당하는 것을 보면 나서서 그들을 보호하는가? 동료가 직원 채용 과정에서 후배나 친구에게 후한 점수를 주려고 할 때 그들의 공정하지 못한 점을 지적하는가? 부서의 재무 회계에 의심스러운 부분이 있으면 그것이 명확해질 때까지 설명을 요구하는가? 자기가 몸담은 조직이 옳은 일에서 합법적인 일로 윤리적 기준을 낮추었다면 더 높은 기준을 세워야 한다고 주장하는가? 비영리단체가 기부자들에게 오도의 가능성이 있는 데이터를 제공할 때 그것이 부정행위라고 분명히 이야기하는가? 더 일반적인 질문을 던져 보자. 부도덕한 행위에 맞서지 않을 때 우리는 그 일의 공범인가? 장담하건대 나쁜 일에 가담하게 된 개개인의 불편한 기억에 비추어 보면 이런 질문은 얼마든지 계속할 수 있다.

이 책에서 이야기할 사건은 대부분 기업의 사례다. 정계나 학계의 사례도 있다. 이 사례들에는 모두 너무나 많은 사람이 다른 사람의 비윤리적 행위에 가담했다는 공통점이 있다. 우리가 주로 살펴볼 이야기는 애덤 뉴먼(위워크), 엘리자베스 홈스(테라노스), 새클러 가문(퍼듀 파마), 희대의 성범죄자 하비 와인스틴(미라맥스, 와인스틴 컴퍼니)을 있게 한 공모자들에 관한 것이다. 독자들은 여기 나열한 인물들의 이야기를 이미 알고 있을 것이다. 하지만 이 책은 이 사건들을 설명하는 기존의 방식에서 벗어나 그동안 간과되었던 사실, 부도덕한 행위에 공모한 사람들이 사건에 얼마나 큰 영향을 미쳤는지에 집중할 것이다. 독자들은 새클러 가문이 만든 마약성 진통제를 유통한 사람들, 위워크의 불가능한 비즈니스 모델을 무시한 벤처 투자자들, 테라노스의 사기 기술을 매장에 입점시키고 판매한 월그린, 성폭행 가해자들에 맞서야 할 때 사실을 외면한 리더들을 알게 될 것이다. 한마디로 익숙한 이야기를 새로운 시각에서 바라보게 될 것이다.

앞으로 논의하겠지만 타인의 부도덕한 행위에 가담하는 일은 사회의 모든 영역과 시대를 뛰어넘어 엄청난 피해를 불러올 수 있다. 나치 독일에서 아돌프 히틀러가 부상한 일, 도널드 트럼프와 그 지지자들이 미국의 민주주의를 위협한 사건을 보라. 오늘날 너무나 많은 기관에 만연한 윤리, 금융, 법률 위기도 마찬가지다. 여러분이 몸담은 조직도 예외는 아닐 것이다. 이 책은 사회에 위해를 가하는 자들에 협력하는 사람들의 심리에 대해 알아보고, 어떻게 하면 우리가 그런 일에 가담하지 않을 수 있는지도 논의할 것이다. 이 책을 쓰면서 나는 과거 비윤리적 행위에 연루되었던 일을 돌아볼 수 있었다. 이를 계기로 공모라는 문제를 조금 더 깊이 생각함으로써 앞으로는 그런 일에 가담하지 않기를 희망하며, 이 책이 독자들에게 같은 도움이 되기를 바란다.

윤리의식을 높이는 법

윤리학의 역사는 대개 소크라테스로 거슬러 올라간다. 소크라테스는 책을 집필하지 않았지만, 그가 죽은 뒤 아리스토텔레스의 스승인 플라톤을 위시한 그의 제자들이 남긴 이야기를 통해 알려졌다. 소크라

테스, 플라톤, 아리스토텔레스가 정립한 철학 전통은 2500년가량 윤리학 이론에 어마어마한 영향을 미쳤다. 2500년 동안 철학자들은 윤리에 관한 담론을 지배했고, 대체로 가장 윤리적인 행위가 무엇인지를 밝히는 데에 논의를 집중했다.

공모 행위의 도덕성을 논하는 철학적 관점 중에 공리주의가 있다.[13] 공리주의 철학자들은 모든 사람을 위한 가치를 극대화하는 행동이 윤리적이라고 주장한다. 어떤 공리주의자들은 인간을 위한 쾌락을 최대화하고 고통을 최소화하는 것을 윤리적이라고 정의한다. 철학자 피터 싱어는 여기에 지각이 있는 모든 생명체를 명시적으로 포함시킨다. 공리주의자들에 따르면 회사가 더 많은 수익을 낼 수 있지만 다른 사람들에게 훨씬 더 큰 해를 끼치는 행위를 하도록 돕는다면, 이를테면 회사가 일으킨 오염으로 사람들이 고통을 받거나 회사가 만든 제품으로 소비자들이 해를 입는다면, 그것은 윤리적인 행위가 아니다. 사회적 관점에서 퍼듀와 매킨지가 오피오이드 오남용을 조장하여 불러일으킨 해악은 환자들의 통증을 완화하고 제약회사에 수익을 창출해 줌으로써 발생한 긍정적인 가치보다 훨씬 크다.

철학계 외부에서 윤리에 대한 관심이 급격히 증가한 것은 21세기 초에 에너지 기업 엔론 사태를 비롯해 세간의 이목을 끈 기업 스캔들이 잇따라 터져 나오면서부터다. 그 후로 전 세계에 어마어마한 해악을 끼친 사악한 사람들에 관한 뉴스는 끊이지 않는다. 이 책에서 논의할 대부분은 그런 사람들에 관한 이야기다. 21세기 초에 기업 스캔들이 이어지고, 더욱이 핵심 범죄자들 대부분이 일류 경영대학원에서 학위를 취득했다는 사실이 알려지면서 경영대학원들은 윤리에 관한 주제를 좀 더 진지하게 다루어야 한다는 압력을 받았다. 2000년 이전만 해도 윤리학은 경영대학원 교육과정에서 핵심 과목이 아니었다. 그러나 지난 20년간 상황이 완전히 바뀌었다. 윤리학은 2500년간 주로 철학자들의 영역이었지만, 21세기에 들어서면서 행동과학자들이 경영대학원에서 윤리를 가르치고 연구한다. 이들이 탄생시킨 행동윤리학은 인간이 어떻게 행동해야 하는가에 중점을 둔 철학적 윤리학에서 벗어나 사람들이 실제로 어떻게 행동하는가를 연구한다. 이로써 규범적 연구에서 기술적 방법론으로 초점을 전환한다. 나 역시 2011년에 앤 텐브룬셀과 함께 윤리에 관한 고유한 관점과 연구를 정리한 공저 『Blind Spots, 이기적 윤리』를 내놓으며 이 전환에 한몫을 담당했다.[14] 이 책에서는 대체로 선한 사람들이 자기도 모르는 새 비윤리적인 행동을 하는 다양한 사례를 조명하고자 했다.

또 다른 흥미로운 변화는 이 새로운 행동과학자들의 연구 대상이다. 물론 윤리학을 연구하고 가르치는 일에 동기를 부여하는 것은 대개 케네스 레이, 제프리 스킬링, 버나드 메이도프, 제프리 엡스타인과 같은 범법자들의 이야기지만, 행동과학자들은 곧 이런 '썩은 사과'에서 관심을 돌려 평범한 사람들이 생각보다 자주 부도덕한 행위를 한다는 사실에 주목했다. '제한된 윤리성'이라고 알려진 이 분야의 연구는 평범한 사람들 대부분이 무의식적으로 비윤리적인 행위에 자주 가담한다는 사실을 드러낸다. 예를 들어 제한된 윤리성에 관한 연구는 많은 사람이 자신의 편견을 인지하지 못한 채 민족과 성에 기반해 차별을 저지르며 자기가 속한 집단이 만들어 내는 해악을 자주 깨닫지 못한다는 사실을 밝혀냈다.[15] 제한된 윤리성 개념은 인간에게 '인지적 한계'가 있다는 관념과 관련이 있다.[16] 인지적 한계란 우리가 의사결정 과정에서 쉽게 이용할 수 있고 지각할 수 있는 유용한 정보를 알아차리지 못하거나 사용하지 못하는 일이 많다는 뜻이다. 이 책에서는 인간의 인지적 한계로 인해 범법 행위를 완전히 알아차리지 못하고 공모의 길로 들어서는 심리에 대해 논의할 것이다. 전반적으로 행동과학자들의 연구 방향은 사람들이 더욱 윤리적으로 행동하도록 돕는 통찰을 정립하는 데 매우 큰 성과를 보여 왔다.

행동과학자들이 평범한 사람들의 비윤리적 행동에 주목한 이유 중 하나는 가장 유명한 범법자들의 행위를 개선하는 방법에 대한 통찰이 부족했기 때문이다. 이 책에서 나는 사회에 큰 해악을 미친 유명한 사건들에서 행동과학자들이 어쩌면 너무 성급하게 관심을 돌렸을지 모른다고 주장한다. 내가 악한 사람들을 교화하는 방법에 대해 잘 알지 못한다는 것을 기꺼이 인정하지만, 우리가 중요한 기회를 놓쳤다고 생각하기에 이 책에서 그 부분을 다룰 것이다. 우리는 정말 악한 사람들이 악한 행동을 하지 못하게 막는 방법은 모를 수 있지만, 그 주변 사람들이 악인들을 돕거나 그들의 행동에 가담하지 않게 함으로써 악행을 저지할 수 있다. 사회에 엄청난 해악을 미치는 사람들은 언제나 공범이 되어 주는 평범한 사람들이 필요하다. 이 책은 우리가 어떻게 사회에 막대한 해악을 끼치려는 사람들에게서 사회적 지지라는 연료를 거두어 비위에 가담하지 않을 수 있는지를 알아본다.

윤리학 분야에서 공모는 전혀 새로운 주제가 아니다. 13세기에 토마스 아퀴나스는 나쁜 일에 가담하는 아홉 가지 방법을 설명한 바 있다. 명령하기, 조언하기, 동의하기, 아첨하기, 수용하기, 참여하기, 침묵하기, 예방하지 않기, 비난하지 않기가 그것이다.[17] 독특한 점은 아퀴나스가 부작위(침묵하기, 예방하지 않기, 비난하지 않기)를 통해 일어나는 공모를 명시적으로 포함하고 있다는 사실이다. 반면에 현대 철학자 크리스토퍼 커츠의 공모 이론은 사람들이 어떻게 의도적으로 타인의 비위에 참여함으로써 그가 일으키는 해악에 불을 붙이는지를 다룬다.[18] 이 책에서는 좀 더 포괄적인 아퀴나스의 견해와 동일한 관점에서 행위를 통한 공모뿐 아니라 무위를 통한 공모에 대해서도 논의할 것이다. 무엇보다 중요한 사실은 내가 소개하는 공모 유형들이 윤리에 관한 철학 문헌에서 빌려 온 분석적 구조에서 도출된 것이 아니라[19] 현대사회에서 인간이 타인이 일으키는 해악에 가담하는 방식을 생생하게 기술한 것이라는 점이다.

윤리에 관한 철학서에 가장 흔하게 제기되는 비판은 도달할 수 없을 만큼 높은 도덕적 기준을 세워서 지나치게 많은 것을 요구한다는 점이다.[20] 흔히 사람들은 윤리적으로 살기 위해 치러야 할 희생이 너무 커 보인다는 이유로 철학적 주장을 거부한다. 현대사회에서 공범이 되는 일을 완전히 피할 수 있다고 기대하는 것은 비현실적이다. 나도 여생 동안 해악을 일으키는 일에 절대로 가담하지 않을 거라고 확신하지는 못한다. 그러나 내가 공범이 되었던 과거의 경험을 돌아봄으로써 앞으로 잘못을 조장할 가능성을 현저히 줄일 수는 있다고 믿는다. 이 책이 독자들에게도 이와 같은 안내서가 되어 주기를 바란다. 내 전작 『완벽이 아닌 최선을 위해』의 제목이자 핵심 주제를 되새기며, 이 책이 우리를 완벽하지는 않더라도 더 나은 사람으로 만들어 주기를 희망한다.[21]

공모란 무엇인가

공모(complicity)는 다른 사람의 불법적 또는 비윤리적 활동이나 비위에 관여되는 것이라고 정의할 수 있다. 공모에 대한 나의 정의는 더 논쟁의 여지가 있는 용어인 협력(collaboration) 및 일조(enabling)와 중첩되는 부분이 있다. 공모는 순 해악을 일으키는 행위를 내포하지만, 협력이나 일조는 반드시 그렇지는 않고 선한 일에도 쓰일 수 있다. 그러나 협력도 적과의 협력을 뜻하는 부역을 의미하기도 하고, 일조 역시 대개 우리가 중요하게 여기는 다른 사람이 해로운 행위를 계속할 수 있도록 편의를 봐주거나 장려하는 방조의 뜻으로 쓰이기도 한다. 이 책에서는 대체로 공모라는 용어를 쓰지만, 협력과 일조의 부정적 정의에 공통되는 요소가 있으므로 간혹 그 두 단어를 사용한다. 또 한 가지 유념할 점은 공모자(complicitor)라는 단어가 대부분의 영어 사전에는 없지만 법률적 맥락에서는 종종 사용된다는 사실이다. 이 책에서 공모자(공범)는 다른 사람의 유해한 행위에 가담한 사람을 가리킨다. 마지막으로, 공모와 해악은 연속성을 지닌 개념이라는 점을 기억해야 한다. 이 책 전반에 걸쳐 '악행', '비위', '유해 행위'를 포함하여 '해악'을 뜻하는 여러 단어를 사용한다. 하지만 '악행'은 가장 극단적인 사례에만 사용할 것이다.

2장부터는 범법 행위를 저지른 사람들에 관해 이야기하는데, 이들에게는 비위를 도운 각기 다르지만 상호 보완적인 공모자들이 있다. 이 공모자들에 관한 이야기가 이 책의 핵심이며, 이들의 이야기를 통해 우리는 자신의 행위를 점검하고 부도덕하거나 불법적인 행위에 가담하지 않는 방법을 고찰할 수 있다. 이 공모자들 중에는 여러분이 꿈도 꾸지 않을 범죄를 저지른, 여러분과 거리가 멀어 보이는 사람도 있을 것이다. 그러나 장담하건대 다른 공모자들의 이야기(특히 후반부)에서는 독자들 대부분이 잠시나마 자기 모습을 발견할 것이다. 나도 마찬가지다.

각각의 유형에 관한 설명은 특정 공모 유형의 전형적인 예를 보여주는 몇 가지 사건을 깊이 있게 다룬다. 각각의 유형에서 핵심이 되는 범죄자를 만나고, 주변 공모자들이 누구인지 식별해서 설명하며, 공모자들 행위의 기저를 이루는 심리에 대해 간단히 논의할 것이다.

1부는 가장 명백하고도 지독한 형태의 공모, '진정한 파트너'와 '협력자'에 관해 이야기한다. 독자들 대부분은 1부에 등장하는 두 유형의 공모자에 개인적으로 공감하지 못할 것이다. 그러나 아는 사람 중에 떠오르는 사람이 있기는 할 것이다. 이 두 가지 공모 형태는 대개 노골적이고 의도적이다. 2부에서 만날 다섯 유형의 공모자들은 자신이 방조하는 해악을 특별히 인식하지 못한 채 많은 사람이 저지르는 일상적 공모에 해당한다. 심리학자 마자린 바나지와 토니 그린월드는 '일상적 편견'이라는 용어로 우리가 무의식적으로 의도치 않게 특정 집단의 사람들을 다른 집단의 사람들보다 편애한다는 사실을 설명한다.[22] 나는 이들이 사용한 '일상적'이라는 단어를 빌려, 깊이 생각하지 않고 은연중에 행한 행위의 결과로 해악이 커지는 데 일조한 평범한 사람들의 행위를 설명할 것이다. 예상하건대 이런 유형의 공모에서 독자들 대부분은 자신의 모습을 발견할 것이다. 여기에는 특권으로 혜택을 얻는 사람들, 범죄자를 맹신하는 사람들, 권위와 충성심에 따라 행동하는 사람들, 타인에 대한 신뢰에 기댄 사람들, 비윤리적인 체제를 만들고 수용하는 사람들이 포함된다.

일곱 가지 공모 유형은 중복되는 특징이 있고, 범법자들의 이야기에는 대개 여러 유형의 공모자들이 나온다. 이런 공모 유형들은 그 행위가 부작위냐 작위냐에 따라 공모자들이 느껴야 할 책임의 정도도 다르다. 내가 그랬듯이, 이 공모 유형의 분류가 독자들이 앞으로 비윤리적인 일에 가담할 가능성을 줄이는 데 도움이 되기를 바란다.

3부에서는 공모 유형과 그 기저의 심리에 대한 이해를 종합하여 해결책을 이끌어 낼 것이다. 9장부터 11장에서는 어떻게 공모의 위험성을 더 잘 인식할 수 있을지 몇 가지 중요한 질문을 다루면서, 다른 사람의 비위를 목격하거나 비위가 의심되는 때에 그 일에 가담하지 않는 방법을 고찰할 것이다.

명백한 공모

1

2장 진정한 파트너

1999년부터 2019년까지 미국에서는 24만 7000명이 마약성 진통제 처방 남용으로 목숨을 잃었다.[1] 같은 기간에 헤로인과 펜타닐 등의 불법 오피오이드 남용으로 사망한 사람 수도 비슷하다. 2015년 한 해에만 미국이 오피오이드 사태로 입은 피해액은 생산성 손실과 의료 서비스, 치안 유지, 중독자들의 자녀 보호에 쓰인 세금을 포함해 5000억 달러가 넘었다.[2] 오피오이드 유행은 타인의 고통을 이용해 이윤을 추구하면서 비롯되었다. 의도적으로 미국인 수천만 명을 약물에 의존하게 만들고 예상대로 수십만 명을 죽음에 이르게 한 이 사태의 원흉은 한 가문이 소유한 기업이다. 이 기업은 새클러 가문이 소유한 퍼듀 파마로, 진통제 옥시콘틴을 개발하고 (부적절하게) 판촉하여 수십억 달러를 벌었다. 퍼듀가 이런 어마어마한 규모의 해악을 일으킨 데에는 다수의 진정한 파트너가 있었다.

　퍼듀가 옥시콘틴을 (부적절하게) 판촉한 역사는 옥시콘틴을 팔기 훨씬 전인 1950년대로 거슬러 올라간다.[3] 아서 M. 새클러는 르네상스 시대에나 볼 법한 만능 교양인이었다. 그는 정신과 의사이자 병원 행정가였고 예술 후원자이자 광고주였다. 1998년에 의료 광고 분야 명예의 전당은 "다재다능한 아서 새클러 박사는 지금의 의약품 광고를 형성하는 데에 누구보다 큰 공헌을 했다. 그는 의약품 마케팅에 광고의 모든 기능을 가져오는 지대한 영향을 미쳤다."라고 선언했다.[4] 실제로 새클러는 판촉 서비스를 제약회사에 판매하며 그들의 제품에 거짓의 '과학적 품격'을 입혀 주었다. 그는 제약회사에 과학적 증거를 효과적으로 왜곡하여 재정의 이득을 취하는 방법과, 거짓 강연 사례비를 챙겨 주고 공짜로 여행, 식사, 샘플을 제공하는 제약 영업 디테일링이라는 기법을 통해 의사 개개인을 완전히 구워삶는 방법을 가르쳤다. 학술 잡지도 창간하여 그가 컨설팅을 제공하는 고객사에서 나온 편향된 연구에 특혜를 주었다. 이런 일은 모두 의사들이 최선의 진료를 하도록 장려하기보다 그들이 작성할 처방전의 수를 늘리도록 기획된 것이었다.

　1952년에 아서는 그와 마찬가지로 정신과 의사인 두 동생 레이먼드, 모티머와 함께 당시 연간 매출 2만 2000달러의 작은 제약회사 퍼듀 프레더릭을 인수했다. 1987년에 아서 새클러가 죽자 그의 가족은 아서의 회사 지분을 레이먼드와 모티머에게 매도했고, 퍼듀 프레더릭은 '퍼듀 파마'로 이름을 바꾸었다. 1990년대 초반에 퍼듀 파마는 진통제 옥시콘틴에 대한 시험에 착수해 1995년에 FDA의 승인을 받았다. 훗날 아서의 자손들은 옥시콘틴이 세상에 나오기 전에 아서가 죽었다는 이유를 들어 오피오이드 사태와 그의 이름을 연결 짓지 않으려 했다. 그러면서 퍼듀의 '허위 판촉'에 경악했다고 주장하기도 했다.[5] 그러나 퍼듀는 아서의 마케팅 기법을 활용하여 옥시콘틴을 판매했고, 아서가 공동으로 설립한 의약 데이터 마케팅 회사인 IMS에 의뢰하여 의사들의 처방 습관을 연구했다. 과거에 아서가 그랬던 것처럼, 퍼듀는 의사 교육 프로그램을 개발하여 옥시콘틴에 관한 잘못되고 불완전한 과학적 증거를 제공했다.

퍼듀 파마가 만든 옥시코돈 서방정 제제인 옥시콘틴이 오피오이드 유행에 기름을 부은 것은 몇 가지 특성 때문이다. 첫째, 옥시코돈은 강력한 진통제다. 모르핀이나 헤로인처럼 아편 추출물이 핵심 성분이며, 모르핀, 헤로인, 옥시코돈은 신체적, 정신적 중독성이 있는 마약이다. 둘째, 옥시콘틴의 '콘틴'이 의미하는 서방형 제제의 특징이 약의 위험성을 높인다. 서방형 진통제의 가장 중요한 장점은 만성 통증으로 고통받는 사람들이 하루에 두 번만 투약하면 된다는 점이다. 속방형 제제는 더 자주 투약해야 한다. 퍼듀는 옥시콘틴을 서방형 제제로 만들면서 속방형 약물보다 훨씬 작용이 활발한 성분을 포함할 수 있는 허가를 FDA로부터 받을 수 있었다. 올바른 복약법을 따르면 서방형 제제는 오랜 시간에 걸쳐 방출되기 때문이다. 그러나 옥시콘틴은 복약법대로 복용할 의도가 전혀 없는 엄청난 수의 추종자를 양산했다. 옥시콘틴 오남용자들은 점진적 방출을 무력화하여 빠르고 강력한 황홀감을 얻기 위해 약을 부수어 가루 형태로 복용하거나 코로 흡입하고 물에 희석하여 주사하기도 했다. 이런 오용은 헤로인과 비슷한 도취경을 일으키는 동시에 과다 복용과 유사한 위험을 초래한다. 호흡기 억제, 진정 작용,

변비, 구토, 가장 중요하게는 중독이나 남용과 같은 부작용과 신중히 비교, 검토하여 옥시콘틴이 제공하는 단기간의 진통 완화 효과를 선택하는 의료 목적의 책임 있는 사용과는 명백히 다르다.[6]

1995년 시판 이후 옥시콘틴은 아편제를 남용할 법한 사람들이 가장 선호하는 약이 되면서 오피오이드 유행에 불을 붙였다. 극심한 고통에 시달리는 말기 암 환자들(이들에게 중독은 중요한 문제가 아니다.)에게는 매우 유용한 약물이었으나, 만성 통증이 있는 사람들에게는 잘못된 선택이었다. 옥시콘틴을 복용했다가 끊으려는 많은 사람이 극심하고 고통스러운 금단 증상을 겪었다. 너무 많은 사람이 중독과 과다 복용의 수렁에 빠지고 말았다. 업무 중 발생한 사고로 부상을 입어 산재 보상금을 받은 사람들 중 간혹 일터에 영영 복귀하지 못하는 이들이 있었는데, 대개는 오피오이드 약물에 중독되었기 때문이었다.

1990년대 말에 퍼듀가 설정한 과제는 옥시콘틴의 시장을 확대하고 환자들의 약물 사용량을 늘리며 오용에 대한 우려를 방어하는 것이었다. 이를 위해 퍼듀는 대중을 오도하는 일련의 조치를 취했다. 첫째, 퍼듀는 끊임없이 옥시콘틴의 중독 위험성이 아주 낮다고 주장했다. 퍼듀는 객관적 증거도 없이 중독 위험이 "1퍼센트도 되지 않는다."라고 주장하도록 영업 직원들을 교육했다.[7] 퍼듀는 또 서방형 제제들이 속방형 제품에 비해 중독자들에게 매력이 없다고 거듭 주장했다. 중독자들은 약효가 서서히 퍼지는 약보다 즉각적으로 높아지는 약을 원한다는 이유였다. 문제는 중독자들이 처음에 훨씬 더 많은 약물이 방출되게 해서 더 강력하고 중독성이 강한 효과를 내도록 옥시콘틴을 오용하는 방법을 알고 있었다는 점이다. 그러나 퍼듀의 영업 직원들은 반대로 "옥시콘틴 정처럼 흡수가 느린 약물은 오용 부담이 낮은 것으로 알려져 있다."라는 거짓 메시지를 전달하도록 교육받았다.[8]

1996년부터 퍼듀의 간부들은 사용자들이 옥시콘틴 알약을 잘게 부숴 코로 흡입하고, 절박한 중독자들이 약국에서 옥시콘틴을 훔치며, 비윤리적인 의사들이 오용 가능성을 알면서도 옥시콘틴을 처방하고 있다는 소식을 자주 들었다. 그런데도 퍼듀는 옥시콘틴이 다른 처방 마약성 진통제보다 오남용이나 중독의 위험이 낮다는 허위 판촉을 계속했다. 퍼듀의 최고위 간부인 마이클 프리드먼 사장, 하워드 유델 최고법무책임자, 폴 골든하임 최고의학책임자 세 사람은 여러 자리에서 옥시콘틴의 오용 위험이 증가했다는 사실을 2000년에 처음 인지했다고 주장했다. 그러나 연방 검사들이 밝혀낸 바에 따르면 1997년부터 1999년까지 "길거리 가격", "부수다", "코로 흡입"이라는 단어가 117건의 내부 문서에 등장했다.[9]

2006년, 수년간의 조사 끝에 연방 검찰은 퍼듀와 프리드먼, 유델, 골든하임을 각각 미국 정부에 대한 사취 공모 등의 중범죄 혐의로 기소할 것을 권고했다. 기소되면 세 간부는 징역을 살 공산이 컸다. 미국 법무부 사기 담당 부서 차장인 커크 오그로스키는 해당 기소가 이들이 국회에서 한 거짓 증언을 비롯하여 "위조, 사기, 허위 진술을 통한 옥시콘틴 판매 수익 극대화라는 총체적 목표를 지닌 다목적 공모 혐의에 대한 기소"라고 메모에 썼다.[10] 그러나 여전히 밝혀지지 않은 어떤 이유로 조지 W. 부시 행정부 당시 법무부의 최고 관료들은 이 권고를 따르지 않았다. 그 대신 퍼듀와 그 간부들에게 훨씬 더 관대한 조건으로 합의했다. 구체적으로 말하면 2007년에 퍼듀와 세 간부가 옥시콘틴의 중독 위험과 오용 가능성을 올바르게 전달하지 않음으로써 약물을 '부정 표시'한 혐의에 대해 유죄를 인정하는 선에서 마무리되었다.[11] 퍼듀와 임원 3명은 총 6억 3450만 달러의 벌금을 냈고, 세 임원은 집행유예와 사회봉사 명령을 선고받았다. 프리드먼은 전체 벌금 중에 1900만 달러를, 유델은 800만 달러를, 골든하임은 750만 달러를 내는 데 합의했다.

규제 당국, 국회의원, 법원이 퍼듀의 활동을 면밀히 조사하고 있을 때 퍼듀는 정치인들에게 손을 써 문제를 해결하는 데 주력했다. 퍼듀의 본사가 있는 코네티컷주의 법무부 장관 리처드 블루먼솔은 퍼듀가 지나치게 공격적인 마케팅을 벌인다며 CEO 리처드 새클러와 언론에 우려를 표명했다. 그러자 퍼듀의 수석 대변인 로빈 호젠은 블루먼솔의 비서에게 전화해 다음과 같은 음성 메시지를 남겼다.

> 언론에서 메디케이드 부정 청구에 대한 법무부 장관의 발언을 다루는 방식에 매우 깊은 유감을 표하고 싶습니다. (……) 우리는 블루먼솔 법무부 장관이 지난밤 관련 진술 내용을 명확히 설명하고 진술을 철회하기로 했다고 생각했는데 (……) 퍼듀 파마는 민주당의 중요한 지지자라는 점을 (……) 곧 선거가 다가오는데, 확실하게 말씀드릴 수 있는 사실은 이번 일이 법무부 장관의 선거운동에 도움이 되지 않을 거라는 점입니다.[12]

2020년에 퍼듀는 연방 정부 법무부와 80억 달러에 합의하고 미국 정부에 대한 사취 공모와 두 건의 뇌물성 리베이트 금지법 위반을 포함한 세 건의 중범죄 혐의에 대해 유죄를 인정했다. 합의했다고 해서 퍼듀의 임원들과 소유주들이 형사 책임에서 벗어난 것은 아니었다. 2022년, 오랜 소송과 협상 끝에 새클러 가문은 미국 주 정부 대부분과 워싱턴 D. C. 정부를 도와 오피오이드 사태로 일어난 문제를 해결하기로 합의했다. 새클러 가문은 합의금 60억 달러를 지불하고 회사의 로비, 홍보, 판촉 활동의 세부 정보가 담긴 기밀문서를 공개하는 데 동의했다. 오피오이드 중독으로 삶이 황폐해진 사람들이 책임을 추궁할 수 있는 청문회에도 참석했다. 형사소송의 가능성이 여전히 남아 있지만, 새클러 일가는 법무부와 민사 합의를 통해 현재는 물론 앞으로도 민사소송에서 면책을 받게 되었다.[13]* 퍼듀는 파산 보호 신청을 냈지만 새클러 일가는 여전히 전 세계에서 가장 부유한 사람들에 꼽히며 앞으로도 그럴 것이다.

마이클 프리드먼, 하워드 유델, 폴 골든하임을 비롯한 다수의 퍼듀 간부와 직원은 수십만 명의 목숨을 앗아 가고 많은 가정과 지역공동체를 파괴하면서 새클러 가문에게 어마어마한 부를 안겨 준 오피오이드 사태의 명백한 공범이었다. 그러나 공범은 퍼듀와 새클러 일가 말고도 더 있다. 어떤 사람이 옥시콘틴에 중독되려면, 훔치거나 마약 밀매자에게 사지 않는 이상 그들에게 옥시콘틴을 반복해서 처방해 주는 의사, 옥시콘틴을 공급하는 약국과 병원이 있어야 한다. 퓰리처상을 수상한 기자 에릭 에어는 웨스트버지니아주의 오피오이드 사태를 파헤친 『머드릭에서의 죽음(Death in Mud Lick)』에서 오피오이드 유행에 의사, 약

---

* 2024년 6월 미 연방 대법원은 이 추가 소송 면책권을 문제 삼아 파산 합의를 기각했으며, 2025년 현재 합의금 증액과 면책권 삭제를 골자로 하는 파산 계획이 새로 논의되고 있다.

사, 유통업자들이 일조했음을 폭로했다.[14]

'필 밀(pill mill)'이라는 용어는 강력한 마약성 제제가 부적절하게 또는 비의료적 목적으로 처방되거나 조제되는 진료실 또는 병원을 말한다. 연방 법에 따르면 의사들은 합법적인 의료 목적 없이 또는 의료 행위 외의 목적으로 진통제를 처방하지 못하게 되어 있어서 많은 필 밀이 통증 관리 센터로 위장하고 있다. 에어는 책에서 성관계를 대가로 오피오이드를 처방해 준 혐의로 의사 면허가 취소된 도널드 카이저의 사례를 전한다. 카이저는 웨스트버지니아주에서 270킬로미터도 넘게 떨어진 오하이오주 마리에타에 필 밀을 차렸다. 에어에 따르면 "오하이오까지 가야 한다는 사실도 카이저의 사업을 막지 못했다."[15] 그는 약 1주일에 한 번씩 밴을 보내 웨스트버지니아에 있는 '환자들'을 태워 공짜로 마리에타까지 데려다주었다. 기사들에게는 운임을 약으로 지급했고, 기사들은 그 약을 암시장에서 팔았다. 카이저 사례가 이례적인 것은 아니었다. 별 진찰 없이 오피오이드 처방전을 팔아 얻을 수 있는 수익은 많은 의사에게 너무 솔깃한 유혹이었다.

웨스트버지니아주 커밋에 있는 '새브라이트(Sav-Rite)'는 오피오이드 중독 사태에 일조한 약국 중 하나다. 작은 탄광 마을인 커밋은 오피오이드 유행으로 큰 타격을 입었다. 그곳 주민들은 채굴 중에 허리를 다치는 일이 많았고, 가난과 절망에 시달렸다. 미국 인구조사국에 따르면 2000년 커밋의 인구는 고작 209명이었으며, 주요 인구 밀집 지역과도 꽤 떨어져 있었다. 그러나 2005년에 그 작은 마을의 약국 새브라이트가 하루에 조제한 오피오이드 제제는 평균 5만 4000정에 달했다. 모두 의사가 직접 처방한 것이었다. 사람들은 처방 약을 타려고 먼 거리를 달려와 새브라이트 창구에서 줄을 서서 기다렸다. 약국 앞에서 기다리는 와중에도 주차장에서 약을 불법으로 되팔았다. 이후 많은 약국이 옥시콘틴 복용자들 사이에서 처방 약 조제가 깐깐하지 않은 것으로 유명해졌다.

적극적인 협력

2020년 《포춘》이 선정한 500대 기업 중 가장 규모가 큰 20개 기업은 무엇일까? 생각나는 대로 써 보자.

월마트, 아마존, 엑손, 애플을 썼다면 정확하게 맞혔다. 이들이 최상위 4개 기업이다. 포드, 제너럴 모터스, AT&T를 떠올린 사람도 있을 것이다. 그들 역시 최상위 20위에 속한다. 각각 8위, 10위, 16위에 이름을 올린 매케슨, 아메리소스버진, 카디널 헬스를 떠올린 사람은 별로 없을 것이다. 이들은 의약품 유통업체로, 전통적으로 '중개업자'라고 불렸다. 이들은 제품을 생산하지 않고 소비자에게 판매하지 않는다. 그 대신 유통 구조에 따라 제품을 운반한다. 카디널 헬스, 매케슨, 아메리소스버진은 미국 내 처방 약물 및 의약품의 90퍼센트 이상을 유통한다. 에어가 폭로한 충격적인 통계에 따르면, 이 세 회사는 2008년부터 2015년까지 웨스트버지니아주에서 네 블록을 사이에 둔 약국 두 곳에만 처방 진통제 2000만 정을 공급했다.

미국 정부는 연방약물관리법을 통해 유통업체들에게 약국과 병원의 주문량이 급등하거나 처방 용량이 이상하리만큼 증가하는 등의 의심스러운 발주를 알리고 신고할 법적 의무를 지운다. 에어는 최대 의약품 유통업체들이 고의로 이런 책임을 무시했다는 많은 증거를 제시한다. 이는 업체들이 굳이 애쓰지 않은 탓도 있지만, 더 중요하게는 매출을 극대화하기 위해서였다. 뉴욕주, 버몬트주, 워싱턴주는 규제 당국의 감시를 피하는 시스템을 의도적으로 개발했다며 이들 유통업체를 민사 고발했다. 특히 이들이 마약단속국에 신고당할 위험이 있다고 약국에 경고했을 뿐만 아니라, 약국이 물량 제한 규정을 교묘히 피해 오피오이드를 구매할 수 있도록 도왔고, 드물게 유통업체들이 어쩔 수 없이 처방전을 감사해야 하면 약국에 미리 언질을 주었다고 주장했다. 유통업체 임직원들은 수상할 만큼 많은 발주량이 의심스럽다(이 경우 연방 법에 따라 보고해야 한다.)고 인정하는 대신, 그저 이례적인 거래 건이라고 표기했다.[16] 중독이 점점 확산하자 유통업체들은 불법행위를 계속하며 수익을 극대화했다.

에어가 유통업체들을 조사하기 시작한 것은 그가 근무하던 신문사 《찰스턴 가제트 메일》에 웨스트버지니아주 법무부 장관 패트릭 모리시의 아내 데니즈 모리시가 의약품 유통회사 카디널 헬스의 로비스트로 일한다는 제보가 들어오면서였다. 패트릭 모리시는 불법적이고 부적절하게 오피오이드를 유통한 혐의로 카디널 헬스에게 제기된 소송을 전임자로부터 이어받았다. 에어는 상당한 증거를 통해 모리시가 법무부 장관실에서 진행하는 해당 소송 건에 훼방을 놓았으며, 그 사이 카디널 헬스가 모리시 선거 캠프에 엄청난 액수의 후원금을 냈다고 밝혔다. 모리시는 이해관계 충돌을 이유로 카디널 헬스 사건에 개입하지 않았다고 주장했다. 그러나 에어가 수집한 증거에 따르면 모리시는 직원들에게 사건 처리 방법을 계속 지시했고, 카디널 헬스 변호사 및 임원들과 (그리고 매케슨의 대리인들도) 개인적인 만남을 가졌을 뿐만 아니라, 카디널 헬스의 변호사를 선거 캠프 인수위원장에 임명하고 그 사실을 취재한 《가제트 메일》을 협박했다. 에어가 회사를 상대로 소송을 제기한 법무부 장관의 취임 파티에 왜 자금을 댔는지 묻자 카디널 헬스는 묵묵부답으로 일관했다. 그러나 모리시는 에어의 질문에 반격했다. 그는 이메일을 보내 《가제트 메일》의 편집장 및 발행인과 만남을 요구했고, 에어가 악의적이라고 비난했으며, 자신의 아내는 웨스트버지니아주 내 카디널 헬스의 유통과 아무런 관계가 없다는 거짓 주장을 펴면서 자신이 발행인을 만날 때까지 어떤 추가 기사도 내지 말라고 에어에게 명령했다.

가장 많은 처방 오피오이드를 유통한 세 기업은 2020년에 오피오이드 사태의 책임을 묻는 수천 건의 소송을 해결하는 조건으로 주 정부를 비롯한 지방 정부에 210억 달러를 지급하기로 합의했다. 2020년 12월에 연방 법무부는 별개의 소송으로 월마트를 고발했다. 매장 내 약국들이 연방 규정을 위반해 진통제 처방을 적절하게 검토하지 않는다는 명백한 징후를 무시함으로써 오피오이드 사태를 악화시킨 혐의였다. 이 민사소송에서 법무부 변호사들은 월마트 임원진이 체계적으로 월마트 내 약국 5000곳을 매우 중독성이 강한 오피오이드 진통제의 국내 최대 공급처로 탈바꿈시켰다고 주장했다. 알려진 바에 따르면 월마트는 낮은 가격으로 소비자를 유혹한 다음, 약사들에게 처방 약 조제 속도를 높일 것을 요구해 적절한 모니터링을 어렵게 만들었다. 또한 '문제 있는 처방자'라고 분류한 의사들에 관한 데이터를 수집했으나, 매장

내 약사들이나 연방 규제 당국과 데이터를 공유하지 않았다. 월마트의 고위층은 의심스러운 처방 양상에 대한 직원들의 경고를 무시했다는 혐의도 받았다. 주 정부를 비롯한 여러 지방 정부들도 월마트가 그동안 오피오이드 중독으로 돈을 벌기 위해 의심스러운 진통제 처방전을 고의로 무시했다며 2000건이 넘는 소송을 제기했다. 2021년 11월, 전국적인 약국 체인들을 피고로 한 첫 공판에서 연방 판사는 월마트, CVS, 월그린이 각 기업의 매장과 본사에서 의심스러운 약물 발주에 대한 적신호를 무시함으로써 오하이오주 카운티 두 곳에서 발생한 오피오이드 오남용과 그로 인한 죽음을 조장한 죄가 인정된다며 유죄를 판결했다. 각 회사가 지방 정부에 지불해야 할 배상금 액수는 몇 달 후에 결정될 예정이다.[17]

지금까지 언급한 의사, 약국, 유통회사들에 범법 혐의(지방 정부, 주 정부, 연방 정부 공무원들의 부도덕하고 무능한 행위는 말할 것도 없고)가 있다고 해서 퍼듀 파마가 오피오이드 사태에 대한 책임에서 자유로워지는 것은 아니다. 그러나 이 공모자들의 행위는 사회적 문제나 사건이 발생했을 때 주범만 비난하는 것이 잘못임을 분명하게 보여 준다. 이 책에서 설명하는 모든 사건에는 비윤리적인 행위를 수행하는 데 가장 명백하게 책임이 있는 개인 또는 기업이 있다. 그리고 주범의 목표 실현을 도와 이익을 챙기는 또 다른 행위자들이 있다. 오피오이드 사태에서 그 목표는 중독 확산을 조장하여 이윤을 극대화하는 것이었다. 이 모든 이야기에서 주범이 해악을 저지르는 데는 진정한 파트너의 적극적인 협력이 반드시 필요했다. 불행히도 그런 공모자들은 쉽게 확보되었다.

한두 사람이 수백만 명을 해칠 수는 없다

1933년, 유럽에는 대략 900만 명의 유대인이 살고 있었다. 대부분 독일, 혹은 2차 세계대전 중에 나치 독일이 점령하거나 통치했던 국가에 거주했다. 1941년부터 1945년까지 나치와 그 공범들이 자행한 국가 주도의 체계적인 살인 행위, 즉 홀로코스트로 죽은 유대인은 당시 유럽에 살던 유대인의 3분의 2인 약 600만 명이었다. 나치는 독일인이 유전적으로 유대인보다 우월하다고 주장하며 유대인을 독일 '인종'에 위협이 되는 존재로 여겼다. 나치는 로마족(영어로 '집시'라고도 하나 경멸적 의미가 담겨 있다.), 폴란드인, 러시아인, 장애인, 동성애자도 적으로 삼았다. 정치적인 이유로 공산주의자, 사회주의자, 여호와의증인도 잡아들였다. 살해 명령을 내린 것은 나치당의 최고 권력자 두 사람, 아돌프 히틀러와 하인리히 힘러였다. 그러나 수백만 명을 살해하는 데는 반드시 파트너들의 도움이 필요했다.

나치는 유럽 전역에서 도움을 받았다. 히틀러가 태어난 오스트리아는 나치 준군사 학살 조직의 인력 3분의 1을 제공했고, 가스실이 있던 주요 강제수용소 여섯 곳 중 네 곳을 통솔했다.[18] 반유대주의 역사가 깊은 우크라이나와 발칸반도 국가들은 나치 이데올로기를 받아들였을 뿐만 아니라 독일의 군사력에 겁을 먹고 대량 살상에 참여했다. 그러나 나치와 가장 긴밀한 협력 관계를 맺은 정부는 프랑스의 비시 정부일 것이다.

비시 정권은 독일이 프랑스를 침공한 후 1940년 7월 10일에 수립되었다. 프랑스 정부가 항복을 선언하자 나치는 프랑스를 북서쪽의 점령 지역과 남쪽의 '자유 지역'으로 나누었다. 프랑스의 1차 세계대전 영웅이었던 필리프 페탱 원수가 비시를 수도로 삼아 비시 정부로 알려진 프랑스 남부를 통치했다. 페탱과 그의 측근들은 독일의 프랑스 점령을 1930년대에 프랑스를 지배하고 있던 좌파 이념을 일소할 기회로 보았다. 페탱은 의회 민주주의를 무시하고 나치 독일에 부역하며 그것을 프랑스의 새 출발이라고 포장했다.

비시 정부는 곧바로 인종과 종교를 바탕으로 특정 집단 사람을 낙인찍지 못하게 하는 프랑스 법을 폐지하는 동시에 비시 정부 고유의 반유대주의법을 제정했다. 유대인이 운영하는 회사를 몰수하고 유대인이 군대나 공공 부문에서 일하는 것도 금지했다. 1942년에 비시 경찰은 유대인 7만 6000여 명을 체포해 강제수용소로 이송했다. 비시 정부는 나치와 조정을 거쳐 프랑스 노동자 수만 명을 독일이 관리하던 항구에 배치하고 나치를 위해 일하도록 했다. 일부 조선소 노동자들은 저항했지만, 대부분은 나치를 위해 기꺼이 적극적으로 일했다.

1945년 2차 세계대전 종전 후 40년 동안 프랑스 정부는 나치가 선동한 악행에 프랑스가 한 역할을 부인했다. 전쟁 영웅 샤를 드골은 비시 정부에 대항하는 자유 프랑스 레지스탕스를 이끌었으나, 2차 세계대전이 끝나자 프랑스 점령 당시 부도덕하게 행동한 것은 "소수의 모리배뿐"이었다는 근거 없는 주장을 폈다.[19] 드골은 사실을 부인하는 것이 국가의 결속을 유지하기 위한 최선의 방법이라고 말했다. 1981년부터 1995년까지 대통령을 지낸 프랑수아 미테랑도 프랑스의 행위에 대해 사죄하기를 거부했다. 비시 정부가 프랑스와 관계를 끊었기 때문에 프랑스는 책임이 없다는 주장이었다. 1995년이 되어서야 마침내 자크 시라크 대통령이 프랑스를 대표하여 홀로코스트에 가담했던 과거를 사과했다.

히틀러가 명백한 악의 원형이기는 했지만 그가 파괴적 목표를 실현할 수 있었던 것은 많은 이들의 공모가 있었기 때문이다. 무엇보다 그는 자신의 명령을 기꺼이 수행할 독일인들이 필요했다. 또 독일 안팎에서, 특히 유대인의 노예노동으로 전쟁 무기를 생산하는 기업의 협력이 필요했다. 독일이 점령한 국가에 있는 반유대주의자들의 가담도 필요했다. 심지어 히틀러는 찰스 린드버그와 같은 미국의 저명한 인물들이 표명한 반유대주의적 견해, 미국 정부가 홀로코스트를 인정하고 참전하는 시간을 지연시킨 아메리카퍼스트위원회*와 같은 세력의 덕을 보기도 했다.

일례로 1939년에 나치 독일을 빠져나가려는 유대인 937명을 태운 독일 원양 여객선 세인트루이스호에 대한 미국의 대응에는 반유대주의자들이 큰 영향을 미쳤다.[20] 승선한 유대인들은 쿠바로 향하고 있었고 적법한 입국 허가를 받았다고 생각했다. 그러나 쿠바 내 반유대주의 세력은 유대인들의 입국 허가서를 모두 무효로 만들었다. 쿠바 정부가 여객선의 접안을 허가하지 않자 세인트루이스호는 뱃머리를 돌려 미국과 캐나다로 향했다. 두 국가 모두 이들을 받아들이기를 거부했고, 이 사건은 훗날 "저주받은 자들의 항해"라고 불렸다. 당시 프랭클린 루스벨트 정권은 유대인들이 쿠바에 입국할 수 있도록 애썼고 이후 영국,

---

* America First Committee. 2차 대전 중 미국의 전쟁 개입을 반대하며 창립된 압력단체.

벨기에, 네덜란드, 프랑스에 이주시키기로 협상도 했으나, 미국 내 반유대주의로 인해 정작 국내에는 유대인 난민을 수용할 수 없었다. 미국 정부는 입국하는 독일인과 오스트리아인의 수를 제한하는 이민자 할당 제도를 엄수했다. 세인트루이스호에 승선했던 유대인 대부분은 나중에 나치에게 붙잡혀 강제수용소에서 살해되었다. 당시 루스벨트는 더 많은 유대인 난민을 수용할 수 있는 법률 제정을 고려했지만, 지지도가 떨어질 것을 염려하여 결국 포기했다.

음모론을 쥐여 주다

도널드 트럼프 선거 캠프의 슬로건 "미국 우선주의(America First)"와 "미국을 다시 위대하게(Make America Great Again)"는 백인의 특권을 억누르거나 견제하지 않던 시절에 대한 향수를 전달하는 감정적인 호소였다. 트럼프 자신이 백인 특권의 전형이다. 그는 부유한 집안에서 성장했고, 아버지의 도움을 받아 명문대 와튼 스쿨에 들어갔으며, 베트남 전쟁 당시 부정한 방식으로 징병 유예를 받았다. 사업가로서의 경력은 실패로 끝났지만 처음 사업을 시작한 것도 아버지가 거액의 돈을 빌려준 덕분이었다. 물론 그는 그 돈을 갚지 않았다.[21] 트럼프는 평생 인종차별주의적인 사업상의 결정을 내렸고, 백인을 편애하는 불공평하고 차별적인 방침을 지지했다. 그러면서도 그런 결정과 방침의 배경에 인종주의가 있다는 사실을 부인했다.[22] 그러나 1973년에 연방 법무부가 흑인, 푸에르토리코인을 비롯한 소수자들에게 뉴욕 아파트 39군데의 임대를 거부한 혐의로 트럼프와 그의 아버지를 고소하면서 그에게 중요한 핵심 가치가 고스란히 드러났다.[23] 1975년에 트럼프 매니지먼트는 법무부와 합의하면서 미공개 액수의 벌금을 내고 자사의 아파트 공실 정보를 임대 조건과 함께 당국에 보고하는 데 동의했다.

공화당 진영에서 트럼프가 부상하기 시작한 것은 그가 일명 버서리즘(Birtherism), 즉 버락 오바마가 미국 시민이 아니라는 인종차별적인 허위 음모론을 펼치고 다니면서부터다. 2011년에 그는 "나는 사람을 시켜 [오바마의 출생증명서를] 조사해 왔는데, 조사 결과에 다들 놀라고 있습니다."라고 하면서, "그가 만약 이 땅에서 태어나지 않았다면, 이건 꽤 가능성이 있는 사실인데 (……) 정치 역사상 가장 거대한 사기극이 될 겁니다."라고 주장했다.[24] 트럼프는 오바마가 무슬림이라는 거짓말도 계속했다. 늘상 그랬듯이 그는 객관적인 증거에 기반했다고 주장할 뿐 아무런 증거도 제시하지 않았다.

《애틀랜틱》기자인 애덤 서워는 버서리즘이 흑인, 이민자, 무슬림에 대한 극단적 견해를 통합하여 세 집단에 대한 편견을 하나로 결합한 거짓 음모론이라고 설명한다. 버서리즘은 흑인 대통령을 받아들일 수 없었던 백인 유권자들의 표심을 끌어모으면서 트럼프의 대통령 선거운동 방향을 잡는 데에 도움을 주었다. 서워는 "이것을 비주류의 신념이라고 주장하는 것은 [버서리즘이] 지난 10년간 있었던 가장 중요한 정치적 변화라는 사실을 과소평가하는 것"이라고 평가한다.[25] 트럼프가 이것을 통해 자신의 지지 기반을 찾았기 때문이다.

공화당 주류 대다수는 대통령 선거 유세 동안 트럼프의 지능, 식견, 정직성에 의문을 제기하며 그를 무시했다. 그러나 첫 대통령 선거전

동안 트럼프의 견해는 공화당 내 인종차별주의, 민족주의 우파들의 열렬한 지지를 받았다. 2016년에 백인 우월주의를 표방하는 저널 《아메리칸 르네상스》는 "트럼프 행정부는 서부를 차지하고, 달에 착륙하고, 전 세계를 깜짝 놀라게 한 경제력과 군사력을 구축했던 시대의 미국으로 회귀함을 의미한다."라고 썼다.[26]

대통령 임기 초반 트럼프 진영에서 그와 가장 유사한 이념을 지녔던 인물은 스티브 배넌이었다. 배넌은 백인 우월주의, 권위주의, 인종차별주의, 성차별주의, 반유대주의 견해를 적극적으로 홍보하는 극우 플랫폼인 '브라이트바트 뉴스'의 회장을 지냈다. 배넌이 회장이던 당시 브라이트바트 뉴스는 다음과 같은 머리기사들을 냈다.

"빌 크리스톨: 공화당의 미꾸라지, 변절자 유대인"
"여성 차별 없는 IT 업계, 여성의 인터뷰 기술이 형편없을 뿐"
"세실 리처즈의 가족계획연맹이 주도한 사망자 수, 홀로코스트의 절반에 이르다"
"가족계획연맹의 인종차별주의적, 친나치적 근원이 드러나다"[27]

배넌은 브라이트바트 이력 때문에 반유대주의자, 신나치주의자, KKK와 같은 백인 우월주의자들에게 영웅과 다름없었다. 2016년 대선 3개월 전 트럼프의 선거 참모로 임명된 후, 배넌은 사회 분열을 조장하며 인종차별적인 공약들을 개발했다. 무슬림들의 이민을 금지하겠다는 공약이나 특별한 범죄 증거가 없어도 흑인과 라틴계 사람들을 불심검문할 수 있는 정책을 도입하겠다는 공약이 대표적이다.

트럼프는 취임하자마자 배넌을 수석전략가에 임명했다. 배넌은 백악관 선임고문 스티븐 밀러와 함께 무슬림 국가 시민의 미국 입국을 금지하는 조치를 추진해 파장을 불렀다. 트럼프가 2017년 8월에 버지니아주 샬러츠빌에서 열린 백인 우월주의자들의 '우익 단결' 집회에서 일어난 충돌에 대해 "양측 모두 아주 괜찮은 사람들"이라고 한 발언의 배후에도 배넌이 있었다. 이 발언은 집회에 참여한 백인 우월주의자들과 이에 항의한 사람들을 도덕적으로 동등하게 취급했다는 비난을 받았다. 많은 평론가에게 트럼프의 정치적 조종자로 여겨지는 배넌은 사람들이 가짜 뉴스를 믿도록 설득하는 데에 도가 튼 사람이었고, 이런 전략은 트럼프의 임기 동안 중요한 역할을 한 것으로 증명되었다.[28] 그러나 배넌이 국가안전보장회의 참석자로 임명된 것 외에도 그와 관련된 논란이 계속해서 이어지자 결국 그의 영향력도 사그라졌다.

트럼프의 핵심 정체성에 무조건 동조했던 사람들, 곧 2016년 공화당 예비 선거에서 트럼프를 지지하고 공화당 후보가 결정되었을 때 환호했던 사람들은 그가 벌인 불법적 행위의 가장 중요한 공범이자 진정한 파트너였다.

진정한 파트너들이 범법자를 돕는 이유

공모자들이 부도덕한 행위에 가담하기로 선택하는 이유에는 대개 복잡한 심리가 작용한다. 이 장에서 다룬 진정한 파트너들이 비윤리적인 행위를 도운 이유는 비교적 간단하다. 그들의 목표가 주범의 핵심 목표와 상당히 일치하기 때문이다. 마약성 진통제를 더 많이 팔아 이윤을 더 많이 남기는 일이든, '유대인 문제'를 제거하는 일이든, 백인 미국인들의 이익을 증진하는 일이든 진정한 파트너들에게는 주범의 성공이 곧 자신의 성공이다. 경제학 용어로 말하면 주범의 이익과 공범의 이익이 일치하는 것이다. 주범이 목적을 달성하면 공범들은 돈, 세력, 권력, 원하는 정책을 얻는다.

물론 주범과 공모자들의 목표가 언제나 완벽하게 일치하는 것은 아니다. 내가 '진정한 파트너'라고 부르는 사람들은 주범과 공범의 핵심 목표가 매우 유사한 경우다. 다음 장에서 만나 볼 위워크 사례에서 위워크 창립자이자 CEO 애덤 뉴먼의 아내 리베카 뉴먼의 이익은 남편의 이익과 거의 일치했다. 뉴먼 부부는 투자자와 직원들에게 수십억 달러에 달하는 손실을 입히고도 수십억 달러가 넘는 돈을 챙겨 자신들 때문에 손해를 본 사람들의 경멸과 비난을 피해 다른 나라(이스라엘)로 이주했다. 그러나 다음 장에서 이야기하겠지만, 어떤 파트너들은 자신의 목표가 뉴먼의 목표와 완전히 일치하지 않는데도 그를 전방위적으로 도왔다.

3장 협력자들

2017년, 위워크(WeWork)에서 사무실을 임대해 쓰는 컨설팅 고객의 맨해튼 사무실을 방문한 적이 있다. 위워크는 막대한 자금을 투자받아 공유 업무 공간이라는 콘셉트에 혁신을 일으켰다고 주장한 스타트업 회사다. 나는 업무 공간의 디자인, 장기 계약을 맺지 않고도 뉴욕 번화가에 작은 공간을 임대할 수 있다는 사실, 무료로 제공되는 훌륭한 음료수에 깊은 인상을 받았다. 임대료가 상당히 저렴하다는 사실에도 놀랐다. 말로만 듣던 뉴욕의 일반적인 상업용 임대료가 아니었다. 필요한 공간만 임차함으로써 스타트업 업체에 창출되는 낮은 거래 비용 기회와 그 덕에 낭비를 줄일 수 있는 효율성도 인상적이었다.

물론 위워크가 공유 업무 공간이라는 콘셉트를 발명한 것은 아니다. 사실 위워크가 입점한 블록 곳곳에는 공유 오피스 업체 경쟁사들도 있었다. 그러나 위워크에는 다른 경쟁사에 없는 것이 있었다. 바로 애덤 뉴먼이었다. 키가 크고 흘러내리는 검은색 머리칼에 원대한 이상을 쉴 새 없이 늘어놓는 카리스마 넘치는 뉴먼은 위워크를 단순한 오피스 임대업체가 아니라 사람들을 한데 모으고 일하는 방식을 바꿀 공유 기술 회사로 포장했다. 위워크의 부상과 몰락은 찰스 두히그의 2020년 《뉴요커》 기사, 리브스 와이드먼의 책 『빌리언 달러 루저(Billion Dollar Loser)』, 엘리엇 브라운과 모린 패럴이 쓴 『컬트 오브 위(The Cult of We)』 에 자세히 기록되어 있다.[1]

뉴먼은 2012년에 열린 공유 사무실 산업 콘퍼런스에서 "우리 회사의 핵심은 우리와 협력입니다."라고 말했다. 위워크가 막 문을 연 무렵이었다. "우리는 함께 이 세상을 바꿀 공동체를 이룰 수 있습니다."[2] 위워크의 편의 시설과 세련된 분위기는 위워크 이미지의 핵심이었고, 직원들에게 깃든 영성적 기풍과 공동체 의식도 큰 특징이었다. 뉴먼은 '회원', 즉 입주 업체들이 위워크에 입주한 다른 회사들과 교류하면서 수익 높은 새로운 사업 기회를 창출할 수 있다고 적극적으로 선전했다.[3] 위워크의 네트워킹 기술은 회원의 사업 성장을 촉진해야 했지만, 실제 각 위워크 지점에서 이용할 수 있는 기술(바로 와이파이!)은 형편없을 때가 많았다. 대부분의 위워크 회원들은 네트워킹 기회를 그리 중요하게 여기지 않았다. 대개 저렴한 업무 공간과 공짜 커피를 원할 뿐이었다.[4]

다른 IT 회사들과 마찬가지로 위워크는 궁극적으로 어마어마한 장기적 수익을 내기 위해 시장을 거의 독점하려 했다. 이를 위해 위워크는 벤처 캐피털 회사로부터 거액의 투자금을 확보하는 데 주력했고, 이렇게 모은 투자금으로 가격 면에서 경쟁사들을 완패시킬 수 있었다.

단기 수익보다는 성장과 이미지 구축에 더 중점을 둔 위워크는 낮은 임대료를 무기로 넥스트스페이스와 같은 공유 사무실 경쟁사들을 시장에서 몰아냈지만 동시에 영업 손실도 점점 늘어 갔다. 이런 비즈니스 모델 탓에 위워크에는 영업 손실을 메울 투자금이 끊임없이 유입되어야 했다. 물론 이는 절대 지속 가능하지 않았지만, 안타깝게도 투자자들은 이 사실을 깨닫지 못했다. 뉴먼은 실행 가능한 비즈니스 모델이 없었는데도 수십억 달러의 벤처 캐피털 투자금을 끌어모으는 데에 재주가 있었고, 이는 가히 2010년대의 가장 거대한 사기극으로 꼽을 만했다.

모든 협력이 바람직한 것은 아니다

우리는 공동의 이익을 추구하기 위해 타인과 조화를 이루는 행위인 협력을 긍정적으로 보려 한다. 다른 사람들과 협력할 때 우리는 공통된 관심사뿐 아니라 서로 다른 관심사도 공유한다. 예를 들어 팀을 이루어 프로젝트를 진행할 때 나와 내 팀원들은 문제 해결 방법을 찾는다는 공동의 목표가 있지만, 어떤 해결 방법을 선택할지 혹은 누구의 공적인지를 정하는 의견이 다를 수 있다. 마찬가지로 한 회사의 투자자들은 대개 재정적 성공을 목표로 회사의 창립자와 협력하지만, 그들의 관심사가 완전하게 일치하는 일은 드물다. 양측은 협상과 협조를 통해 관심사를 맞춰 나가고 각자 원하는 것을 최대한 얻어 낸다.

그러나 위워크의 사례에서 보는 것처럼, 협력이 협상 테이블에 앉은 모든 이의 삶을 일시적으로 향상하더라도 언제나 이익을 가져다주는 것은 아니다. 심각한 위법행위를 하는 사람들과 협력할 때 우리는 그들이 일으키는 해악의 공범이 된다. 협상 테이블에 없는 사람들을 희생시켜 범법자와 함께 이익을 보기로 합의하는 일은 사회적 가치를 훼손하는 것이다.

두히그는 위워크에 관한 기사에서 뉴먼의 사기에 벤처 캐피털 회사들이 어떻게 공모했는지 설명한다. 이 투자자들은 뉴먼의 영성적 비전에 영감을 받은 것이 아니라 위워크가 공간 공유 경제의 막강한 플레이어가 될 수 있다는 믿음에 감응한 것이다. 위워크가 상장할 때까지 뉴먼이 위워크의 근사한 이미지를 유지해 주기만 하면, 그들은 위워크의 주식을 팔아 거액을 챙길 수 있다. 그 뒤에 위워크의 직원들과 고객들에게 벌어질 일은 벤처 투자자들에게 관심 대상이 아니었다.

이베이, 트위터, 인스타그램의 초기 투자자인 실리콘밸리 회사 벤치마크 캐피털의 브루스 던레비가 위워크의 이사회에 합류했다. 던레비는 초창기부터 뉴먼의 열렬한 지지자였다. 2012년, 던레비의 설득으로 벤치마크는 당시 모금된 투자금 총 1700만 달러 가운데 1500만 달러를 투자하며 위워크의 첫 번째 주요 투자자가 되었다. 벤치마크는 위워크의 가치를 9700만 달러로 평가했다. 던레비는 위워크에 회의적인 회사 파트너에게 자신도 위워크가 어떻게 수익을 낼지 모르겠다고 시인했다. 하지만 뉴먼에게 완전히 매료되어 "그냥 돈을 댑시다. 뉴먼이 어떻게든 알아서 할 거요."라고 했다.[5]

2014년 말이 되자 JP모건 체이스, T. 로 프라이스, 웰링턴 매니지먼트, 골드만삭스, 모트 주커먼 그리고 안타깝게도 내가 일하는 하버드 대학교의 기금을 운용하는 이사회 하버드 법인까지 위워크의 투자자가 되었다. 위워크는 벤처 투자 회사들로부터 5억 달러가 넘는 돈을 조달했으며, 이때부터 JP모건 체이스의 CEO 제이미 다이먼은 뉴먼에게 위워크의 성장에 대한 자문을 제공하기 시작했다. 투자와 자문 서비스 외에도 JP모건은 위워크와 뉴먼 부부에 총 약 9500만 달러에 달하는 엄청난 액수의 대출금을 제공했다. 뉴먼 부부에게 빌려준 돈에는 맨션 다섯 채에 대한 주택 융자가 포함되어 있었다. JP모건이 뉴먼의 환심을 사려고 애쓴 이유는 바로 당시 세간의 큰 관심이 쏠려 있던 위워크의 기업공개(IPO) 때 주관 회사로 지정받기 위해서였다. 기업 가치가 매우 높은 IPO의 주관사가 되는 것은 투자은행에 어마어마한 수익원이 될 수 있다.

거액의 투자금을 바탕으로 위워크는 빠르게 성장해 12개 도시에 60개의 지점을 열 계획이었다. 그런데도 위워크는 매달 600만 달러의 손실을 보고 있었다.[6] 뉴먼 부부는 직원들과 회사를 희생해서 위워크의 피를 빨아먹는 악의 장본인이었다. 일례로 자신들에게 환심을 사려는 은행으로부터 대출을 받아 건물을 사들인 뒤 자신들에게 유리한 가격으로 위워크에 임대했다. 위워크는 던레비나 다이먼 같은 투자자들에게 깊은 인상을 심어 주려고 뉴욕에서 임대한 건물들을 일시적으로 최첨단 기술의 공유 업무 공간으로 탈바꿈시키는 데 노련해졌다. 마지막 순간에 공간을 단장하는 일은 뉴먼 계획의 일부였다.

2016년 말경, 투자자들은 기초적인 기업 실사도 수행하지 않은 채 위워크에 수십억 달러를 또다시 쏟아부었다. 이로써 뉴먼은 죽어 가는 비즈니스 모델에 산소를 공급할 수 있었다. 영업 손실이 걷잡을 수 없이 불어나자 위워크는 운영 적자로 몰락하지 않기 위해 더 큰 액수의 새로운 투자금이 필요했다. 확실히 뉴먼은 겉보기에 교양 있어 보이는 투자자들이 그의 얄팍하고 기만적인 비전에 투자하도록 설득하는 데에 기발한 재주가 있었다. 그리고 벤처 캐피털 역사상 가장 유명한 공모자가 될 사람이 두 팔 벌려 그를 기다리고 있었다.

소프트뱅크의 유명 벤처 투자자 손정의 회장은 막대한 금액의 투자 성공과 실패를 모두 경험한 사람이었다. 일찍이 알리바바에 투자하여 한때 전 세계 최고 부자에 이름을 올리기도 했다. 2017년에 소프트뱅크는 1000억 달러 규모의 출자금으로 기존의 벤처 캐피털 펀드보다 4배가 큰 비전 펀드를 출범했다. 사우디아라비아의 모하메드 빈 살만 왕세자가 자국의 영향력을 석유 외 영역으로 확대하려는 활동의 일환으로 비전 펀드에 450억 달러를 투자했다. 빈 살만은 2018년 10월에 자신을 비판한 자국 기자 자말 카슈끄지 살해 계획에 연루된 것으로 알려져 악명이 높았다. 이후에도 사우디아라비아 국부 펀드는 비전 펀드에 추가로 수십억 달러를 투자했다.

뉴먼은 가까스로 손정의 회장을 만날 수 있었다. 2016년 12월, 손정의는 당시 대통령 당선자 신분이었던 도널드 트럼프를 트럼프 타워에서 만났다. 뉴먼과는 그 후에 위워크에서 2시간 동안 이야기를 나눌 예정이었다.[7] 그러나 트럼프와 회의가 길어지면서 손정의가 위워크에서 할애할 수 있는 시간은 고작 12분밖에 되지 않았다. 그는 위워크를 나서면서 뉴먼에게 차에 함께 탈 것을 요청했다. 뉴먼은 투자자용 설명 자료를 준비해 갔으나 손정의는 그에게 자료를 집어넣으라고 했다. 뉴먼에게 다행이었던 점은 손정의가 소프트뱅크 직원들이 권장했을 법한 신중한 분석보다 자신의 직감을 신뢰했다는 사실이다. 곧 1000억 달러의

3장 협력자들

투자금이 조달될 것을 알고 있었던 손정의는 장래가 촉망되는 사업 기회를 적극적으로 찾고 있던 터였다. 그는 아이패드를 꺼내 위워크에 44억 달러를 투자한다는 계약을 간략히 설명했다. 위워크의 기업 가치는 200억 달러를 약간 웃도는 것으로 평가되었다.

비전 펀드 투자가 성사되자, 대부분의 직원들에게는 거의 주어지지 않은 위워크 지분 매도의 기회가 초기 투자자들에게 생겼다. 소프트뱅크의 투자금 44억 달러 중에 13억 달러는 자사주 매입에 사용되었다. 위워크 초기 투자자인 벤치마크는 위워크 비즈니스 모델의 허점을 발견한 듯 팔 수 있는 지분의 최대치인 1억 2900만 달러의 주식을 매도했다. 뉴먼 부부도 3억 6100만 달러의 지분을 매각했다.

손정의 회장 덕분에 뉴먼은 지속 가능하지 않은 모험을 연장할 수 있었다. 비전 펀드의 자금 투입은 뉴먼뿐만 아니라 자신의 형편없는 직감에 기름을 부은 공모자에게 엄청난 사업 확장 자금을 제공한 셈이었다. 위워크에서 뉴먼은 이미 재무적 책임보다 코카인, 술, 영성주의를 더 적극적으로 수용하는 사내 문화를 형성해 놓은 상태였다. 손정의는 뉴먼을 합리성에서 더 멀어지도록 부추겼다. 계약 성사를 기념하러 도쿄로 날아온 뉴먼에게 손정의가 물었다.

"똑똑한 사람과 미친 사람이 싸우면 누가 이길까?"

"미친 사람이요." 뉴먼이 대답했다.

"맞았네. 한데 자네는 아직 더 미쳐야 해."[8]

손정의의 격려와 투자로 위워크는 과감하게 공유 오피스 외의 영역으로 사업을 확장했다. 뉴먼은 맨해튼의 부촌 첼시에 사립학교 위그로(WeGrow)를 설립하고 고급 피트니스 클럽 라이즈 바이 위(Rise by We)도 시작했다. 또 위워크의 확장판으로 공유 주거 공간과 빨래, 청소, 요리, 게다가 근사한 분위기도 제공하는 주택 공급 사업 위리브(WeLive)를 기획했다. 더욱이 위워크는 2015년부터 2019년까지 회사 20개를 인수했는데, 위워크의 핵심 사업이 아닌 뉴먼의 개인적인 관심사와 관계된 것들이 대부분이었다. 인공 파도 수영장을 만드는 회사에 1300만 달러를 투자한 것이 그중 하나다.(뉴먼은 서핑에 미쳐 있었다.) 이렇듯 다른 영역에 손을 뻗으면서 위워크는 수익성과 지속 가능성을 포기한 채 계속해서 성장에만 집중했다. 영역 확장을 강조하기 위해 위컴퍼니(WeCompany)로 기업 이름도 바꾸었다. 뉴먼은 위홀딩스(We Holdings)를 통해 'We+동사' 형식을 사용하는 상표를 여러 개 소유하고 있었는데, 이것을 자기 회사에 되팔면서 590만 달러어치의 주식을 챙겼다.(이 돈은 나중에 회사에 상환되었다.)

 뉴먼의 목적이 불분명한 기업 인수, 탐욕, 기만이 날로 늘고 있을 때 위워크의 투자자들은 관망할 뿐 거의 개입하지 않았다. 손정의의 투자로 이익을 보고 만족한 벤치마크는 더 큰 수익을 내려고 했다. 새로운 투자가 이루어질 때마다 벤치마크가 소유한 위워크 주식의 내재적 가치 평가는 하늘로 치솟았다. 그러나 2018년이 되자 위워크는 다시 자금이 바닥났고, 그해에만 추정 손실액이 거의 20억 달러에 달했다.[9] 손 회장과 뉴먼은 비전 펀드로부터 처음보다 훨씬 큰 규모의 자금, 소문에 따르면 200억 달러에 육박하는 투자금을 다시 투입하기 위해 애를 썼다. 이는 벤치마크, 위워크 임직원들을 포함한 기존 위워크 주주들의 지분을 사들이고 위워크를 상당 기간 비공개로 유지하는 데 쓰일 수 있었다. 그러나 손 회장이 뉴먼과 끈끈한 유대를 맺었는데도 소프트뱅크의 핵심 간부 대부분은 위워크 투자에 점점 의심을 품었다. 2018년 말 무렵, 사우디아라비아와 아부다비 정부가 비전 펀드에 거부권을 행사하면서 손 회장은 위워크와 새 계약을 맺지 못했다.[10] 사우디아라비아 국부 펀드의 거부권 행사는 위워크 역사의 행로를 바꾸는 데 결정적인 역할을 했다.

비전 펀드의 투자 계획이 물거품이 되자, 위워크는 자금 확보가 더 절실해졌다. 2019년 1월 8일 손정의는 비전 펀드 밖에서 자금을 조달하여 위워크에 또다시 10억 달러를 투입했다. 손정의와 뉴먼이 매긴 위워크의 평가액은 470억 달러였다.[11] 손정의가 새로운 투자금에 대해 기꺼이 회사 지분의 47분의 1만 받겠다고 하는 한 그들은 그렇게 가치 평가를 내릴 권한이 있었다. 그들은 거래의 비공개 특성으로 인해 위워크의 운영 및 재무에 관한 세부 정보를 비공개로 유지할 수 있었고, 위워크의 가치가 470억 달러라고 보도하는 언론의 덕도 보았다.

그러나 고작 10억 달러의 수혈로 부족했던 위워크는 도산을 막기 위해 곧 상당한 액수의 추가 투자금이 필요했다. 이 때문에 뉴먼은 기업 공개 절차를 밟기 시작했다. 일반 대중에게 주식을 매도하면 상당한 자금을 마련할 수 있을 터였다.

뉴먼의 사업을 통해 돈을 벌려는 투자은행들은 그가 계속 위워크의 가치에 대해 망상에 빠져 있도록 두었다. 우리가 자기 집의 가치를 생각보다 낮게 말하는 부동산 중개인을 고용하지 않듯이, 은행들도 잠재적 고객이 생각하기에 너무 낮은 평가액을 제시하면 IPO 주관 업무를 따내지 못할 공산이 크기 때문이다. 뻔한 이야기지만 은행들은 IPO를 앞둔 위워크에 높은 평가액을 매겼다. 모건스탠리는 위워크에 기업 가치를 1040억 달러로 책정하라고 조언했으며, 골드만삭스는 960억 달러에 가까운 금액을 권했다.[12] 다른 주주들에 대한 책임을 외면한 던레비와 초기 투자자들을 포함한 위워크의 이사진도 뉴먼의 공모자였다. 그들은 뉴먼의 파괴적 행위에 대해서는 함구한 채 위워크가 IPO에 성공하여 자기 주식을 매도할 수 있기만을 바랐다.

벤처 캐피털 회사들은 대부분 비상장 기업이기 때문에 그들에게 요구되는 재무 데이터 공개는 제한적이다. 지금껏 확인한 바와 같이 그들의 투자 결정은 대체로 적절한 실사가 아니라 명성이나 직감에 근거해 이루어진다. 그러나 비상장 기업에 대한 IPO 절차는 다르다. 기업공개를 원하는 회사는 먼저 증권거래위원회에 회사의 이사회에서 승인받은 'S-1'이라는 양식을 제출해야 한다. S-1 양식은 많은 양의 구체적이고 명확한 재무 정보를 요구한다. 그러나 뉴먼 부부는 회사의 재무 정보를 밝히는 대신 학창 시절 예술 과제를 하듯이 S-1 양식을 작성했다. 그들은 제출 문서에 "전 세계의 의식을 고양"하는 위워크의 영성적 사명에 관한 이야기를 늘어놓고, 스스로 만든 재무 지표를 사용했으며, 세련되고 멋진 사진을 잔뜩 집어넣었다. 눈살을 찌푸리게 할 만큼 이상한 문서였지만 위워크의 직원, 이사진, 변호사, 회계사, 컨설턴트, 투자 은행 모두가 승인했다. 전 위워크 간부 중 한 사람은 두히그에게 "한마디로 우리는 누가 봐도 정신 나간 짓이라고 인정하기보다 의도적인 무지와 탐욕을 선택했던 겁니다."라고 털어놓았다.[13] 모든 사람이 그저 빨리 끝나기만을 바랐다.

뉴먼 부부가 자신들이 작성한 S-1을 자랑스러워하고 그것을 통해 이익을 꾀하는 사람들이 이에 동조했지만, 잠재적 투자자들은 서류에 재무와 비즈니스 관행에 관한 일반적인 정보가 너무나 많이 빠져 있음을 알고 깜짝 놀랐다. 그리고 위워크의 비즈니스 모델이 전혀 이치에 맞지 않는다는 명백한 사실을 지적했다.

IPO를 주도한 투자은행들은 매수자가 나타나지 않는다는 사실을 알아챘다. 그들은 위워크의 가치액을 몇 배 낮추었으나 유의미한 수의 투자자를 유치하기에는 역부족이었다. 초기에 470억~1000억 달러에 달했던 위워크의 평가 목표액은 수직 강하하여 2019년 8월 무렵에는 200억~300억 달러가 되었다. 그런데도 여전히 아무도 관심을 보이지 않았다. 9월이 되자 위워크의 평가액은 100억 달러까지 떨어졌다. 여전히 사겠다는 사람이 없었다. 9월 16일, 위워크는 IPO를 취소했고, 던레비의 압박으로 뉴먼은 최고경영자 자리에서 물러났다.

10월이 되자 위워크는 자금이 바닥났다. JP모건과 소프트뱅크가 각각 회사를 인수하겠다고 제안했다. 위워크 이사회는 회사 전체를 약 80억 달러에 넘기라는 소프트뱅크의 제안을 받아들였다. 투자자들이 그동안 위워크에 투입한 128억 달러를 훨씬 밑도는 액수였다. 2020년 5월, 코로나19 팬데믹이 발생하면서 위워크의 입주 업체들이 재택근무를 시작하자, 소프트뱅크는 위워크의 기업 가치를 29억 달러로 평가했다.

우리는 흔히 벤처 투자자나 은행이 투자 여부를 판단할 때 경영학적 접근법을 통해 복잡한 재무 분석과 철저한 실사를 수행하여 사업의 장기적 지속 가능성을 평가할 것이라고 생각한다. 또 그들은 잘 속아 넘어가지 않고 합리적이며 허풍쟁이에 쉽게 현혹되지 않는 의심이 많은 사람들일 것이라고 생각한다. 그러나 투자업계에 대한 이런 인상은 직감적 판단이 지배하고 근거 없는 주장이 난무하며 말재간 좋은 CEO에 휘둘린 위워크의 사례를 통해 사실이 아님이 드러났다. 2장에서 논의한 진정한 파트너들과 달리, 위워크의 공모자들은 불법행위를 저지르는 주범과 핵심 가치를 공유하지는 않았다. 그러나 그들은 애덤 뉴먼의 회사 재무 보고에 문제가 있다는 사실을 충분히 알았으면서도 다른 투자자들에게 알리지 않았다. 그들의 과실로 인해 위워크 직원 대부분은 스톡옵션을 현금화하는 이득을 누리지 못했고, 많은 투자자가 막대한 손해를 입었으며, 경쟁사들은 위워크가 지나치게 가격을 낮추는 바람에 억울하게 문을 닫았다.

디젤게이트의 공범들

1934년, 아돌프 히틀러는 자동차회사 포르셰의 창업주 페르디난트 포르셰에게 폭스바겐, 즉 모든 독일 가정이 살 수 있는 '대중을 위한 차'를 의뢰했다. 폭스바겐을 만들기 위해 탄생한 자동차 기업 포르셰는 2차 세계대전 중에 강제 노역을 동원하여 군용 차량을 생산했다. 이 강제 노동의 희생자들은 아르바이츠도르프 강제수용소에 수용된 유대인 1만 5000여 명으로 대다수가 혹사당하여 목숨을 잃었다.[14]

폭스바겐의 권위주의적 리더십은 21세기까지 이어졌다. 2007년, 폭스바겐은 세계 최대 승용차 생산 기업의 자리에 오를 계획을 세웠다. 회장 페르디난트 피에히와 CEO 마틴 빈터콘이 정한 목표 판매치는 연간 1000만 대였는데 이는 그해에 생산된 600만 대를 훨씬 웃도는 수치였다. 목표 달성의 관건은 환경에 미치는 영향을 중시하는 미국 시장에 매우 중요한 '클린 디젤' 엔진을 개발하고 판촉하는 것이었다. 폭스바겐은 자신들이 개발한 디젤 엔진이 환경친화적이라고 주장했다. 이 차는 미국에서 큰 인기를 얻었는데, 실제 사정은 이러했다. 폭스바겐은 진짜 공기 오염을 줄이는 엔진을 만드는 대신 생산된 자동차가 배기가스 시험에서 속임수를 쓰도록 컴퓨터 코드를 개발했다. 조작이 드러나면서 이 사건은 디젤게이트라고 알려졌다. 미국 연방 지방법원의 판사 숀 F. 콕스는 "이 사건은 폭스바겐 경영진이 의도적으로 자행한 거대 사기극"이라고 판결하면서 폭스바겐에 28억 달러의 벌금을 부과했다.[15]

전문가들의 추정에 따르면 2008년부터 2015년까지 폭스바겐 디젤 차량이 일으킨 공해를 장애보정수명으로 따졌을 때 손실된 수명은 4만 5000년에 이르렀다.[16] 장애보정수명(DALY)이란 질병, 장애, 조기 사망으로 건강하게 살지 못하는 생존 연수를 의미하는 전문 용어다. 장애보정수명 1년은 건강하게 살 수 있는 수명이 1년 손실되었음을 의미한다. 2015년, 빈터콘은 불명예 속에 최고경영자 자리에서 물러났고, 미국 폭스바겐 지사의 배기가스 규제 준수 책임자였던 올리버 슈미트는 실형을 선고받았다. 2020년 6월 기준 폭스바겐이 디젤게이트로 부담해야 하는 비용은 벌금, 과태료, 합의금, 환매 비용을 합쳐 333억 달러에 달한다. 폭스바겐의 고위 관리들은 디젤게이트를 소수의 중간급 엔지니어들 책임으로 몰아가려 했지만, 엔지니어들이 매우 복잡한 제어 시스템을 구축한다는 사실이나 폭스바겐의 기업 운영 방식과는 들어맞지 않는 견해다. 실제로 회사 내에 모종의 광범위한 음모가 있었다는 증거가 상당수 드러났다. 폭스바겐의 직원이었던 대니얼 도너번이

미시간주 법원에 제기한 내부 고발 소송에서, 미국 정부가 폭스바겐이 배기가스 검사에서 속임수를 썼다는 혐의를 제기하자 직원들이 전자 데이터를 불법적으로 삭제했음이 밝혀졌다. 도너번은 자신이 회사를 미국 당국에 고발하리라고 생각한 상사들 때문에 해고당했다고 주장했다.

노동조합과 규제 당국도 디젤게이트의 공범이었다. 1937년, 나치는 폭스바겐 프로젝트를 주도하면서 노동조합을 완전히 해산하고 조합의 재산을 몰수했다. 2차 세계대전이 끝난 뒤, 폭스바겐은 1937년의 노동조합 몰수에 대한 보상을 주장하지 못하도록 노동자 대표들에게 회사의 미래에 영향력을 행사할 수 있는 막대한 힘을 주었다. 폭스바겐 노조는 현재 이사회 20석 중 10석을 차지하고 있다. 폭스바겐 본사가 있는 독일 니더작센주 정부 대표가 이사회의 두 자리를 차지하는데, 이들은 보통 노동자들 편에 선다. 나머지 중 다섯 자리는 포르셰 가문과 피에히 가문이 갖고 있다.

노동조합과 니더작센주 정부는 폭스바겐에 공모하는 대가로 그들이 대변하는 직원들의 고용 안정을 보장받았다. 폭스바겐이 일자리를 보장하는 한 노동조합과 니더작센주 정부는 폭스바겐 경영진의 비윤리적인 행위, 심지어 불법적인 행위도 눈감아 주었다. "폭스바겐만큼 소유주와 노조가 긴밀하게 협력하는 회사는 없다." 전 폭스바겐 고위 간부가 《뉴욕 타임스》에 한 말이다. "경영진, 주 정부, 노조가 모두 원하는 것은 완전고용이며, 일자리가 많을수록 더 좋다. (……) 그들은 어떤 일이든 못 본 척할 것이다."[17] 폭스바겐 경영진은 노조 지도부의 비위를 맞추기 위해 성매매, 쇼핑, 비아그라가 포함된 향응성 출장을 보내 주기도

했다.[18] 2005년, 당시 노조위원장이었던 클라우스 폴커트는 폭스바겐의 이사 페터 하르츠로부터 200만 유로의 뇌물을 수수한 혐의로 유죄 판결을 받았다.

디젤게이트 외에도 독일에서는 고의로 허술하게 만든 법망이 배기가스 조작 스캔들에 일조했는데, 이 스캔들에는 기업들이 유기적으로 얽혀 있었다. 2006년부터 2014년까지 독일의 5대 자동차회사 폭스바겐, 다임러, BMW, 아우디, 포르셰(마지막 두 브랜드는 폭스바겐의 소유)는 보쉬를 비롯한 부품회사들과 공모하여 차량에 저가의 배기가스 차단장치를 달았고, 이로 인해 공기 중에 유해한 화학물질이 배출되면서 매년 수만 명의 사망자를 발생시킨 것으로 드러났다.[19] 노조와 주 정부의 공모가 없었다면 폭스바겐이 그렇게 수많은 목숨을 앗아 갈 일은 없었을 것이다. 노동조합과 주 정부는 폭스바겐이 차량을 더 많이 판매해서 얻은 수익을 나누어 갖지는 않았지만, 그 수익에 동반되는 일자리와 정치적 이익에 이해관계가 있었다.

"비즈니스 비용"

2016년에 도널드 트럼프가 대선 후보로 지명되기 전, 사우스캐롤라이나주의 린지 그레이엄 공화당 상원의원은 트럼프를 "얼간이", "정신 나간 놈", "미친", "대통령에 부적합한", "인종차별적이고 외국인을 혐오하며 종교적 편협성을 지닌 자"라고 표현했다. 그는 트럼프를 대선 후보로 지명한 공화당이 "제정신이 아니다."라고 했고, 2016년 3월에는

"미국을 위대하게 만들 수 있다고? (……) 트럼프에게 지옥에나 가라고 전해 주시죠."라는 트윗을 올렸다.[20]

켄터키주 출신의 상원 다수당 원내대표인 미치 매코널 공화당 의원은 평소 그레이엄보다 더 조심스럽게 말을 하는 사람이다. 하지만 트럼프가 대선 후보로 지명되자, 매코널은 트럼프의 경험 부족을 감안하여 대선 후보 러닝메이트를 신중하게 선택해야 한다는 뜻을 비치면서 트럼프는 "주요 사안"을 잘 모른다고 덧붙였다.[21] 연예 프로그램 「액세스 할리우드」에서 트럼프가 여성을 성폭행한 경험을 자랑스럽게 말하는 영상이 공개되었을 때, 매코널은 그의 발언을 "혐오스럽고 어떤 상황에서도 용납할 수 없는 일"이라고 말하면서 트럼프에게 "세상 모든 여성에게 직접 사과하라."라고 요구했다.[22]

2016년 대통령 선거운동이 진행되는 동안 많은 공화당 의원들이 트럼프에 대한 우려를 표했다. 그러나 트럼프가 당선되자 공화당 의원 대부분이 그의 부도덕하고 불법적인 행위에 가담하고 동조했다.

일례로 그레이엄은 트럼프의 권력 남용을 계속해서 변명하고 나섰다.[23] 그레이엄은 2014년 포괄적인 이민정책 개혁의 초안을 마련하기 위해 초당파적인 노력을 기울인 사람이었다. 대선 운동 기간에 멕시코 접경 지역에 장벽을 세우겠다는 트럼프의 공약을 "멍청하고 불법적인 생각"이라며 비판하기도 했다.[24] 그러나 트럼프가 당선되자 그레이엄은 국경 장벽을 비롯한 이민정책 계획을 열정적으로 지지했다. 상원 법사위원회 소속으로 트럼프의 법관 지명도 찬성했다.

마찬가지로 트럼프가 취임하자 매코널도 비판을 멈추었다. 트럼프 대통령 임기 동안 매코널은 보수 성향의 법관을 최대한 많이 인준하는 데 주력했다. 제니퍼 시니어가 쓴 《뉴욕 타임스》 기사에 따르면, 트럼프에 대한 매코널의 관대함은 본인이 원하는 것을 얻는 데 필요한 거래는 무엇이든 하겠다는 의지에서 비롯되었다. "백인 우월주의자들을 좋아하고 음모론을 즐기며 소시오패스처럼 진실을 가볍게 무시하는 소양이 부족한 깡패 두목에 편승함으로써 감세와 보수 성향의 법관을 얻을 수 있다면…… 그 정도는 비즈니스 비용 아니겠나."[25]

그레이엄과 매코널은 스티브 배넌과 같은 트럼프의 진정한 파트너는 결코 아니었다. 그들은 트럼프처럼 민주주의와 법치를 공개적으로 멸시하거나 백인 우월주의자들을 지지하지 않았다. 두 사람은 원하는 것을 얻기 위해 기꺼이 부도덕한 행위자와 협력한 거래자였다. 켄터키주 민주당 하원의원인 존 야머스에 따르면 매코널은 "그런 보수 법관들을 얻기 위해 파우스트식 거래"를 했다.[26] 매코널은 대법관 3명을 비롯하여 보수적인 연방 판사 200여 명을 임명하는 데에 중추적인 역할을 했다. 마찬가지로 그레이엄도 트럼프가 당시 바이든 전 부통령의 아들 헌터 바이든을 상대로 정치적 동기가 다분한 허위 수사에 착수하도록 우크라이나의 젤렌스키 대통령을 협박하려 했다는 증거를 축소했다.

2020년 6월에 사학자 앤 애플바움은 마치 미래를 내다본 사람처럼 이렇게 평했다.

미국에서 벌어지고 있는 공조의 대가가 막대하다는 사실은 이미 드러났다. 그러나 과거 많은 점령국에서 그랬던 것처럼 파국으로 치닫는 움직임은 계속되고 있다. 처음 트럼프의 조력자들은 취임식에 관한 거짓말을 받아 주었다. 이제는 끔찍한 비극은 물론 국제사회에서 미국이 지도력을 상실한 현실을 받아들인다. 더 심각한 일도 벌어질 수 있다. 11월이 오면 선거제도를 향한 공격을 용납하거나 심지어 교사할지 모른다. 대놓고 우편 부재자 투표를 방해하거나 투표소를 폐쇄하거나 투표하지 못하도록 사람들을 겁박할 수도 있다. 트럼프 대통령의 소셜미디어 팬들이 시위대를 선동하여 주 또는 시 정부 공무원들에게 물리적인 공격을 가할 때 그들이 폭력을 묵인하지 않으리라는 보장이 없다.[27]

모두가 알다시피 그런 일은 실제로 벌어졌다. 트럼프의 대선 패배 후, 그레이엄은 걷잡을 수 없이 퍼졌던 부정선거에 대한 트럼프의 거짓말과 선거 결과를 뒤엎으려는 시도를 지지했다. 그레이엄과 매코널은 12월 15일, 선거인단이 선거 결과를 확증해 준 다음 날에야 바이든의 승리를 인정했다. 1월 6일에 상하원이 모여 선거인단의 투표 결과를 인증하자, 매코널은 그제야 선거 결과를 뒤엎으려는 트럼프의 주장을 반박하며 "이번 선거가 패배한 측의 주장만으로 결과가 뒤집힌다면, 이 나라의 민주주의는 죽음의 소용돌이로 빨려 들어가고 말 것이다."라고 말했다.[28] 들리는 바에 따르면 그날 국회의사당 점거 폭동 후, 매코널은 사건의 직접적인 책임이 트럼프에게 있다고 보고 탄핵에 찬성했다. 그러나 트럼프가 임기를 마치기 전에 탄핵 심판을 하기 위해 상원을 소집하는 일은 거부했다.[29] 바이든 취임 후 2월에 상원이 마침내 트럼프를 심판에 회부하자, 매코널은 규정상의 이유를 들어 탄핵을 반대했다. 트럼프가 이제는 대통령이 아니라는 이유였다. 그러나 트럼프가 백악관에 있는 동안 심판하지 않기로 결정한 사람은 바로 매코널이었다.

　오늘날 인종차별적 성향의 권위주의적 지도자들이 전 세계 곳곳에서 출현하고 있다. 그런 지도자를 돕는 사람들에게 책임을 묻는 것은 그들을 막는 비결이 될 수 있다.

공조의 이유

　2장에서 본 진정한 파트너와 마찬가지로 협력자들의 주된 관심사도 범법자의 행위로부터 어떻게 이득을 얻을지에 쏠려 있다. 진정한 파트너들은 주범과 같은 핵심 가치가 있지만, 협력자들은 자신이 원하는 것을 보상으로 얻기만 하면 기꺼이 주범에 협력한다. 그 과정에서 대개 주범을 점점 더 적극적으로 돕고 주범의 비윤리적인 행위를 기꺼이 돕는 자신을 정당화한다.

　그러나 협력자와 주범의 관계는 편의에 따라 맺어지기 때문에 본질적으로 불안정하다. 앤 애플바움이 정확히 예측한 것처럼 그레이엄이나 매코널과 같이 어떤 협력자들은 비위를 저지르는 자가 윤리적 한계를 넘어서는데도 더 적극적으로 협력한다. 그러나 동맹을 통해 필요한 것을 얻을 때만 관계를 유지하는 협력자들도 있다. 트럼프의 국가안보보좌관이었던 H. R. 맥매스터는 차분하고 지적이며 유능한 사람이었다. 그는 여러 차례 트럼프와 충돌을 빚고 이란, 북한, 러시아와의 협상에서 드러난 트럼프의 무능을 비판한 뒤 2018년에 사임했다. 렉스 틸러슨도 트럼프가 "꼴통"[30]임을 깨닫고 2018년에 국무부 장관직을 그만두었다. 게리 콘 역시 버지니아주 샬러츠빌에서 벌어진 백인 우월주의자들의 대규모 폭력 시위를 두고 트럼프가 "양측에 모두 아주 괜찮은 사람들"이 있었다고 발언한 것을 듣고 국가경제위원장 자리에서 물러났다.[31] 제임스 매티스 전 국방부 장관도 트럼프가 IS와의 전쟁에서 미국의 오랜 동맹이었던 쿠르드족을 갑작스레 저버리고 미군을 철수하자 한계에 이르러 사임했다. 행정부 관료의 사임은 모든 정권에서 있는 일이지만, 트럼프 행정부에서는 92퍼센트라는 극단적인 사임률을 보였다.[32] 주요 원인은 트럼프의 불같은 성격, 부도덕한 행위, 무능력 외에도 트럼프 행정부 구성원 대부분이 그의 진정한 파트너가 전혀 아니었다는 사실에 있다. 그들은 트럼프의 많은 결함을 보기보다는 자신이 목표한 바를 얻고자 하는 협력자였기 때문에 상황이 더 이상 마음에 들지 않을 때는 주저 없이 떠났다. 그러나 불행히도 대개는 이미 트럼프가 거악을 저지르는 일을 도와준 후였다.

    나는 오랜 세월 협상 분야에서 경력을 쌓았다. 협상에 관한 저서 두어 권을 집필했고, 협상에 임하는 사람들의 사고방식을 알아보는 실험 연구를 수십 차례 수행했으며, 수만 명의 MBA 학생과 경영자들에게 효과적인 협상 방법을 가르쳤다. 협상에 관한 저술에는 당사자 모두가 각자 원하는 바를 얻을 수 있도록 협력한 사례들이 많이 나온다. 협상을 연구하는 학자들은 협력자들이 몇 가지 사안을 두고 거래하는 것을 "통나무 굴리기(logrolling)"[33]라고 부른다. 통나무 굴리기란 상대방에게 중요한 쟁점을 양보하고 그 대가로 자신에게 더 중요한 사안을 양보받는 것을 말한다. 정치에서 통나무 굴리기는 대개 여러 가지 쟁점을 하나의 법안으로 통합하여 연합체의 모든 구성원이 각자에게 가장 중요한 것을 얻는 것을 의미한다. 미국 정치에서 통나무 굴리기의 역사는 적어도 1790년으로 거슬러 올라간다. 당시 하원의원이었던 제임스 매디슨과 조지 워싱턴 정부의 국무부 장관이었던 토머스 제퍼슨은 두 가지 쟁점을 두고 재무부 장관이었던 알렉산더 해밀턴과 합의를 보았다. 뮤지컬 「해밀턴」의 팬들도 기억하겠지만 이 '1790년의 합의'에서 제퍼슨과 매디슨은 독립전쟁 때의 빚을 연방 정부가 갚도록 하는 해밀턴의 제안에 동의했고, 그 대가로 해밀턴은 수도를 남쪽에 두자는 제퍼슨과 매디슨의 제안을 수용했다.

일반적으로 협상 전문가들은 '통나무 굴리기'를 현명한 협상가들이 사용하는 긍정적인 행위, 거래에 참여하는 양측 당사자들의 이익을 효율적으로 통합하는 방법이라고 설명한다. 그렇다면 거래 당사자가 다른 사람의 것을 빼앗아 가치를 창출하는 경우는 어떤가? 이와 관련하여 제임스 길레스피와 나는 협상자들이 협상에 참여하지 않은 사람들의 것을 빼앗아 가치를 창출하는 합의를 가리켜 '기생적 통합'이라는 용어를 만들었다.[34] 예를 들어, 같은 산업군에 있는 두 회사가 비밀리에 높은 가격을 유지하자고 불법적으로 합의했다면 그들은 가치를 창출했을지 모르지만 대중에게는 해악을 미치는 결탁을 맺은 것이다. 이와 비슷하게 트럼프의 협력자들이 부자에게 유리한 감세와 보수 성향의 법관 지명을 대가로 권위주의적 통치와 백인 우월주의적 정책을 지지할 때, 그 거래로 피해를 본 사람들은 막대한 손실을 입으므로 트럼프에 동조한 사람들에게 반드시 책임을 물어야 한다. 윤리적 관점에서 볼 때 협력이 지닌 선(善)은 단순히 협력자들에게 미치는 영향이 아니라 전반적으로 사회에 창출하거나 부과하는 긍정적 또는 부정적 가치

를 바탕으로 평가되어야 한다.[35]

협상에 임하는 사람이 대놓고 거짓말을 하지는 않더라도 즉답을 회피하거나 오해의 소지가 있는 대답을 내놓는 것은 비윤리적인 행위일까? 협상에서 무엇이 비윤리적인 행위냐에 대한 견해는 사람마다 다르다. 그러나 한 가지 분명한 점은 의심스러운 행위를 어떻게 해석하느냐는 누가 그 행위를 하느냐에 따라 달라진다는 사실이다. 이를테면 자신이 범인일 때는 그런 행위를 정당화하지만, 협상 상대가 같은 행위를 하면 훨씬 엄격하게 판단하는 경향이 있다. 또 조직, 부서, 가족, 종교, 인종, 국적이 같은 사람들처럼 우리 '부족'의 구성원은 양해해 주려고 한다.[36] 트럼프 주변의 공화당 의원들뿐만 아니라 위워크와 폭스바겐 관계자들이 그랬듯이, 우리도 같은 부족 구성원들의 비위에 협력하려 한다. 그래서 자신이 속한 집단의 협력자들이 행하는 의심스러운 행위를 눈감아 주는 편이다. 이런 점 때문에 우리는 편향성이 없으면 비난했을 법한 행위를 하는 사람과 계속해서 협력하게 된다.

반면 부족들에게는 적이 있기 마련인데, 인간은 적의 행위를 알지도 못하는 사람들의 행위보다 더 엄격하게 판단한다.[37] 그래서 축구 경기에서 '우리' 팀 선수가 상대 팀 선수에게 걷어차였을 때 두 팀 모두 응원하지 않을 때보다 그 행위를 더 비윤리적이라고 생각한다.[38] 적의 행위를 이용하여 우리 편의 수상쩍은 행위를 정당화하기도 한다.[39] 폭스바겐의 노조와 독일 정부 기관들이 토요타에 대한 일본의 친기업 정책의 긍정적인 효과를 언급하며 폭스바겐의 불법행위에 공모한 사실을 정당화한 것도 그런 이유에서다. 좌파, 사회주의자, 공산주의자에 대한 두려움 때문에 1932~1933년에 독일의 보수주의자들이 히틀러를 지지한 것이나, 2020년에 매코널과 그레이엄이 그들의 핵심 원칙에 근거하면 거부했어야 할 트럼프의 정책을 지지한 것도 같은 맥락이다. 이런 사례 모두 협력자들의 목표가 주범의 목표와 일치하지는 않았어도, 협력자들에게는 주범이 목적을 달성할 수 있도록 방조한 책임이 있다.

일상의 공모

2

4장 특권을 누리는 사람들

 2015년, 뉴욕 브루클린 코블힐에 있는 공립 중고등학교인 SIS(School for International Studies)의 입학생 수는 심각하게 저조했다. 중학교 1년 과정에 해당하는 6학년의 정원이 100명인 데 반해 실제 등록한 학생은 30명뿐이었다. 질리언 주먼 교장은 팟캐스트 「친절한 백인 부모들(Nice White Parents)」을 통해 SIS의 역사를 돌아보던 차나 조프월트 기자에게 걱정을 털어놓았다.[1] 입학생 수에 따라 재정이 지원되기 때문에 학생 수가 적다는 것은 곧 재원이 줄어든다는 의미였다. 주먼 교장은 뉴욕시 교육부가 SIS의 중학교를 폐교하지 않을까 우려했다.

 최근 몇 년간 젠트리피케이션을 겪으면서 코블힐에 고급 주택이 들어섰지만 주변에 사는 부유한 백인 가정들은 자녀를 SIS로 보내는 경우가 거의 없었다. SIS 학생 대부분은 노동자 계층과 빈곤층의 자녀들이었다. 82퍼센트가 흑인이나 라틴계였고, 중동 출신의 아이들도 적지 않았다. 재학생의 4분의 3가량이 무료 급식 대상자였으며, 2014년에는 수학과 읽기 과목에서 학년별 표준을 만족하는 학생이 10퍼센트도 되지 않았다.[2] 학부모들은 여러 공립학교 중에 선택하여 자녀를 보낼 수 있는데, 이 지역 백인 부모들은 대개 시험 성적이 상대적으로 높고 백인 재학생 비율이 높은 학교 세 곳에만 아이들을 보냈다. 그러나 이 세 학교는 과밀 학급인 데다 자리도 얼마 나지 않아서 학부모들은 다른 방법을 강구해야 했다.

주먼 교장이 인근에 있는 가정들을 방문한 뒤, 백인 학부모들이 SIS를 둘러보기 시작했다. 많은 부모가 학교의 시험 성적에 대해 우려를 나타내면서 흑인인 주먼 교장에게 아이들이 학교에 총기를 가져오지는 않는지 물었다. 그러나 조프월트에 따르면 부모들은 SIS의 음악 프로그램과 수준 높은 교육과정에는 깊은 인상을 받았다.

롭 핸슨이라는 백인 학부모가 SIS를 둘러본 후 주먼 교장에게 자신의 아이가 초등학교에서 했던 것과 유사한 프랑스어 이중 언어 프로그램을 만들 생각이 있는지 물었다. 주먼 교장은 제안을 수용할 의사가 있다고 대답했다.

핸슨은 동네에 있는 친구들에게 SIS가 프랑스어 프로그램을 시작할 것이라는 소식을 전했다. 그러고 나서는 진지하게 SIS에 아이를 보낼 생각이 있는 가정이 많은지 확인하려고 관심을 보이는 일부 부모들에게 설문지를 보냈다. 조프월트에게 말하기를, 그렇게 하지 않으면 인근 지역 아이들(백인 아이들) 중 아주 소수만 입학하는, 일명 "집단행동 딜레마"가 발생할 가능성이 있었다. 핸슨은 프랑스어 프로그램이 꼭 운영되기를 바랐다고 했다. 또 다른 백인 학부모 스티븐 리온은 뉴욕에 본부를 둔 뉴스 사이트 디엔에이인포(DNAInfo)와 진행한 인터뷰에서 더 좋은 학교를 많이 만드는 일은 누구도 대신해 주지 않기에 자신과 같은 부모들이 나서야 한다고 말했다. "넘쳐 나는 아이들을 한꺼번에" SIS로 보내는 일에서 가치를 발견한 리온은 핸슨과 함께 자녀를 SIS에 보낼 학부모들을 적극적으로 모집했다.[3]

핸슨과 리온 같은 부모들은 로비를 통해 목적을 달성했다. 2015년에 30명이었던 6학년 입학생 수가 103명으로 대폭 증가했으며 입학생 대부분은 백인이었다.

다수의 백인 신입생들이 입학하기 전, SIS 학부모회는 선생님 사은 활동, 봄 축제와 같은 살기 좋은 지역공동체 만들기에 주력했다. 반면 일부 신입생 학부모는 기금 모금, 특히 새로운 프랑스어 프로그램 운영에 필요한 기금 모금을 최우선순위로 두고 싶어 했다. 마침 핸슨은 전문 펀드레이저였다. 그는 학부모회와 별개로 학부모 기금 모금 위원회를 만들었고 5만 달러를 조성한다는 단기 목표를 세웠다.

10월에 열린 학부모회에서 주먼 교장은 새로운 기금 모금 위원회가 이미 1만 8000달러를 모금했다고 발표했다. SIS 학부모회 공동 대표인 아이미 허낸데즈는 혼란스러웠다. "그래서 그 돈을 우리가 쓸 수 있나요? 기금은 누가 관리하고, 어디에 쓰이는 건가요?" 그녀는 롭 핸슨이 학부모회 임원이 아니라는 점을 꼬집어 말하며 이렇게 덧붙였다. "대개 학부모들이 모금한 돈은 학부모회를 통해 쓰이죠. 그래야 어디에 쓸 건지 논의할 수 있으니까요."[4] 아이미의 남편 모리스는 교사들이 새 체육복과 현미경 구매를 부탁했다고 전했다. 그리고 새로 모인 기금이 이런 것을 위해 쓰일 수 있는지 물었다.

핸슨은 학부모회와 더 원활하게 소통하지 못한 점을 사과했다. 그러면서 뉴욕 주재 프랑스 대사관이 프랑스어 교사와 교재를 위한 재원으로 1만 달러를 내놓기로 했다는 소식을 전했다. 대사관도 SIS를 위한 모금 행사를 열고 싶어 했다.

"그래도 모금 행사는 학교에서 열리는 거죠? 모두가 무료로 참가할 수 있고요?" 아이미 허낸데즈가 물었다. SIS는 예전부터 저소득층 가정과 일하는 부모들의 바쁜 일정을 고려하여 언제나 무료이고 모두에게 열려 있으며 편의를 제공하는 방식으로 행사를 치러 왔다.

"그럼요." 핸슨이 대답했다.

"무료죠? 모든 사람이 참여할 수 있는지 확실히 해 두고 싶어요." 허낸데즈가 강조해 말했다. 다른 부모들도 고개를 끄덕였다.

"당연하죠. 이 행사는 우리 지역공동체를 위한 지역 행사입니다." 핸슨이 말했다.[5]

다음번 학부모회 회의에서 핸슨은 자신이 모은 기금이 프랑스어 프로그램뿐만 아니라 학교 전반을 위해 쓰일 돈이라고 주장하면서도 새로운 기금 모금 위원회의 모금 활동은 계속해서 학부모회와 별개로 진행하겠다고 말했다. 모리스 허낸데즈는 프랑스 대사관이 칠판을 새로 사는 데 돈을 기부하리라 기대하는 것은 '순진한' 생각 같다며 반론을 제기했다.

이후 조프월트와 주민 교장과 대화를 나눈 롭 핸슨은 SIS에 '브루클린 월드 프로젝트'라는 학교 재단을 설립하고 싶다고 말했다. 프랑스 대사관과 같은 민간 기부자들이 기부금 용처에 대해 발언권을 원한다는 이유였다. 모리스 허낸데즈가 예상한 그대로였다. 핸슨은 SIS 학부모회를 통해 기부금을 운용하면 학부모들이 너무 큰 발언권을 갖게 되어 기부자들이 제대로 목소리를 낼 수 없을 것이라고 설명했다.

다음번 학부모회 회의에서 핸슨의 기금 모금 위원회 일원인 뎁이라는 학부모가 프랑스 대사관의 SIS 모금 행사에 대한 최신 소식을 전했다. 뎁에 따르면 대사관은 지금은 '갈라'라고 부르는 그 행사를 SIS가 있는 브루클린이 아니라 맨해튼에서 개최해야 하고, 그렇지 않으면 기부자들이 참석하지 않을 것이라고 했다. "그건 그들의 행사예요. 우리 행사가 아니라." 뎁이 설명했다. 프랑스 대사관은 2만 2000명을 초청할 예정이었다. 또 보안을 이유로 초대 명단에 있는 사람 중에 정식으로 참석 여부를 회답한 사람만 입장할 수 있다고 했다. SIS 학부모들은 무료로 참석할 수 있지만, 참석한 사람은 기부를 해야 했다. 뎁은 캘리포니아주 소노마에 있는 방 4개짜리 별장 숙박권과 같은 경매에 부칠 수 있는 기부 물품의 예시를 몇 가지 들고 나서, 회의에 온 학부모들에게 브로드웨이 뮤지컬이나 뉴욕 닉스 경기 티켓과 같은 것을 기부하라고 권했다. 조프월트의 설명에 따르면, 일부 학부모들은 "우리가 앉아 있을 곳이 아닌 것 같아. 여기서 어떻게 나가지?"라는 눈빛으로 서로를 쳐다보았다. 아이미 허낸데즈는 그곳에 없었지만, 조프월트는 그녀가 얼마 전 한 신입생 학부모에게 왜 어떤 가정은 교실 용품 구매를 위해 5달러도 내기 힘든지를 친절하게 설명했던 일이 떠올랐다.

학부모회 공동 대표이자 백인인 수전 모스커는 일부 백인 신입생 학부모들이 SIS에 대해 구원자의 태도를 가지고 있다고 보았다. 조프월트와의 인터뷰에서 모스커는 "그들은 자신의 돈과 비전이 없으면 생존할 수 없는 가난하고 곤궁한 이 학교를 구하러 왔다고 믿겠지만, 우리는 그렇게 생각하지 않습니다."라고 말했다. 신입생 학부모들의 태도는 자녀들에게도 전염된 듯했다. 한 6학년 남자아이는 조프월트와 나눈 인터뷰에서 SIS는 "아이들이 공부에 관심도 없고 배우는 것도 거의 없는" 별 볼 일 없는 학교였는데, 자신과 자신의 (백인) 친구들이 입학한 후 "수준이 아주 높아졌다."라고 말했다.

SIS를 위한 프랑스 대사관의 갈라가 열린 곳은 맨해튼의 센트럴 파크 건너편에 담쟁이덩굴로 뒤덮인 웅장한 프랑스 대사관 문화관이었다. 어퍼 이스트 사이드까지 먼 길을 찾아간 SIS 학부모는 거의 없었다. 갈라에 참석한 손님 대부분은 SIS와 아무런 연고가 없는 부유한 친프랑스파들이었다. 대사관을 대표해 참석한 파브리스 제르맹은 조프월트에게 SIS에 대한 프랑스 대사관의 투자가 일종의 "소프트 파워"라고 설명했다. 학부모회 대표인 모스커는 말문이 막힌 듯한 표정으로 "이것이 어떻게 공립학교의 모금 행사인지 설명하기 어려웠다."라고 말했다.[6]

갈라를 통해 SIS는 프랑스어 프로그램 운영비를 모금했지만, 많은 학부모가 학교의 방향성을 깊이 우려했다. SIS가 프랑스어 프로그램을 도입한 것은 단순히 백인 학부모가 제안하고 교장이 동의했기 때문이다. SIS에 다니는 학생들 가족의 대다수는 이미 영어 외에 스페인어나 아랍어를 하는 사람들이었다. 그렇다면 소수자 학생들에게 도움이 될 스페인어나 아랍어 이중 언어 프로그램은 왜 고려하지 않았을까? "그건 프랑스어 프로그램을 운영할 돈이 있었기 때문이고, 이는 SIS에서 프랑스어가 가치를 지닌다는 의미였다. 아랍어나 스페인어는 그런 가치가 없었다."라고 조프월트는 평했다. 그는 팟캐스트를 마무리하면서 인종 분리가 매우 심한 뉴욕시 교육 시스템에서 통합이 발생할 때 백인 학부모들이 대개 "주도권을 쥐는데 가끔은 경솔하고 음흉하며 당당하다."라고 지적했다. 그러면서 그 이유가 백인 학부모들이 "공립학교를 공유해 본" 경험이 거의 없기 때문이라고 했다. 자기 자녀에게 최선이라고 생각하는 것에 너무 집중하다 보니 자신들이 일으키는 변화에 다른 사람들이 어떤 영향을 받을지는 생각하지 못한다는 것이다.

조프월트가 운영하는 팟캐스트의 반어적 제목 「친절한 백인 부모들」은 선의를 지닌 진보주의자들, 즉 다양성을 중요하게 여기지만 자신의 권력과 편향성으로 인해 유색인종에게 해를 끼치는 데에 공모한다는 사실을 인지하지 못하는 사람들을 일컫는다. 조프월트의 주장에 따르면 백인 부모들은 SIS, 그리고 뉴욕시의 공립학교 시스템이 탄생한 이래 권력을 휘둘러 자신들의 이익에 부합하는 중요한 결정에 영향력을 행사해 왔지만, 흑인을 비롯한 유색인종 부모들의 관심사는 제도적으로 늘 무시되고 경시되어 왔다. 조프월트는 "우리 존재 자체만으로도, 우리의 불만이 가져올 위협만으로도 시스템 전체를 일그러뜨린다."라고 결론짓는다.(조프월트는 백인이다.)[7] SIS 사례에서도 이런 '친절한 백인 부모들'이 학교의 전반적인 개선을 위해 좋은 의도를 갖고 있었지만 자기 아이들의 이익을 추구하려는 특권과 편향 때문에 자신들이 일으키는 변화와 그 과정에서 발생하는 불공정을 보지 못했다는 사실을 쉽게 알 수 있다.

차별적 구조에서 이득을 본다는 것

우리는 대개 인종차별주의를 혐오하고 피부색과 관계없이 다른 사람을 공정하고 평등하게 대하려고 노력한다. 오늘날 대놓고 인종차별을 주장하는 사람은 거의 없다. 그렇기는 하지만, 우리 모두는 본질적으로 인종차별적인 사회제도 안에서 살아갈 수밖에 없다. 우리 사회의 교육 및 사법 제도, 정치 체제는 물론 기업과 비영리 기관들은 대개 모든 인종과 젠더에 속한 사람을 공정하게 대해야 한다는 관념이 미미했고 공공연하게 차별이 이루어졌던 시절에 탄생한 것들이다. 이제는 그런 제도 대부분이 상당한 발전을 이루며 인종차별이 개선되었지만(법이 강제한다는 이유도 있다.) 완전히 사라지기까지는 아직도 갈 길이 멀다. 이는 우리 사회의 제도와 조직들이 여전히 교묘하게 또는 노골적으로 백인들에게 특권을 주기 때문이기도 하다. 그러므로 인종차별주의적인 시스템에서 이득을 취하면 그런 시스템의 공모자가 되고 제도의 변화를 거부하는 것이 될 수 있다.

뉴욕시의 교육제도는 이런 방식으로 은연중에 또는 노골적으로 백인이 권력을 갖고 다른 인종은 권력 밖으로 밀어내도록 설계된 미국의 축소판이다. 우선, 우리는 대부분 아메리칸 원주민에게서 빼앗은 땅에서 살고 있다. 노예제를 남부의 제도라고 생각하지만, 북부 역시 노예제의 공범이었다. 앤 패로는 저서 『북부는 노예제에 어떻게 공모했는가(Complicity: How the North Promoted, Prolonged, and Profited from Slavery)』에서 1700년대 중반 미국 북부에 4만 명이 넘는 흑인 노예가 있었다고 설명한다.[8] 패로에 따르면 북부인 로드아일랜드주는 식민지

시대 노예무역의 중심지였으며, 남부에서 노예노동으로 생산된 면화는 "국가 통화이자 남북전쟁 이전부터 수십 년 동안 미국의 폭발적인 성장을 이끈 상품"이었다.[9]

먼 옛날의 이야기처럼 들리지만 많은 법률, 정부 기관, 민간단체가 의도적이든 아니든, 노골적으로든 그렇지 않든 여전히 백인에게 특권을 주고 있다. 금융기관이 빈곤 지역 거주자에 대한 금융 거래를 거부하는 행위, 담보대출 차별을 비롯해 주택 문제에 관한 인종차별적인 관행은 흑인들이 부유한 지역으로 이사 가지 못하도록 하거나 그런 지역에서 흑인들을 적극적으로 밀어냈다. 주택 가격 상승을 통해 가구 재산을 축적할 수 있기 때문이다. 1944년 제대군인원호법(GI Bill)은 퇴역 군인 수십만 명에게 학비를 지원했는데, 흑인 퇴역 군인들은 대개 인종 분리된 직업학교로 보내져 4년제 대학 진학의 기회를 차단당했기 때문에 백인 퇴역 군인들이 누린 교육과 출세를 꿈꿀 수 없었다.[10] 인종 분리 정책으로 백인 아이들은 더 수준 높은 학교에서 기회를 얻고 성공할 준비를 했고, 흑인 아이들은 위험한 지역에 있는 재원이 부족하고 방치된 학교에 보내져 입신과 출세의 기회를 빼앗겼다.

언뜻 보면 인종적 편견이 없을 것 같은 미국의 세법도 간접적으로 인종차별적이다. 세법은 이익을 남겨 집을 파는 사람들에게 유리한 과세 혜택을 제공한다. 이는 흑인보다 주택 시세가 대폭 상승하는 지역에 살 가능성이 훨씬 높은 백인들에게 특권을 주는 구조다.[11] 헤더 맥기는 저서 『인종차별의 대가(The Sum of Us: What Racism Costs Everyone and How We Can Prosper Together)』에서 주택담보대출 이자에 대해 제공되는 세금 공제가 백인이 주를 이루는 부유한 미국인들에게 제공되는 "어마어마한 보조금"이라고 지적한다.[12] 백인 편향성과 인종차별주의는 우리가 다니는 직장과 학교에도 깊숙이 배어 있다. 2004년 한 연구에 따르면 백인처럼 보이는 이름의 이력서가 흑인처럼 보이는 이름의 이력서보다 50퍼센트가량 연락을 더 많이 받았다.[13] 마찬가지로 학계를 대상으로 수행한 조사에서도 연구 기회를 논의하는 이메일을 받은 미국 유수 대학의 교수들은 여성이나 유색인종보다 백인 남성을 훨씬 더 잘 만나 주었다.[14]

이런 사례는 백인이 누리는 많은 이점의 단면에 지나지 않는다. 이런 이점들은 수백 년 동안 눈덩이처럼 불어나 사회에 여러 해악을 낳는 불평등으로 변질되었다. 그러나 우리는 여전히 인종차별주의로 혜택을 입고 있고 우리 행동이 인종차별주의에 공조하고 있다는 사실을 잘 인지하지 못한다. 백인에게 유리한 세제 혜택, 주택 가격 상승, 교육과 직업에서 얻는 이점 등을 통해 여러 세대에 걸쳐 부를 후세에 물려주는 일은 무심코 인종차별적 불평등을 강화하는 데에 일조한다. 부유한 백인 친구들이나 그 자녀들을 별 뜻 없이 어떤 일자리에 추천해 주는 일은 그런 기회가 없어 제대로 고려되지 않는 사람들을 무시하는 것이다. 주로 백인 아이들의 목표에 부합하는 학교 또는 교육 프로그램을 만들거나 그곳에 재원을 제공하는 것도 교육제도에 만연한 인종 간 불평등을 심화한다.

새법을 개정하거나 리더 자리에 흑인을 더 많이 뽑는 등 정부와 기업이 해야 할 일이 있지만, 우리도 기울어진 운동장을 평평하게 만들기 위해 노력할 수 있다. 백인 학부모들이 학교 행정 당국을 통해 새로운 안건을 사사로이 밀어붙이기보다 학부모회에 의제를 상정하여 논의하는 것이 한 방법이 될 수 있다. 중요한 일을 결정할 때는 반드시 백인이 아닌 사람들의 의견을 반영하도록 하고 그들에게 미치는 영향도 신중히 고려해야 한다. 낯선 문화의 훌륭한 점과 보존 가치를 깨닫는 것, 이미 답을 알고 있다는 확신이 아니라 겸손한 마음과 배우려는 자세로 새로운 상황에 접근하는 것도 필요하다.

특권을 인식하지 못하는 것은 공모일까

34세이던 1990년에 나는 노스웨스턴 대학교의 켈로그 경영대학원 교수직을 잠시 떠나 캘리포니아주 스탠퍼드에 있는 행동과학 고등연구센터에 객원 연구자로 가 있었다. 고등연구센터는 스탠퍼드 대학교와 느슨하게나마 연계되어 있어서 그곳에 있는 동안 스탠퍼드 갈등조정센터와 심리학과의 교수들과 종종 어울렸다. 스탠퍼드의 심리학과는 가히 세계 최고라 할 수 있었고, 리 로스를 비롯해 세계적으로 유명한 사회심리학자들이 교수진에 대거 포진해 있었다. 어느 날, 나는 심리학과에서 운영하는 주간 세미나에 강연자로 초청되었다. 그날 강연의 진행자인 리 로스가 날 소개할 참이었다.

강연에서 있었던 일을 전달하기 전에 배경 설명이 조금 필요하다. 리가 지도한 박사 과정 학생들은 대개 학계에서 인상적인 경력을 쌓았는데, 내가 강연하기 얼마 전에도 그의 박사 과정 학생이 명문 경영대학원의 1년 차 조교수 자리를 제안받고 수락한 상황이었다. 지금이나 그때나 경영대학원 교수들은 같은 학교 안에서도 심리학과 교수들보다 보수를 훨씬 많이 받았다. 경영대학원은 보통 심리학과보다 재원이 풍부한 편이다. 더구나 1980~1990년대에 폭발적으로 성장하면서 적격한 교수 지원자들이 부족했다. 반면 심리학과에는 일자리를 찾는 아주 유능한 박사들이 넘쳐 났다. 교수직은 비슷하면서도 다르다. 경영대학원 교수들은 MBA나 최고경영자 과정 같은 응용 강좌를 더 많이 가르치는 경향이 있다. 이런 수업은 대학에 수익을 많이 가져다준다. 심리학과에서 박사 과정을 마치고 졸업하는 학생들 대다수가 보수의 차이 때문에 경영대학원 교수직에 지원할까 고민한다. 그러나 심리학 교수들은 대체로 심리학과에서 들어오는 채용 제안을 경영대학원에서 들어오는 제안보다 명예롭게 여긴다. 심리학 교수들이 보수를 더 받기 위해 경영대학원으로 전향하고 싶어 하는 일은 거의 없다. 그러나 1990년에도 분명했던 사실은 리가 세계적으로 유명한 심리학자였고 20년의 경력이 있었지만, 경영대학원에 막 입사한 제자의 초봉이 당시 리의 봉급보다 많았다는 것이다.[15]

그 유명한 스탠퍼드의 심리학과에서 강연한다는 생각에 나는 매우 흥분되고 약간 긴장되었다. 강연 주제는 보수가 다를 때 사람들이 사회적 비교를 하는 방법에 나타나는 모순이었다. 다시 말해 우리가 한 번에 하나의 취업 기회를 평가할 때는 자기 보수를 타인의 보수와 비교하는 경향이 있고, 2개 이상의 취업 기회를 비교할 때는 자기 보수에 더 집중하는 경향이 있다는 이야기였다.[16] 내가 기억하기에 리는 매우 정중하게 나를 소개했지만, 왜 경영대학원 교수들이 심리학과 교수보다 월급을 훨씬 더 많이 받는지 설명해 주기를 바란다고 마무리했다. 그의 말에 나는 적잖이 당황했다. 세미나 중간에 리가 다시 물었다. 경영대학원 교수들이 간간이 섞여 있긴 했으나 심리학자가 대부분인 청중 앞에서 나는 경영대학원에 대한 높은 수요 때문에 비슷한 일을 하는 다른 교수들보다 훨씬 더 많은 돈을 받게 되었다고 설명하지 못했다. 세미나가 끝나자 리는 공개적으로 좋은 강연에 감사하다고 말하면서도 내가 자신이 생각했던 보수의 차이에 관한 유의미한 해석을 내놓지는 않았다고 꼬집었다.

그날 저녁, 나는 리를 포함한 스탠퍼드 대학교 사회심리학 교수들, 박사 과정 학생들과 함께 식사를 하러 나갔다. 우리는 학교 인근의 작고 조용한 마을 마운틴뷰(당시의 마운틴뷰는 실리콘밸리의 중심지가 된 지금과는 사뭇 다른 모습이었다.)에 있는 인도 음식점에서 저녁 식사를 한 뒤, 심리학과로 돌아와 그날의 강연을 두고 소규모 토론을 벌였다. 리는 재기가 번뜩일 뿐만 아니라 활기가 넘치고 말하기를 좋아했다. 토론이 시작되자 리는 다시 자기 관심사로 화제를 돌렸고, 이번에는 내 강연 중에 어떤 부분이 언짢았는지 이야기했다. 그는 자신이 재차 언급했던 보수의 차이를 심각한 불공정이라고 생각하는데, 내가 그 문제를 생각해본 적도 없는 것 같다고 했다. 그렇다면 나는 왜 그 문제를 그토록 등한시했을까?

경영대학원 교수 대부분이 그렇듯이 나도 앞서 설명한 이유로 경영대학원 교수들이 심리학과 교수들보다 대학에서 더 좋은 보수를 받는 현실을 단순하게 받아들였다. 리와 같은 최고 수준의 심리학자들이 경영대학원에서 가르칠 마음만 있다면 좋은 보수를 받는 교수직을 손쉽게 따낼 수 있다는 사실도 알고 있었다. 리의 관점에서는 두 전공 교수들의 보수 차이가 공정하지 않았다. 주어진 일이 매우 유사하며 같은 학교에서 일했기 때문이다. 게다가 대부분의 나라에서는 전공 분야와 상관없이 직급이 같은 교수는 모두 같은 보수를 받는다. 리의 말이 맞았다. 나는 이런 보수의 차이를 불공정이라고 생각해 본 적이 없었지만 그는 불공정이라고 보았다.

    저녁 시간 내내 이 주제에 대한 토론이 이어졌다. 우리는 경영대학원 교수들과 심리학과 교수들이 보수 차이에 대해 관점이 다른 이유를 설명해 줄 기저의 심리적 요인에 관해 이야기했다. 이 문제를 어떻게 연구할 수 있을지, 특히 리와 내가 둘 다 사회적 비교를 연구했는데도 그는 보수 차이의 불공정성을 끊임없이 고민해 왔지만 나는 거의 생각해 본 적도 없다는 사실을 어떻게 보아야 할지도 이야기했다. 그날의 토론을 기점으로 리와 나는 당시 우리의 지도 학생이던 크리스티나 디에크먼, 스티브 새뮤얼스와 함께 여러 차례 실험을 진행했고,[17] 그 결과 사람들은 자신이 유리한 입장일 때(또는 특권을 누릴 때)보다 불리한 입장일 때 불평등에 더 주목한다는 사실을 발견했다. 스스로는 절대 요구하지 않을 만한 혜택을 다른 사람이 제공하면 심리적으로 기꺼이 받아들인다는 사실도 발견했다. 내가 불평등을 인식하지 못한 채 경영대학원 교수진이 더 많은 보수를 받는 현실을 아무 문제 없이 받아들인 것도 그 때문이었다. 누군가 심리학과 교수와 경영대학원 교수 간의 적절한 보수 차이가 얼마여야 하는지 물었다면 아마도 당시 현실보다는 적어야 한다고 말했을 테지만, 어쨌거나 그 사실을 별 생각 없이 수용한 것은 분명했다. 확실히 내게는 보수의 차이를 자세히 들여다보지 않을 동기가 있었다. 그 차이를 들여다보는 일은 내가 특권의 수혜자임을 인정해야 한다는 의미였기 때문이다. 다시 말해 나는 불평등의 공모자였다.

그날 리의 질문으로 이 사실을 깨닫지 못했다면, 아마 지금까지 그런 불평등을 깊이 생각하지 않았을지 모른다.

인정하건대 보수가 좋은 심리학과 교수들이 보수가 더 좋은 경영대학원 교수들에 비해 불리한 입장인가를 따지는 문제는 특권에 뿌리를 두고 있다. 당시 대부분의 우리 동료들과 오늘날 많은 교수가 그렇듯이, 리와 나는 모두 인종이나 젠더 차별로 경력이 방해받은 적 없는 백인 남성이다. 그러나 우리가 발견한 보수 차이를 다르게 인식하는 이면의 심리는 불공정과 관련된 더 중요한 사회적 쟁점에 폭넓은 시사점을 지닌다.

불과 몇 년 전만 해도 누군가 내게 특권이 있느냐고 물었다면 특권이라는 단어에 발끈했을 것이다. 나는 언제나 피츠버그 출신의 근성 있는 도시 아이라는 자아상을 지니고 있었다. 10대 시절에는 야구나 미식축구 경기장 노점상에서 일해 용돈을 직접 벌었다는 사실을 자랑스럽게 여겼다. 여러 아르바이트를 해서 번 돈으로 학자금 대부분을 충당했고, 1년 치 학비를 아끼기 위해 매 학기 학점을 꽉 채워 펜실베이니아대학교를 3년 만에 졸업하기도 했다. 당시 내게 특권을 누리는 사람이란 부유한 가정 출신, 즉 일할 필요도 학교를 서둘러 마칠 필요도 없는 사람을 의미했다.

특권에 관한 관점이 바뀐 것은 2018년에 친구이자 공저자인 돌리 추그의 책 『상처 줄 생각은 없었어』를 읽고 나서다.[18] 인종차별을 반대하는 교육자이자 작가인 데비 어빙의 이론을 바탕으로 돌리는 순풍과 역풍의 비유를 들어 많은 사람들이 보이지 않는 혜택을 누리지만 어떤 사람들은 자신을 밀어내는 보이지 않는 힘의 방해를 받는다는 점을 설명한다. 그들이 역풍에 밀려 문제를 겪는 동안 나는 삶에 불어온 많은 순풍으로 이득을 보았다는 생각은 명백한 진실이고 쉽게 인정할 수 있다. 다시 말해 나는 다른 사람들, 특히 여성이나 유색인종에 비해 특권을 누리며 살아왔다. 자신의 몫과 지위를 노력해서 얻었다고 믿는 사람들도 성공을 가능하게 한 많은 요소가 자신의 통제 밖에 있음을 알아야 한다. 특권을 깨닫지 못하면 불평등을 낳는 기존 사회구조의 공범이 될 위험이 있다.

타인을 인정하는 특권

내가 몸담은 학계에서는 교수들이 출판물, 강의, 자문 등으로 치하를 받고 명성을 쌓는다. 학계는 다른 어떤 분야보다 상을 수여하는 일이 많다. 상을 받으면 지난 연구를 인정받았다는 사실에 감사와 자부심을 느낀다. 그러나 이 책을 집필하기 한참 전까지 내가 상을 받기에 가장 적합한 사람인지, 학계가 수상자를 선정하기 위해 만들어 놓은 절차가 적절한지에 대해 단 한 번도 의문을 제기해 본 적이 없었다. 내가 누리는 특권 때문에 수상자 선정 절차에서 불공정한 특혜를 입지는 않았는지도 의심해 본 적이 없었다.

이런 생각이 변하기 시작한 것은 2020년 가을, 돌리 추그에게 이메일을 한 통 받고 나서였다. 돌리는 미국 심리학회로부터 심리학계에서 떠오르는 학자에게 수여하는 상의 후보자를 추천하는 기간임을 알리는 이메일을 받은 상황이었다. 그 상은 박사 후 과정에 있는 경력 초기의 심리학자 중 뛰어난 연구자에게 주어진다. 돌리는 심리학회에서 받은 메일 내용을 설명하며 "이메일을 확인하다 보니, 이것이 심리학 분야에 상당한 공헌을 하고도 늘 인정받지 못하고 과소대표된 학자에게 힘을 실어 줄 기회라는 생각이 들었다."라고 했다. 그러면서 후보로 추천할 수 있는 사람을 함께 생각해 보자고 제안했다. 나는 돌리의 사려 깊은 행위를 도울 수 있어 기뻤다.

돌리와 나는 과소대표된 커뮤니티 출신의 학자를 학회에 후보로 추천했다. 그 사람은 상을 받지 못했다. 조금 실망스러웠지만 우리가 낸 후보가 다른 후보들과 어떤 비교 평가를 거쳤는지를 알지 못했고, 심리학회의 후보 지명 절차도 별로 아는 게 없었다. 돌리의 덕이 크긴 했지만, 내가 좋은 후보를 물색하는 일에 관여했다는 사실에 작은 만족감을 느꼈다.

반년이 지난 2021년 2월 20일에 나는 경영조직학 학자들의 주요 단체인 전미경영학회로부터 연례 펠로 그룹 회원 후보를 추천해 달라는 요청을 받았다. 내가 속한 펠로 그룹은 일종의 명예 단체로 2만 명의 전미경영학회 회원 중 약 1퍼센트에 해당하며, 대부분이 전 세계 경영대학원 교수들이다. 전미경영학회에 따르면 펠로 그룹의 목적은 "경영학의 이론과 실무에 크게 기여한 경영학회 회원들을 인정하고 예우하며, 그렇게 인정받고 예우받은 사람들 간에 동료의식을 나눌 기회와 논의의 장을 제공하기 위해서"이다. 과거 매년 펠로 그룹 후보 추천 요청이 있을 때마다 간간이 몇 사람을 추천했는데, 대개는 내가 박사 과정을 지도한 연구자들이었다. 기존 펠로 그룹 구성원은 누구나 1년에 1명 새로운 회원을 추천할 수도 있고, 후보 추천 요청을 그냥 무시할 수도 있다.

펠로 그룹은 연례 회의를 여는데, 코로나19 팬데믹 이전에는 매년 여름 경영학회 연례 학술 대회 기간에 만찬 형식으로 진행되었다. 연례 회의에 매번 참석하지는 않았지만, 참석할 때면 옛 친구들을 만날 수 있어 좋았다. 만찬은 보통 후원을 받은 멋진 장소에서 진행되었으며, 세상을 떠난 회원들(펠로 그룹 구성원들의 연령대를 짐작할 수 있다.)을 위한 추도의 시간, 새로 선발된 회원들을 위한 입회식, 네트워킹과 우애를 다지는 시간으로 이루어졌다. 펠로 그룹의 활동은 대충 그 정도였다. 나는 만찬에 참석하는 사람 대부분이 백인이라는 사실을 오랫동안 눈치채지 못했다. 의심의 여지없는 사실이었는데도 말이다. (한 흑인 동료는 학계 행사에 참석했을 때 자신이 유일한 흑인이면 인종을 의식할 수밖에 없다고 했다.) 펠로 그룹에서 인종 다양성 개선에 관한 논의를 했던 기억도 없었고 내가 그런 논의를 직접 시작해 본 적도 없었다.

6개월 전에 돌리의 메일을 받고 난 뒤 내 박사 과정 학생들의 인종과 성을 생각해 보았다. 1985년부터 2000년까지 켈로그 경영대학원에서 논문을 지도하며 만났던 학생들은 모두 백인(대부분 여성)이었다. 2000년 이후 하버드에 있는 동안에는 그렇지 않았지만, 내가 펠로 그룹 후보로 추천한 사람들 상당수는 켈로그 경영대학원 시절의 학생들이었다. 내가 추천한 후보도 모두 백인이었다. 그래서 나는 돌리의 이메일을 떠올리며 과소대표된 커뮤니티 출신의 학자들을 찾아보기로 했다. 기존의 펠로 그룹 후보와 프로필이 다른, 훌륭한 학자이자 리더를 찾아 후보로 추천했다. 내가 과거에 추천한 펠로 후보들과 마찬가지로 그녀의 연구는 최고 수준이었다. 그러나 다른 후보들과 달리 그동안 논문 발표에 매진하지 못하고 대학에서 고위 행정 업무를 맡아 왔다.

펠로 그룹 심사위원회는 그해 추천받은 20명을 심사했고, 그중 15명을 추려 회원들을 상대로 공식 투표를 진행했다. 내가 추천한 후보는 첫 번째 심사도 통과하지 못했다. 그녀의 전반적인 자격과 업적이 심사 기준을 훨씬 뛰어넘는다는 확신이 있었기에 실망스러웠다. 한편으로는 내가 이번에 추천한 후보가 탈락할 때까지 과거 추천했던 사람들이 모두 동일한 집단에서 왔다는 사실을 인식하지 못하고 있었음을 깨달았다. 오랜 세월 동안 나는 펠로 그룹의 다양성 부재에 공모해 온 셈이었다.

이제는 펠로 그룹 심사 절차를 더 잘 알아보고 그간의 공모를 성찰해야 할 차례였다. 나는 처음으로 후보 추천 절차를 찾아 주의 깊게 읽었다. 2021년 4월 기준으로 펠로 그룹에 흑인이 단 1명밖에 없다는 사실을 알았다. 이는 경영학회 회원의 0.005퍼센트였다. 기존 펠로와 동등하거나 펠로를 뛰어넘는 연구 업적이 있는 흑인 학자들은 언뜻 떠올려도 여러 명이었다.

그제야 나는 펠로 선정 절차가 다양성을 중요시하는 조직에는 권할 만한 절차가 아니라는 사실을 깨달았다. 기존 절차 아래서는 오로지 백인, 상당히 최근까지는 주로 남성이 후보로 추천될 수밖에 없었다. 추천된 후보들은 대개 기존 회원들의 친한 친구나 가까운 동료였다. 사회과학 연구에 따르면 이것은 기존 구성원의 인구통계학적 특성을 영속시키는 전통적 수법이다. 사람들은 자기와 비슷한 사람들과 어울리고 그런 사람들을 추천한다. 게다가 경영학회가 하듯이 백인 남성들에게 1명을 추천해 달라고 요청하는 것은 다양성 증진을 더욱 가로막는다. 사람들에게 소수가 아닌 다수의 후보를 추천해 달라고 요청하는

조직이 다양성을 획득할 가능성이 크다는 것은 여러 연구로 증명된 사실이다.[19]

돌리의 이메일이 아니었다면 나 역시 펠로 그룹이 백인 남성으로만 이루어져 있다는 사실을 여전히 눈치채지 못했을 수 있다. 포용과 다양성이라는 주제에 관해 쓰고 가르치고 컨설팅해 온 펠로 그룹의 다른 회원들도 대개 나와 마찬가지일 것이다. 우리가 그런 현실을 눈치채지 못한 것은 현존하는 체제에 순응하는 인간의 일반적인 성향 탓도 있다. 그 체제에서 특혜를 받고 있다면 더욱 그렇다. 이런 친족 회원 선발과도 같은 시스템이 편향을 낳는 현실을 고민하지도 눈치채지도 해결하려 하지도 않는다면, 우리 모두 이 시스템의 공범이다.

자신의 공모 사실을 깨닫지 못하는 흔한 경우 중 하나는 기존 체제에 내재한 불평등하고 비윤리적인 특권 행위를 그대로 수용하는 때다. 우편 투표에 대한 규제를 그대로 받아들이거나, 일류 대학 출신의 연줄 많은 후보자를 편애하는 비도덕적 관습을 정당화하거나, 백인이 주류인 조직에 새로 온 구성원이 얼마나 '잘 어울릴지'에 관해 이야기하는 일은 조직 안에서 그런 관행의 불공정성을 논의하지 못하게 가로막는다. 다른 사람들을 유해한 행위에 가담하도록 부추기는 환경을 만들고 조장하는 행위자들은 너무나 많다. 더욱이 비윤리적 행위를 이어지는 구조를 어떻게 바꿀 수 있을까 고민하는 대신 기존 체제를 그대로 수용하는 평범한 사람들은 더 많다.

인종차별 앞에 침묵과 무지는 또 다른 형태의 공모일 뿐이므로, 특권을 가진 백인들은 미국 사회의 인종차별주의 역사를 배우고 암묵적인 편파성을 깨달으며 백인들이 인종차별에서 어떤 이득을 얻는지를 더 많이 알아야 한다. 그 사실을 알지 못하면 백인들은 자신의 특권을 인식할 수 없다. 우리는 편파적이지 않은 결정을 내리고, 평등을 좀 더 고려한 정책을 지지하며, 인종차별적인 행위와 관습을 강력히 반대하는 힘든 과업도 시작해야 한다. 때로는 이것이 희생을 요구하는 것처럼 보일 수 있지만, 그런 희생은 모든 이에게 장기적으로 엄청난 보상을 가져다줄 것이다.

경제 사회 정책 전문가 헤더 맥기는 『인종차별의 대가』에서 주택부터 교육, 고용, 기후변화에 이르기까지 인간 삶에 중요한 모든 영역에서 제도적 인종차별을 개선하는 것이 백인에게도 대체로 이롭다고 주장한다.[20] 다시 말해서 맥기는 흑인들의 인권 향상이 반드시 백인들의 희생을 대가로 한다는 통념을 설득력 있게 반박한다. 그녀는 1950년대에 인종차별 폐지에 대응하여 주로 백인들만 사는 지역 대부분이 커뮤니티 수영장을 폐쇄한 일을 비유로 들어 설명한다. 그러면서 모두에게 해로운 이런 제로섬 방식의 태도를 버리고 보건, 교육, 교도소 수감, 일자리 문제에서 인종 불평등을 줄이는 정책을 이행하면 "연대의 배당금(solidarity dividends)"을 획득할 수 있다고 주장한다. 2020년에 시티그룹이 발표한 보고서에 따르면 2000년에 임금, 주택, 교육, 투자에서 나타난 흑인과 백인 사이의 격차가 해소되었다면 미국 경제는 16조 달러를 절약할 수 있었다. 이는 여전히 유효한 배당금이다.[21]

우리가 가진 특권을 성찰하지 못하면 부도덕한 일이 일어났을 때, 심지어 자신의 행동과 별 상관이 없다고 생각하는 사건에도 가담할 공산이 크다. 특권을 가진 사람은 정의에 대해 더 쉽게 목소리를 내야 한다. 어쨌거나 특권을 지닌 사람들은 보통 그렇게 목소리를 내더라도 직장이나 집, 자유를 잃을 위험이 거의 없기 때문이다. 더 깊이 성찰하고 변화를 위한 의지를 다진다면 우리는 더 높은 윤리적 기준에 걸맞게 행동할 수 있다.

5장 가짜 예언가에게 빠지다

래리 레이턴은 퀘이커 교도이자 평화주의자로 자랐다. 캘리포니아 주 북부의 버클리 고등학교에 다녔고 교지 《리버럴》의 편집장이었다. 1968년에 캘리포니아 대학교 데이비드 캠퍼스를 졸업한 뒤, 레이턴과 그의 아내 캐럴린은 더 북쪽에 있는 유카이아 지역으로 이사했다. 사회 정의를 위해 일하고 싶었던 두 사람은 기독교와 사회주의 요소를 결합하여 공동체 생활을 영위하는 '인민사원(Peoples Temple)'이라는 교회의 일원이 되었다. 레이턴은 인민사원의 유토피아적 원칙과 다양한 인종 구성에 큰 매력을 느꼈다.[1] 인민사원의 지도자는 카리스마 넘치는 짐 존스라는 목사였는데, 그는 자신을 신앙을 통해 치유하는 사람이자 좌파 정치 선지자라고 소개했다. 레이턴은 인민사원을 민권운동의 하나로 보았고 존스를 마틴 루서 킹에 비교했다.[2]

1970년대 중반에 언론의 조사가 시작되자 짐 존스는 레이턴 부부를 포함해 추종자 수백 명을 데리고 남미의 가이아나로 달아나 존스타운이라는 이름의 정착지를 건설했다. 그곳에서 존스는 캐럴린 레이턴에게 눈독을 들이기 시작했다. 존스는 래리에게 캐럴린을 애인으로 삼고 싶다고 말했다. 래리와 캐럴린은 이에 동의했고, 캐럴린은 래리를 떠나 존스의 하렘*에 들어갔다. 레이턴은 이후 재혼을 했는데, 존스는 레이턴의 새 아내도 마음에 들어 했고, 그녀 역시 레이턴을 떠나 존스의 하렘에 들어갔다. 이런 일이 있었는데도 래리 레이턴은 변함없이 존스의 충직한 추종자로 남았다.

인민사원은 역사상 가장 위험한 광신도 집단으로 성장했으며 신도들은 납치와 강간 등 다양한 범죄 혐의로 기소되었다. 900명가량의 신도들은 가이아나의 정착지에서 벗어날 수 없었다. 1978년 11월, 가이아나에 거주하는 미국 시민들에게 벌어지고 있는 일을 걱정한 레오 라이언 미국 하원의원이 존스타운을 찾았다. 신도 일부가 라이언 의원에게 미국으로 돌아가고 싶지만 가지 못한다고 털어놓았다. 존스는 이들의 고발을 배신행위로 간주했다. 라이언 의원이 몇몇 도망치려는 신도들과 함께 미국으로 돌아가는 비행기에 오를 때 인민사원의 저격수들이 비행장에 나타났고, 이들이 쏜 총에 맞아 라이언 의원과 신도 1명, 함께 갔던 기자 3명이 사망했다. 도망자로 위장하고 그곳에 있던 레이턴은 비행장에서 2명을 공격해 상해를 입히고 체포되었다.

존스는 이 냉혹한 살인 행위가 교회의 몰락을 불러올 것을 직감

---

* 과거 일부 이슬람 국가에서 부유한 남자가 거느리는 부인과 첩들이 거처하던 방.

했다. 그날 저녁, 그는 사원이 기습 공격을 당할 것이라 주장하며 신도들에게 청산가리를 탄 음료를 마시고 "혁명 자살"을 행하라고 지시했다.(맹목적인 순종과 충성을 의미하는 '쿨에이드를 마시다(drinking the Kool-Aid)'라는 영어 표현이 여기서 유래했다. 존스가 사용한 음료 이름은 '플레이버 에이드'지만 말이다.)³ 존스의 가장 군국주의적인 추종자들이 무장한 채 아무도 도망치지 못하게 지키고 서 있었다. 먼저 부모들이 아이들에게 청산가리를 먹인 후 그 옆에 누워 스스로 목숨을 끊었다. 얼마 후 존스와 신도 912명의 시체가 발견되었는데, 그중 304명이 어린아이들이었다. 존스타운 대학살 사건에서 살아남은 인민사원 신도는 80명에 불과했다.

　사건 후에도 존스타운 생존자들은 평범한 삶으로 쉽게 돌아가지 못했다. 그중에는 여전히 짐 존스의 예지력을 믿는 사람들도 있었다. 일련의 폭력 사건이 계속되었다. 1979년, 존스타운 생존자이자 인민사원의 홍보를 책임졌던 마이크 프록스가 캘리포니아주 머데스토의 한 호텔에서 기자회견을 열고, 존스타운 대학살과 관련하여 연방 정부의 협박이 있었다면서 "그들의 죽음은 헛되지 않았다."라고 주장했다.⁴ 그런 다음 프록스는 화장실로 가 총으로 자살했다. 1980년에는 인민사원에서 도망친 후 사원을 공개적으로 비판해 온 앨 밀스와 지니 밀스가 캘리포니아주 버클리에 있는 자택에서 살해되었다. 전 주미 가이아나 대사 로런스 만은 오랜 동반자이자 전 인민사원 직원이었던 폴라 애덤스와 두 사람의 아이를 살해한 뒤 스스로 목숨을 끊었다. 1984년에는 존스타운에서 부모와 형제를 잃은 타이론 미첼이 집 건너편에 있는 로스앤젤레스 학교 교정에서 총기를 발사해 2명을 죽이고 12명에게 상해를 입힌 뒤 자살했다.

    래리 레이턴은 라이언 의원과 그의 일행에 대한 살해를 모의한 혐의로 유죄판결을 받았다. 레이턴을 비롯한 신도 수백 명은 존스를 따름으로써 큰 고통을 겪었지만, 그가 일으킨 참상의 공범이기도 했다. 신도들은 대부분 선한 동기로 인민사원에 입회했고, 민권을 지지했으며, 이상주의자이자 선의를 지닌 사람들이었다. 하지만 그와 동시에 가족들을 가이아나에 이주시켜 독재적이고 성차별적이며 야만적인 관행을 행하고 따르기를 강요한 사람들이기도 했다.

카리스마 넘치는 리더의 매력

    가짜 선지자를 신봉한다고 해서 모두 존스타운과 같은 비극에 가담하는 것은 아니지만, 많은 거짓 예언자들이 추종자들에게 해악을 저지르도록 종용한다. 이런 행위는 어떻게 설명할 수 있을까?

    분명한 점은 인민사원의 신도들에게 믿음이 있었다는 것인데, 이 믿음은 어떤 증거나 근거도 없이 존재하는 확고부동한 신념이라고 정의할 수 있다. 어떤 사람들은 이런 믿음의 정의에 동의하지 않겠지만, 이 정의는 믿음에 근거한 행위와 이성에 근거한 행위를 구분 짓는 문헌에서 나타난 것과 대체로 일치한다.[5] 이성은 깊이 사유하는 지적 과정을 내포하는 반면, 믿음은 때때로 그런 깊은 사고를 억눌러야 한다. 어떤 사람들은 깊은 사유가 필요하다는 사실을 믿음이 없다는 증거로 이해하기도 한다.

내가 믿음을 반대하는 것이 아니라는 점을 먼저 강조하고 싶다. 나는 많은 사람을 믿는다. 나는 다양한 주제에 대해 나보다 잘 아는 많은 사람을 신뢰하는 법을 배웠다. 그들이 어떤 것이 사실이고 과학적으로 증명된 결과라고 말하면, 그 주장을 완전하고 면밀하게 검토할 시간이나 전문성이 없기에 그들의 판단을 믿고 사고를 전개한다. 특히 그들의 전문성과 정확성에 대한 믿음은 오랜 시간에 걸쳐 형성된 것이고, 이런 사람들 대부분은 내가 깊이 생각하지 못하도록 방해할 마음이 없다. 그러나 믿음에 의존하는 것에는 위험이 따른다.

우리는 깊이 생각하지 못하게 하는 사람들을 조심해야 한다. 경영 컨설턴트가 자신의 전문성을 믿고 조언을 이행하라고 권고하면서도 우리가 함께 신중히 검토할 수 있도록 정보를 공유하지 않는다면 경계해야 한다. 마찬가지로 솔직히 나는 신의 존재나 특정 종교인의 위대함을 믿는 사람에게 그 믿음을 의심해 보라고 할 생각은 없지만, 깊은 사유가 아니라 헌신을 명령하는 종교나 종교인은 수상쩍게 여긴다. 도덕적 고결함을 중요하게 여기는 영감의 원천이 왜 인간이 사고하지 않기를 바라는지 이해할 수 없다.

사람들은 카리스마가 있는 지도자에게 감동하고 감화된다. 카리스마란 다른 사람들을 좌지우지하고 사람들의 관심과 존경을 받는 능력을 말한다. 카리스마가 있는 지도자는 대개 개인, 공동체, 회사, 국가의 신념 체계에 영향을 미치는 뛰어난 능력을 갖고 있다. 에이브러햄 링컨, 간디, 마틴 루서 킹과 같은 카리스마형 리더들은 선한 일을 해서 존경을 받았다. 그러나 부정적인 측면의 카리스마형 리더들도 있다. 짐 존스는 1993년에 텍사스주 웨이코에서 유혈 대치 끝에 종식된 광신교 집단 '다윗교(Branch Davidians)' 지도자 데이비드 코레시와 공통점이 많았다. 도널드 트럼프, 애덤 뉴먼, 엘리자베스 홈스도 광신적인 추종자들을 끌어모은 카리스마형 리더였다. 그런 리더들이 악행을 저지르거나 사회의 이익에 반하는 행동을 할 때, 그 신봉자들의 이성적 사고가 억제되면 엄청난 해악을 끼칠 수 있다.

카리스마형 리더의 지배 아래 있는 사람들은 리더의 견해를 아무 의심 없이 받아들이고 그 과정에서 현실감각을 잃는 일이 많다. 이런 맹목적인 신봉은 존스타운 사례처럼 비극적인 결과를 낳을 수 있다. 정치적 맥락에서 카리스마형 지도자에 복종하는 것은 민주주의를 위협하고 전체주의를 가져올 수 있다. 국가가 통제하던 구소련의 언론들은 스탈린을 "위대한", "친애하는", "대담한", "현명한", "천재적인"과 같은 단어로 묘사하며 우호적인 이미지를 쏟아 냈다.[6] 스탈린의 집단화 정책과 탄압으로 러시아 사람을 비롯해 수백만 명이 죽음에 이르렀는데도 공산당은 그를 소련인의 자상하고 강인한 아버지라고 표현했다. 미국에서는 트럼프가 2020년 대선에 지고도 결과에 승복하지 않으면서 2021년 1월 6일에 그의 추종자들이 정부를 전복하려는 비극적인 시도가 있었다. 이제 살펴보겠지만, 기업 세계에서는 카리스마형 리더에 대한 복종이 무능과 권력 남용, 비윤리적이고 불법적인 행위를 방조하기도 한다.

월그린은 어떻게 거짓 예언에 넘어갔나

2004년, 19세에 스탠퍼드 대학교를 자퇴한 엘리자베스 홈스는 테라노스를 설립하면서 테라노스가 혈액검사에 혁명을 일으킬 것이라고 주장했다. 주사기로 피를 뽑는 기존의 혈액검사 방법보다 더 빠르고 정확하며 주사기가 필요 없고 비용도 저렴한 획기적인 기술을 개발했다는 것이다. 그녀는 새 기술(소형 휴대용 검사기)이 기존 혈액검사에 필요한 채혈 양의 100분의 1도 안 되는 소량으로도 200여 개의 검사를 수행할 수 있다고 주장했다. 테라노스는 초기 투자자들로부터 7억 달러가 넘는 투자금을 조달했다. 2014년이 되자 테라노스의 기업 가치는 90억 달러를 뛰어넘으며 정점에 이르렀고, 홈스가 보유한 자산은 그 절반을 넘었다.

2015년 10월, 《월 스트리트 저널》의 기자 존 캐리루는 테라노스 기술의 효과성에 의문을 제기하며 테라노스가 수행한 혈액검사 대부분에서 경쟁사가 판매하는 일반 검사기를 사용했다고 폭로하는 기사를 냈다.[7] 그러면서 홈스가 수많은 거짓 주장으로 테라노스의 투자자들과 이사진을 속였다고 보도했다. 가장 심각한 날조는 테라노스 기술의 실효성이었다. 이후 각종 소송이 수없이 이어졌다. 이 내용은 캐리루의 책 『배드 블러드』에 자세히 기록되어 있다.[8] 2016년이 되자 45억 달러가 넘었던 홈스의 개인 순자산은 순식간에 증발했다. 2018년 3월, 연방 검찰은 홈스와 테라노스, 라메시 '서니' 발와니(테라노스의 전 회장이자 당시 홈스의 연인)를 사기 혐의로 기소했다. 홈스는 테라노스가 연매출 1억 달러를 올렸다고 거짓 진술을 했는데, 당시 실제 매출은 연간 10만 달러도 안 된 것으로 밝혀졌다. 이것은 홈스와 발와니가 투자자, 이사회, 파트너 기업에게 한 수백 가지 거짓말 중 하나에 불과했다. 홈스는 벌금 50만 달러를 내는 것으로 민사소송을 해결했고, 테라노스 주식 1890만 주를 회사에 반납했으며 경영권도 포기했다. 또 향후 10년 간 상장 기업에서 임원을 맡는 것이 금지되었다. 2018년에는 캘리포니아주 북부 지방 검찰이 홈스와 발와니를 금융 사기 및 공모 혐의로 기소했다.[9] 테라노스는 2018년 9월 4일부로 해체되었다. 2022년 1월 3일, 연방 법원은 홈스에게 금융 사기 및 금융 사기 공모를 포함한 11개 사기 혐의 중 4건에 대해 유죄를 선고했다. 평결에 따르면 배심원들은 홈스가 테라노스의 기술에 대해 거짓말을 했다고 생각했지만, 투자자 사취 혐의에 대해서는 결론을 내리지 못했고 환자 사취에 대해서는 유죄 판결을 내리지 않았다. 《뉴욕 타임스》는 "이례적인 판결"이라고 보도하면서 "IT 기업 임원들은 사기 혐의로 기소되는 경우가 거의 없고 유죄를 선고받는 일은 더욱 드물기 때문이다."라고 설명했다.[10]

남성이 주를 이루는 실리콘밸리에서 확실한 차별점을 지닌 홈스는 직원, 투자자, 이사진을 수년간 속일 수 있는 외형을 만들어 냈다. 측근들이 자신을 애플 창업자인 스티브 잡스에 비교하자, 홈스는 잡스가 그랬던 것처럼 검은색 터틀넥 티셔츠와 슬랙스를 입기 시작했다. 테라노스가 투자자들에게 사기를 치고 있다는 이야기를 꺼냈다가 해고된 테라노스의 최고재무책임자 헨리 모즐리는 스물두 살의 홈스를 이렇게 설명했다.

> 그녀는 자기 나이보다 훨씬 더 성숙한 분위기를 풍겼다. 크고 파란 눈으로 깜빡임도 없이 나를 쳐다보고 있으면 내가 세상의 중심인 듯한 기분이 들었다. 거의 최면 같았다. 독특하리만큼 낮은 목소리도 최면 효과를 강화하는 듯했다.[11]

홈스는 2015년에 《타임》이 뽑은 가장 영향력 있는 인물 100명, 《글래머》가 뽑은 '올해의 여성'에 선정되기도 했다. 많은 사람이 그녀를 똑똑하고 통찰력이 뛰어나며 매력적이고 의료업계의 미래를 내다보는 선지자라고 여겼다. 벤처 캐피털 기업들, 테라노스의 직원들과 이사진, 사업 파트너들 모두가 홈스 곁에 몰려들어 경제적 성공과 의학적 혁신에 대한 그녀의 예언을 추종했다.

어리석은 홈스의 공모자들 중에는 미국 최대 약국 체인 월그린도 있었다. 2010년 8월 24일, 팰로앨토에 있는 테라노스의 본사를 갑자기 찾아온 월그린 직원들은 월그린 지점에서 테라노스의 기술을 사용하는 시범 사업에 대해 이틀 동안 논의했다. 테라노스를 찾은 월그린 직원의 대표 제이 로잔 박사, 일명 '제이 박사'는 퇴물이 되어 가는 약국 체인을 소생시킬 만한 새로운 기술을 찾는 임무를 맡았다. 테라노스의 기술은 CVS와 치열한 경쟁을 치르고 있던 월그린에게 진정한 경쟁 우위를 제공해 줄 것처럼 보였다. 월그린은 몇몇 지점에서 테라노스 혈액검사 키트를 사용하는 대가로 최대 5000만 달러를 지불하고 투자금 2500만 달러를 빌려준다는 계약을 맺을 참이었다. 홈스는 약국에서 소비자들이 손가락을 찔러 나온 혈액 몇 방울로 1시간 안에 200여 개의 혈액검사 결과를 받을 수 있도록 하겠다고 월그린에 약속했다. 시범 사업이 성공하면 두 회사는 전국으로 파트너십을 확장할 계획이었다.

월그린의 협상팀에는 테라노스의 기술과 파트너십을 평가하기 위해 고용한 소규모 랩컨설팅 회사 콜라보레이트의 소유주 케빈 헌터도 있었다. 헌터는 아래층에 있는 테라노스 실험실 시설을 보게 해 달라고 거듭 요청했지만, 홈스는 그럴 수 없다고 했다. 홈스와 발와니는 헌터가 근처 스탠퍼드 병원에서 일반적인 채혈 방법으로 진행하는 혈액검사와 비교할 수 있도록 테라노스에서 헌터와 제이 박사의 혈액검사를 수행하는 것도 거부했다.

협상 첫날이 끝날 무렵, 헌터는 홈스의 주장에 큰 의구심을 갖기 시작했다. 반면 제이 박사는 홈스와 실리콘밸리 환경에 매료된 듯했다. 다음 날, 월그린의 최고재무책임자 웨이드 미켈턴이 도착해 자신이 홈스와 직접 협상 계약서에 서명하는 것이 현명하겠다고 말했다. 헌터는 월그린이 왜 간부들이 원하지도 않는 과학적 평가 때문에 자신을 고용했는지 이해할 수 없었다. 그는 집에 돌아와 테라노스가 "검사 키트 및 장비의 과학적 실효성에 대해 (……) 과대 선전 또는 허풍을 떨고 있는 것"[12] 같다는 내용의 경고성 보고서를 작성했다.

한 달 후, 홈스와 발와니가 시범 사업 '프로젝트 베타'를 시작하기 위해 일리노이주 디어필드에 있는 월그린 본사를 방문했다. 월그린 간부 한 사람이 비틀스의 노래 「이매진」을 테라노스를 칭송하는 내용으로 개사하여 불렀고, 노래가 끝나자 홈스와 발와니가 커밋 크로퍼드 회장을 비롯한 월그린 임원들에게 손가락 채혈을 권유했다. 테라노스의 기술로 혈액검사를 해 주겠다고 했다. 월그린에서 상근 현장 컨설턴트로 막 일을 시작했던 헌터는 드디어 테라노스의 기술이 기존 혈액검사만큼 정확한 결과를 담보하는지 확인할 기회가 왔다는 생각에 기대에 부풀었다. 며칠 후 영상통화로 검사 결과를 알려 달라고 요청했지만, 끝내 받지 못했다. 이후 헌터가 테라노스 기술에 대한 체계적인 테스트를 제안했을 때에도 홈스는 거부했다.

헌터는 테라노스와의 시범 사업을 감독하는 월그린의 임원 르낫

판 덴 후프에게 1억 달러가 넘는 월그린의 투자에 관해 앞서 있었던 일들을 비롯한 여러 위험신호를 알렸다. 판 덴 후프는 충격을 받은 듯했지만 만약 테라노스의 기술이 진짜라면 테라노스가 월그린을 버리고 약국 체인의 최대 라이벌인 CVS와 파트너십을 맺는 위험을 감수할 수 없다고 했다. 사실 테라노스의 기술이 진짜였다면, 홈스는 더 매력적인 계약 조건을 따내기 위해 기술에 관한 명확한 증거를 월그린에 제공했을 것이다. 그러나 월그린의 임원들은 홈스를 지나치게 믿은 나머지 협상 상대의 관점을 더 이성적으로 판단하지 않았다.

헌터가 주간 영상통화 때마다 기술에 대해 계속해서 캐묻자, 2011년 초에 홈스와 발와니는 헌터를 회의에서 배제해 달라고 요구했다. 테라노스가 협상을 깨고 CVS와 파트너십을 맺을까 여전히 두려웠던 월그린은 두 사람의 요구를 따랐다.

결국 월그린은 애리조나주와 캘리포니아주에 40개의 테라노스 '웰니스 센터'를 열고 최대 200개의 질병을 진단할 수 있다는 저렴한 손가락 채혈 혈액검사 서비스를 시작했다. 캐리루는 테라노스를 취재하며 웰니스 센터에서 진행된 혈액검사의 일부 결과가 부정확하다고 믿는 여러 의사를 만나 인터뷰했다. 실제로 테라노스는 월그린 고객 수천 명에게 근거 없고 때로는 우려스럽기까지 한 결과를 제공했는데, 이들 중에는 암과 같은 심각한 질병을 앓는 환자도 있었다. 월그린은 테라노스에 해명을 요구했다. 그러나 2016년 5월에 캐리루가《월 스트리트 저널》기사를 통해 테라노스가 수십만 개의 혈액검사 결과를 무효로 하면서 신뢰할 수 없는 검사 방법임을 인정했다고 보도하자, 월그린의 임원진은 앞서 많은 문제적 징후가 있었음에도 경악을 금치 못했다.[13]

2016년 6월 12일, 월그린은 테라노스와 계약을 해지하고 테라노스 웰니스 센터를 모두 폐쇄했다. 다음 해, 테라노스는 월그린에서 혈액검사기를 구매한 모든 사람에게 환불하기 위해 애리조나주 정부에 465만 달러를 지급하기로 합의했다. 월그린은 테라노스를 상대로 투자액 1억 4000만 달러에 대한 소송을 제기했고, 두 회사는 비공개 합의로 소송을 마무리 지었다. 월그린은 "파트너십에 문제가 있었다."라고 하면서 "테라노스의 획기적 시스템은 뻔뻔스러운 사기에 불과했다."라고 밝혔다.[14]

월그린이 실사도 없이 홈스의 주장을 맹목적으로 믿었다는 사실은 상당히 충격적이었다. 그러나 월그린은 사기의 증거가 뻔히 드러났는데도 홈스라는 거짓 선지자를 계속해서 믿은 많은 공모자 중 하나일 뿐이었다. 테라노스에 투자한 벤처 캐피털 회사들도 테라노스 이사진에 홈스의 주장이 물리적으로 불가능하다는 것을 알 만한 의학이나 생물학 전문가가 없다는 사실을 눈치채지 못했다. 그 대신 홈스는 조지 슐츠, 헨리 키신저, 제임스 매티스, 윌리엄 페리, 샘 넌과 같이 의학적 지식이 없는 유명한 과거 정부 인사들로 이사회를 채웠다. 이런 저명한 인물들은 어찌 된 일인지 홈스에게 쉽게 기만당했고, 자신들이 관련 전문 지식이 없다는 사실을 개의치 않았다. 그들은 여러 차례의 경고 신호를 알아채지 못하면서 홈스가 벌인 사기 행각의 공모자가 되었다.

리더들은 조직이 직면한 잠재적 문제를 감지하고 해결하는 데 필요한 감독을 수행할 명백한 의무가 있다. 하지만 카리스마를 지닌 인물을 맹목적으로 믿으면 이런 책임을 다하지 못할 수 있다.

카리스마 넘치는 리더의 위험

위워크의 창립자이자 CEO였던 애덤 뉴먼도 기업계의 선지자였다. 3장에서 위워크에 공모한 이들 가운데 하나인 벤처 캐피털 업계가 어떤 역할을 했는지 살펴보았다. 그러나 뉴먼의 불법행위는 위워크의 직원들처럼 그의 거짓 예언을 진심으로 믿은 사람들 때문에 가능했던 것이기도 하다.

새천년의 선지자를 자처한 뉴먼은 위워크를 "전 세계의 의식을 고양"하고 인류에게 가장 어려운 숙제들을 해결할 수 있는 사회운동으로 포장했다. 많은 사람에 따르면 뉴먼은 누구보다 입담이 좋은 사업가였다. JP모건 투자은행 부회장 노아 윈트럽은 《파이낸셜 타임스》와의 인터뷰에서 "회의적이었던 사람들도 (……) 일단 그를 만나서 그의 비전을 듣고 있으면 누구나 빠져들고 만다."라면서 "내가 만나 본 어떤 사람보다 강력한 카리스마를 가진 사람이다."라고 털어놓았다.[15] 뉴먼은 스스로 "세계 대통령"이 되고 싶다거나, 영원히 살고 싶다거나, 세계 최초로 1조 달러가 넘는 자산을 보유한 최고 부자가 되고 싶다고 떠들어 대는 등 과대망상에 빠져 있었다.[16]

2013년 위워크 여름 캠프(회사 야유회)에서 뉴먼은 직원들에게 성공은 "의미를 지닌 무언가"를 만들어 내는 데에서 나온다고 하면서, "우리는 모두 의미가 있기에 이곳에 있습니다. 실제로 이 세상을 더 나은 곳으로 만드는 일을 하고 싶으니까요. 그런 일을 통해 돈도 벌고요!"라고 했다.[17] 회사 안에서는 찬양을 강제하는, 광신교 집단과 같은 기업 문화를 조장했다. 위워크 전 고위급 임원은 《배니티 페어》와 나눈 인터뷰에서 이렇게 털어놓았다. "직원 대부분이 젊은 데다 진짜 회사에서 한 번도 일해 본 적 없는 사람들이었습니다. 그들은 모든 걸 그대로 믿었어요. 저는 그곳에 입사한 후 알았죠. 완전히 사이비 집단이라는 것을."[18]

부동산 분양 사업을 하는 회사치고는 정말 이상하게 위워크는 자기도취와 신비주의가 지배하는 곳이었다. 이성보다 믿음을 중시하는 뉴먼은 분석과 논리를 적용하지 못하게 했다. 그는 미래의 위월드(WeWorld)에는 일반적인 경제 원리가 통하지 않으리라고 믿었다. 뉴먼은 영성을 지닌 종교적 스승 같은 사람으로 자신을 표현했는데, 이는 유대교 신비주의 분파 카발라의 신봉자인 뉴먼 부부의 정체성과도 관련이 있었다. 카발라는 위워크 사내 문화의 일부가 되었다. 주요 회의는 대개 매달 18일에 열렸는데, 카발라의 지혜에 이르는 32가지 경로에서 18이 성스러운 숫자를 의미하기 때문이었다. 뉴먼은 고위 간부들에게 자신의 영적 지도자이자 위워크의 "영성 고문"[19]인 랍비 에이탄 야르데니의 수업에 참여할 것을 장려했다.

뉴먼은 위워크가 사무실 공간뿐만 아니라 새로운 일, 생활, 교제 방식을 제공한다고 선전했다. 직원들에게는 "단순한 생계유지가 아니라 삶을 만들어 가라."[20]라고 격려했다. 위워크 직원들은 뉴먼에게 무조건적인 믿음을 가졌고, 낮은 임금으로 장시간 노동을 감내했다. 동료들은 친구가 되었고, 일은 정말로 삶이 되었다. 한 직원은 《배니티 페어》와의 인터뷰에서 "그들은 회사가 곧 가족이라는 점을 강요했습니다. 그러니 동료들과 많은 시간을 함께 보내야 하는 거죠. 꽤 배타적인 문화였어요. 마치 우리가 함께 전장에라도 나간 것 같았죠."라고 진술했다.[21]

소프트뱅크가 44억 달러를 투자하면서 뉴먼의 구세주적 위상은 한층 높아졌다. 위워크의 한 간부는 《배니티 페어》와 나눈 인터뷰에서 이렇게 말했다. "애덤이 꿈꾼 환상의 나라는 현실이 되었습니다."[22] 뉴먼은 캐나다 총리 쥐스탱 트뤼도와 같은 세계 정상들을 만나 시리아 난민 위기나 다른 주요 이슈에 관해 의견을 제시했다. 한 위워크 임원은 "세계 지도자들과 함께 있을 때면 애덤은 자신도 그중 하나라고 생각하는 것 같았죠."라고 전했다.[23] 뉴먼은 위워크가 이 세상에서 가장 가슴 아픈 문제들을 해결할 수 있다고 장황하게 늘어놓으면서, "2년 안에" 전 세계 1억 5000만 명의 고아들에게 가족이 생기는 날을 "어느 날 문득 보게 될 것"이라고 주장했다.[24] "그렇게 되면 어떤 소수자 집단이든, 힘 있는 사람들에게 이용당하는 힘없는 사람 누구든 도울 수 있다."라며 마치 차세대 메시아인 양 떠들어 댔다. "그것을 통해 우리는 세계 빈곤 문제도 해결할 수 있습니다."

그러나 뉴먼은 위워크 청소부들에게 최저임금을 보장하고 의료보험을 지원할지와 같은 내부 문제를 해결하는 데는 관심이 없어 보였다. 그 대신 그는 노조를 때려잡는 하청업자를 고용했다. 뉴먼은 힘없는 자들을 돕는다는 복음을 설파했지만, 그가 진정으로 추구한 것은 '돈이 곧 신'인 삶이었으며, 이를 위해 직원들에게 맹목적인 믿음을 주입했다. 위워크 직원 수천 명은 시장 임금보다 낮은 보수를 받고 일하면서, 자신들이 세상을 바꾸는 데 일조하고 있고 보유한 소량의 회사 주식으로 언젠가는 부자가 되리라고 믿었다. 뉴먼은 직원들에게 주식을 현금화할 수 있는 기업공개를 약속했지만, 그가 세운 사상누각은 약속이 실현되기도 전에 붕괴하고 말았다. 위워크의 직원들은 일자리도, 주식도, 꿈도 모두 잃었다. 한 위워크 직원은 "그곳은 아주 많은 사람을 희생시켜

극소수의 사람들을 어마어마한 부자로 만들도록 설계되고 운영된 회사였습니다."라고 회고했다.[25]

뉴먼의 설교를 맹목적으로 수용한 사람들은 뉴먼의 공범이었다. 그러나 위워크의 고위 간부들, 투자자들, 이사진은 직급 낮은 직원들보다 공모의 책임이 더 컸다. 회사가 파산하자 직원들은 휴지 조각이 된 스톡옵션과 함께 일자리를 잃었지만, 뉴먼은 억만장자가 되어 해외로 도피했다.

거짓 예언자가 통하는 이유

사이비 집단이란 대체로 관습을 벗어난 영적 또는 철학적 신념을 지니고 특정 인물, 물건, 목표로 결합하는 사회적 집단을 말한다.[26] 믿음은 영감, 계시 또는 권위자에 대한 복종을 바탕으로 한 신념으로 정의되곤 한다. 종교적 믿음은 대개 기적을 믿느냐, 특정 인물 또는 신성에 대한 관점을 수용하느냐에 따라 결정된다. 분명한 사실은 믿음은 정식 종교와 사이비 집단으로 간주되는 종교 모두의 핵심 구성 요소라는 점이다. 전통적인 종교를 믿는 사람들은 즉각 자신들을 사이비 집단과 구별 지으려 하겠지만, 사이비 집단은 두 집단 모두 자신들의 신앙을 강화하기 위해 과학적 사고에 반하는 기적을 믿는 경향이 있다는 사실을 정확히 지적한다. 차이점이라면 단지 사이비 집단이 말하는 기적이 더 최근 사건이라는 점이다. 한편 새로운 사업 제안이나 카리스마 있는 선지자에게 맹목적인 믿음을 품을 때, 사람들은 기존의 비즈니스 모델로는 설명할 수 없다거나 최신 용어로 그들을 '파괴자'라고 표현하는 경향이 있다. 그러나 그런 기업들은 거의 대개 주장을 뒷받침할 증거가 부족하고 사람들의 합리적 사고를 억압한다.

전통 종교든 신흥 종교든, 종교는 믿음과 이성 사이의 관계에 대해 다양한 견해를 보인다. 14세기 유대인 철학자 레비 벤 게르손은 "율법은 우리의 이성이 믿으라고 촉구하는 것을 진실로 여기지 못하게 막을 수 없다."[27]라고 주장하며 믿음과 이성의 양립을 위해 힘썼다. 반면 그와 동시대를 살았던 하스다이 벤 아브라함 크레스카스는 이성은 나약하고 믿음은 강하다면서 유대인들이 믿음만 있다면 하느님이 선택한 민족의 공동 운명인 고통을 견딜 수 있다고 반박했다.[28] 코란은 사유, 합리성, 명상의 중요성을 거듭 강조하면서 신도들에게 자연 세계를 배우라고 권고한다.[29] 19세기에 뉴잉글랜드에서 시작된 크리스천 사이언스는 오직 기도로만 병을 치유할 수 있다고 믿으며 신도들에게 의학적 치료를 받지 못하게 한다. 그러나 대부분의 기독교 신앙은 과학과 과학의 유익한 활용을 수용한다. 교황 요한 바오로 2세는 1998년 회칙*에서 믿음과 이성은 양립할 수 있을 뿐만 아니라 진리를 추구하는 데에 모두 필수적이라고 말했다.[30]

믿음과 이성의 차이는 행동경제학에서 말하는 두 가지 사고 유형, 즉 시스템 1과 시스템 2 사이의 차이와 유사하다.[31] 노벨상 수상자 대니얼 카너먼은 키스 스타노비치와 리처드 웨스트의 앞선 연구를 바탕으로[32] 인간은 두 가지 다른 방식으로 의사결정을 한다고 주장한다. 시스

---

* 신앙과 교리를 포함한 다양한 주제에 관해 교황이 발표하는 가장 권위 있는 문서.

템 1의 사고는 우리가 평소에 사용하는 방식이다. 이 사고 유형은 빠르고 즉각적이며 효율적이다. 의사결정 연구자들은 인간이 직관적인 사고방식을 사용할 때 다양한 단순화 전략 또는 휴리스틱이라고 알려진 경험 법칙을 이용하여 의사결정을 내린다고 설명한다.[33] 휴리스틱은 복잡한 의사결정 환경에 대처하는 데 도움을 주기 때문에 어느 쪽 신발을 먼저 신을 것인지와 같은 비교적 사소한 결정이나 달리는 차 앞으로 사슴이 뛰어들면 브레이크를 밟는 것과 같은 찰나의 결정을 할 때 매우 유용하다. 그에 비해 시간을 들여 심사숙고하는 것(논리적 근거에 따라 판단하는 것)을 시스템 2의 사고라고 하는데, 이 사고 유형은 느리고 신중하며 인지적 과정이 요구되고 일반적인 경험 법칙에 의존하지 않는다. 직장을 정하는 문제나 누군가를 신뢰하는 문제와 같은 중요한 의사결정을 할 때 이 시스템 2의 사고에서 도움을 얻는다.

누군가를 믿는 행위는 일종의 휴리스틱일 수 있다. 오랜 시간에 걸쳐 신뢰를 획득한 사람이 아니라면 더욱 그렇다. 종교 지도자든, 기업 총수든, 정치 지도자든, 지도자를 맹목적으로 믿으면 합리적 사고를 할 필요가 없어진다. 그들의 말이 반드시 논리적으로 이치에 맞아서가 아니라 그들이 우리를 현명한 길로 인도할 것이라는 믿음 때문에 그렇다. 짐 존스, 엘리자베스 홈스, 애덤 뉴먼과 같이 추종자들에게 합리적 사고를 포기하라고 부추기는 카리스마형 지도자들은 사람들이 그들의 거짓말을 믿고 비윤리적 행위를 못 본 척하도록 설득하는 데에 아주 노련하기 때문에 특히 위험하다.

나는 여전히 많은 사람의 판단을 믿는다. 그간 내 박사 과정 학생 중에는 특정 연구에 관해 나보다 더 잘 아는 학생들이 많았다. 나는 그들이 한 것을 일일이 다시 확인하기보다 그들의 능력, 성실함, 꼼꼼함을 믿었다. 그러나 이런 믿음은 그들과 지내 오면서 수집한 증거로 얻은 판단에 근거해야 한다. 그들 중 누구도 내가 합리적 사고를 누르고 자신의 견해를 받아들일 것이라고 생각한 사람은 없었다. 실제로 학생들은 내가 신중한 판단을 통해 그들의 주장을 이해하기를 바란다. 누군가 우리에게 합리적 사고를 하지 말라고 요구한다면 의심해 보아야 한다. 합리적 사고 없이 믿음에 근거하여 의견을 좇으면 그들의 위법행위에 공모할 수 있다. 이 유혹은 권력과 권위를 지닌 사람들이 우리가 공모하기를 바랄 때 특히 강해진다.

6장 권위와 충성

영화제작자 하비 와인스틴이 걸핏하면 여성을 희롱하고 성폭행하는 상습적 포식자라는 사실은 수십 년간 연예계의 공공연한 비밀이었다. "나는 할리우드에 종사하는 모든 사람, 정말 말 그대로 모든 사람이 이 사실을 알고 있다는 것을 안다." 2010년 파리의 리츠 호텔에서 와인스틴이 자신을 성폭행했다고 폭로한 프랑스 배우 에마 드 콘느는 2017년 10월《뉴요커》인터뷰에서 기자 로넌 패로에게 이렇게 말했다. "그는 그 사실을 굳이 숨기려 하지도 않았죠."[1]《뉴욕 타임스》와《뉴요커》가 와인스틴에게 추행당한 수많은 피해자의 진술을 보도하고 난 후에야 비로소 세상은 그에게 책임을 물었다.[2] 90명이 넘는 여성들이 나와 와인스틴의 성추행과 성폭행 사실을 폭로했다. 2021년 4월에 성범죄로 23년 형을 받고 뉴욕주 교도소에 수감된 와인스틴은 로스앤젤레스에서도 다른 11건의 성폭력 혐의로 기소되었다.

어떻게 이런 상습적 성폭행범이자 성추행범이 할리우드, 뉴욕, 이탈리아, 프랑스 등지에서 25년 넘게 제멋대로 활개를 치고 다닐 수 있었을까? 하비 와인스틴은 동생 밥과 공동 창립한 엔터테인먼트 기업 미라맥스와 와인스틴 컴퍼니 안에 일종의 공모 문화를 조성했다. 2017년에 200여 명을 인터뷰하고 《뉴욕 타임스》에 "와인스틴의 공모 세력"이라는 기사를 발표한 메건 투히와 조디 캔터는 "거의 모든 사람이 각자의 이유와 동기로 모른 체하거나 침묵했다."라는 말로 글을 맺었다.[3] 와인스틴의 범죄를 안 사람들이 침묵으로 일관한 이유는 다양했다. 와인스틴은 자신에게 대항하는 직원들을 협박하거나 처벌하거나 해고하는 것으로 유명했기에 두려움은 중요한 공모 동기 중 하나였다. 일부 직원들은 단순히 권위에 대한 복종에서 그의 범죄행위를 비밀로 했고 심지어 돕기까지 했다. 와인스틴은 상사였고, 상사의 뜻대로 규칙이 정해지기 때문이었다.

와인스틴을 고발한 수십 명의 피해자를 인터뷰한 후 패로는 와인스틴의 범죄행위가 다른 유사한 범죄의 시나리오를 따른 경향이 있으며, 직원이자 공모자들의 거대한 네트워크 때문에 가능했다고 결론지었다. 와인스틴의 전현직 비서들에 따르면 그는 비서를 통해 성공을 갈망하는 여배우나 모델들을 비즈니스 미팅이나 파티로 불러냈고 대개는 늦은 밤 호텔 바나 호텔 방에서 만났다. 피해자와 단둘이 남으면 처음에는 일에 관해 이야기하다가 결국 성관계를 강요했다. 거부하면 대개 성폭행했다. 그 후 범죄 현장에서 여성들을 데리고 나가는 일은 비서들의 몫이었다.

2004년, 와인스틴의 비서가 무용수인 애슐리 매소를 호텔 방으로 안내했다. 매소는 와인스틴과 일을 논의하기 위해 만나는 자리라고 알고 있었다. 비서가 문밖에서 대기하는 동안 와인스틴은 매소를 성폭행했다. 매소는 울면서 방을 나왔고, 두 사람이 호텔 로비로 내려가는 동안 비서는 그녀를 알은체도 하지 않았다. 매소는《뉴욕 타임스》인터뷰에서 "마치 기름칠 잘된 기계 같았다."라고 회고했다.[4] 같은 해 배우 지망생인 루시아 에번스도 대본 오디션을 위해 와인스틴과 미라맥스 캐스팅 책임자를 만나는 줄 알고 호텔 방을 찾았으나 그곳에는 와인스틴 혼자 있었다. 여성 캐스팅 담당자를 만나고 난 직후였다. 에번스는 "그 일이 있기 전에 나를 안심시키려고 모든 걸 꾸몄다."라고 했다.[5]

와인스틴의 비서들은 성폭행당한 여성들을 휴대폰에 '하비의 친구'라고 분류하여 저장했고, 그런 만남을 마련할 때 필요한 팁을 엮은 '필수 안내서'를 후임자에게 전하곤 했다. 비서들은 심지어 와인스틴이 먹을 발기부전 약까지 조달해서 젊은 여성들과 '회의'가 있기 전에 잊지 말고 먹도록 챙겨 주었다.[6] 훗날 이들 비서 중 일부는 미라맥스와 연예계 전반에 퍼져 있던 "성폭행에 대한 침묵 문화"에 일조한 일을 깊이 후회한다고 말했지만, 그들이 수년간 와인스틴의 범죄를 방조한 것은 엄연한 사실이었다.[7]

2015년에 와인스틴 컴퍼니의 직원 로런 오코너는 와인스틴이 자신과 다른 직원들에게 "일을 원하지만 뒷배가 없는 여성들"과 일회성 성관계를 주선하도록 했다고 주장하는 충격적인 문서를 회사 고위 간부들에게 발송했다.[8] 문서는 와인스틴 컴퍼니의 이사회까지 전달되었다. 이사회는 하비와 그의 동업자이자 동생인 밥에게 충직한 사람들로 구성된 집단이었다. 와인스틴 형제가 지명하지 않은 이사는 얼마 되지 않았는데, 들리는 바에 따르면 그중에서 랜스 매로브가 이 고발을 사외 변호사가 조사해야 한다고 강력하게 요구했다. 그러나 며칠 뒤 와인스틴은 합의를 통해 문제를 해결했고, 오코너는 항의를 철회했으며, 조사는 취소되었다. 밥 와인스틴을 포함한 이사들은 하비 와인스틴의 고용계약 갱신을 거부할지 잠시 고민했지만 결국에는 없던 일이 되었다.

고위 간부들도 와인스틴의 범법 행위를 돕기는 마찬가지였다. 미라맥스 이탈리아 지사의 대표인 파브리치오 롬바르도는 이탈리아 태생의 배우 아시아 아르젠토를 파티에 초대한 뒤 호텔 방으로 데려갔다. 와인스틴이 있는 방이었다. 패로가 만난 몇몇 소식통에 따르면 롬바르도는 "와인스틴의 유럽 포주"로 널리 알려져 있었다.[9] 전 미라맥스 마케팅 책임자이자 와인스틴 범죄의 또 다른 공범 데니스 라이스는 "괴롭힘, 신체적 학대, 성희롱"과 같이 "처리가 필요한 경솔한 언동이 발생했을 때" 사용하는 회사 자금이 있었다고 진술했다.[10]

캔터와 투히는 《뉴욕 타임스》 보도에서 1990년부터 2015년까지 와인스틴이 자신을 성희롱으로 고소한 여성들과 최소 8건의 금전적 합의를 보았고, 보통 그 대가는 사실을 함구하는 것이었다고 밝혔다.[11] 또 패로에 따르면 미라맥스의 변호사이자 와인스틴의 공범 스티브 허튼스키는 일부 회사 관계자들 사이에서 '위층 청소부'라고 불렸는데, 그가 와인스틴이 저지른 모든 비행과 범죄의 심각성을 알고 있었다는 데에는 의심의 여지가 없었다.[12]

와인스틴의 공범은 직원에 국한되지 않았다. 직급이 낮은 비서들이 피해자들을 호텔 방으로 데려오고 데리고 나가는 동안 할리우드의 수많은 에이전트와 매니저들은 그런 만남을 주선했고, 와인스틴이 자기 회사 소속 배우에게 무슨 짓을 했는지 알게 되면 그 사실을 비밀로 하라고 충고했다. 배우 귀네스 팰트로의 소속사이자 정상급 연예 기획사인 CAA의 에이전트는 팰트로를 와인스틴(그녀는 그를 '하비 삼촌'이라고 알고 있었다.)이 있는 호텔 방에 데려갔다. 팰트로는 그가 접근해 오는 것을 간신히 피해 나와 이 사실을 알렸지만, 그녀의 에이전트는 어떤 조치도 취하지 않았다. 8명이 넘는 CAA 에이전트들이 와인스틴의 범행을 알았지만 아무런 대처도 하지 않았다. 《뉴욕 타임스》는 그 이유를 "에이전트들에게 배우는 왔다가도 사라지는 존재이지만, 와인스틴은 1년에 무려 30편이나 되는 영화를 배급하는, 할리우드에서 영원히 사라지지 않을 것 같은 사람"이었기 때문이라고 분석했다.[13]

패로의 《뉴요커》 기사에 따르면 와인스틴의 영화들은 아카데미 시상식에서 300번 넘게 후보에 올랐고 그는 영화 역사상 시상식에서 "스필버그 다음으로, 신보다 많이"[14] 감사 인사를 받은 인물이었다. 실제로 2012년 골든 글로브 시상식에서 와인스틴 회사가 배급한 「철의 여인」으로 여우 주연상을 수상한 메릴 스트립은 수상 소감에서 농담 삼아 와인스틴을 '신'이라고 부르기도 했다.

배우 미라 소르비노는 두 번이나 속아 와인스틴과 단둘이 남겨진 뒤 가까스로 달아났는데, 미라맥스의 여성 직원에게 와인스틴이 무섭다고 말한 이후 블랙리스트에 올랐다고 믿고 있었다. 소르비노는 "실세를 거스르면 징벌이 따르기 마련이다."라고 딱 잘라 말했다.[15] 피터 잭슨 감독은 1990년대 후반 미라맥스 측이 "함께 작업하기 끔찍한 배우들"이라는 이유를 들어 영화 「반지의 제왕」에 소르비노와 애슐리 저드(저도 호텔 방에서 와인스틴을 거절하고 나온 적이 있다.)를 쓰지 말라고 경고했다고 폭로했다. 잭슨은 시간이 지나고 나서야 "이것이 미라맥스의 조직적인 비방이 최고조에 이르렀던 사건"이었으리라는 사실을 깨달았다.[16]

정치적인 동기가 있는 공모자들은 진영을 가리지 않고 존재했다. 와인스틴은 민주당의 중요한 기부자이자 막대한 후원금을 끌어다 주는 인물이었기에, 힐러리 클린턴을 포함한 많은 민주당 의원들은 와인스틴에 관련된 소문과 그에게 제기된 혐의를 모른 척했다. 와인스틴은 전 뉴욕 주지사인 공화당의 조지 퍼타키를 후원하기도 했는데, 퍼타키는 2017년에 NBC 기자 로넌 패로가 와인스틴에게 제기된 수많은 폭행과 폭언 혐의를 폭로하는 기사(와인스틴은 이 기사를 성공적으로 덮었다고 생각했다.)를 준비한다는 사실을 와인스틴에게 귀띔해 주었다.[17] 그에 맞서 와인스틴은 NBC 「투데이쇼」의 공동 진행자인 맷 라우어가 성적으로 부적절한 행위를 저질렀다는 혐의를 만천하에 알리겠다며 NBC 임원들을 협박했다. 힐러리 클린턴의 홍보 담당관 닉 메릴은 패로에게 와인스틴에 대한 보도를 그만두라고 압박하면서 그가 준비하고 있는 특종이 "우려스럽다."라고 경고했다.[18] NBC는 패로에게 기사를 백지화하라고 명령했다. 와인스틴에 관한 기사를 막은 정치인들과 방송국 간부들은 와인스틴의 범죄를 막지 못하게 한 공범이었다. 궁극적으로 패로의 기사를 보도한 《뉴요커》는 와인스틴의 범죄에 가담하지 않고 그가 다른 사람들을 더 이상 해치지 못하게 막았다는 데에 자부심을 가질 만하다.

2017년 가을, 와인스틴의 범죄 행각에 대한 보도가 할리우드에 큰 충격을 가져다주면서 연예계는 어쩔 수 없이 침묵으로 일관했던 일을 인정하고 해결에 나섰다. 2020년 2월에 와인스틴이 유죄를 선고받자, 배우 로즈 맥가윈은 패로에게 이제야 숨을 쉴 수 있을 것 같다고 털어놓았다. 그러나 '역겨운' 와인스틴의 범죄를 방조한 '선한 사람들'에 대한 의문은 여전히 남아 있었다. 그녀는 이렇게 말했다. "내게 풀리지 않는 궁금증은 언제나 나름대로 멀쩡해 보이는 나머지 사람들이었어요. 대체 그 사람들은 뭐가 잘못된 거죠?"[19]

권위에 침묵하다

하비 와인스틴에 대한 고발을 시작으로 거의 모든 분야에서 유력 남성 인사의 성폭력 및 성희롱 혐의가 어마어마하게 제기되면서 '미투' 운동이 촉발되었다. 그 결과 NBC의 맷 라우어, TV 진행자 찰리 로즈, CBS 회장이자 최고경영자인 레스 문베스, 배우 케빈 스페이시, 가수 R. 켈리, 유명 셰프 마리오 바탈리 등 수십 명이 넘는 권력자들의 성폭력 전력이 언론에 폭로되었다. 이들에 대한 보도는 수년간 묵살되고 무시되어 온 우디 앨런, 빌 코스비, 마이클 잭슨, 전 IMF 총재 도미니크 스트로스칸과 같은 권위자들에 대해 혐의를 제기한 사람들의 주장에 신빙성을 더해 주었다. 이런 남성들이 오랜 세월 저지른 성폭행, 성희롱, 강간은 공모자들 없이는 불가능한 일이었다.

심리학자 조너선 하이트는 저서 『바른 마음』에서 윤리적 행위를 정의하는 방법이 사람마다 제각기 다르다고 주장한다.[20] 어떤 사람들은 타인에 대한 배려와 공정성을 윤리적이라고 하는 데 반해, 어떤 사람들은 권위에 대한 복종을 윤리적 행위의 기반이라고 본다. 이런 사람들은 현행 제도나 전통을 신뢰하는 데에 더 큰 가치를 두는 경향이 있다. 도덕적 행위에 대한 다양한 도덕적 기반을 다룬 하이트의 논의는 이 장 후반부에 다시 살펴볼 것이다.

많은 사람이 내가 생각하는 것보다 전통과 권위를 더 중요하게 생각한다는 사실을 인정한다. 권력에 맞서는 데에 필요한 자원이 없는 사람이 많다는 사실도 잘 알고 있다. 그러나 우리는 언제든 권력이 자행하는 악행에 관해 기탄없이 말하지 못해서 다른 사람의 행복을 해치는 행위를 할 때, 적어도 우리가 윤리적 선택을 하고 있음을 인식해야 한다. 침묵도 일종의 행위다. 맹목적으로 권위에 복종하는 일은 악행에 대한 공모로 이어질 수 있다. 이는 성폭력의 영역을 넘어 권력자가 사기, 가격 담합, 뇌물, 위조, 주가 조작과 같은 불법행위를 저지르는 다양한 맥락에 해당하는 이야기다.

권위에 대한 복종이 지니는 위험성에 관한 나의 견해는 독특한 것이 아니다. 2차 세계대전 종전 후 뉘른베르크 재판에서 고위급 나치 당원들이 공통적으로 자신을 변호하며 했던 "난 그저 명령을 따랐을 뿐이다."라는 말을 우리 모두 익히 들어 알고 있다.[21] 많은 나치 당원이 자신은 그저 상관의 지시를 실행에 옮겼을 뿐이기에 죄가 없다고 주장했다. 이에 대한 조치로 뉘른베르크 재판이 정한 원칙 중 제4원칙은 권위에 대한 복종을 전쟁범죄의 윤리적 구실로 사용할 수 없도록 다음과 같이 제한했다. "어떤 사람이 정부 또는 상관의 명령에 따라 행동했다고 해도, 그에게 도덕적 선택이 실제로 가능했다면, 그 사람은 국제법상의 책임을 면하지 못한다."[22]

충성심과 조직적 공모

하비 와인스틴은 권력을 가진 인물이 힘없는 사람들을 성폭행한 사례다. 심각한 성폭력 공모 사건은 학계, 스포츠계, 종교계에서도 찾아볼 수 있다. 이런 경우에는 조직에 대한 충성심이 범죄 공모의 주된 동기로 작용하는 경우가 많다. 미국 체조협회 및 미시간 주립대학교 소속이자 미국 여자체조 국가대표 팀 주치의인 래리 나사르의 사례가 대표적이다. 2016년 9월, 《인디애나폴리스 스타》는 두 여성이 래리 나사르가 치료를 가장하여 자신들을 성적으로 학대했다고 주장하며 그를 고소했다고 보도했다.[23] 보도가 나가자 여러 여성들이 나사르에게 비슷한 혐의를 제기하고 나섰다. 나사르는 2016년 12월에 아동 포르노 소지 혐의로 체포되어 유죄 평결을 받았다. 연방 법원에서 60년 형을 선고받은 그는 미시간주 법원에서도 다른 성폭행 3건으로 40년~125년 형을 선고받았다. 2018년 1월 13일, 미시간주 법원 판사는 "피해자는 확인된 인원만 265명이 넘고 미시간주는 물론 전국, 전 세계에 걸쳐 셀 수 없이 많았다."라고 밝혔다.[24]

미시간 주립대학교 총장인 루 애나 사이먼을 포함하여 많은 학교 트레이너, 코치, 임원 들은 20년 넘게 나사르의 범죄행위를 알고 있었다. 그러나 이 공모자들은 하나같이 아무런 조치도 취하지 않았다. 실제로 나사르에 대한 수사가 시작된 이후에도 미시간 주립대학교는 16개월 동안이나 그가 선수들을 치료하도록 허용했다. 2018년에 미시간 주립대학교는 나사르를 고소한 332명이 제기한 소송에서 배상금 5억 달러를 지급하기로 합의했다.[25] 미국 체조협회와 미국 올림픽위원회 고위직 인사들도 나사르를 비롯한 여러 관계자에게 지속적으로 제기된 성폭력 혐의를 처리하지 않았다.[26] 2018년 1월, 미국 체조협회 관리 이사회는 여론의 압력에 못 이겨 전원 사퇴했고, 협회는 그해 말에 파산 신청을 냈다.

2018년 1월, "나사르의 성 착취를 방조한 주변 인물들"이라는 제목의 ESPN 기사에서 존 바와 댄 머피는 다음과 같이 말했다.

> 반복된 경고 징후에도 나사르가 어떻게 지난 25년간 어리고 젊은 여자 선수들에게 자유롭게 접근할 수 있었는지를 이해하려면 한 가지 불편한 진실을 마주해야 한다. 나사르의 자유는 혼자 얻은 게 아니라는 사실이다. 그의 주변에는 착취 행위를 용이하게 해 준 많은 사람이 있었다. 바로 클럽·대학·엘리트 선수들의 지도자들, 미국 체조협회, 전문 의료진, 미시간 주립대학교의 행정 당국과 코치, 선수의 부모들이다. 그들 모두 사실상 나사르의 피해자들만큼이나 길들어 있었다.[27]

2019년 7월, 18개월간의 국정조사 끝에 의회는 미국 올림픽위원회와 체조협회가 나사르의 성 착취를 "고의로 은폐"했고, FBI는 나사르에게 제기된 혐의를 진지하게 고려하지 않았다고 결론 내렸다.[28] 많은 사람이 의사인 나사르의 권위를 따르고 아동이나 젊은 여성들의 주장이 아닌 그의 말을 믿었다. 나사르와 가까운 많은 코치와 트레이너도 아동을 보호하기보다 그에 대한 충성심을 최우선으로 여겼다. 마찬가지로 미시간 주립대학교, 미국 체조협회, 미국 올림픽위원회도 젊은 선수들의 안전을 희생시키면서 자기 조직에 무조건적인 충성심을 보였다. 미국 체조협회, 미국 올림픽위원회, 패럴림픽 위원회는 2021년 말이 되어서야 500명이 넘는 래리 나사르의 성폭력 생존자들이 제기한 소송에서 3억 8000만 달러의 배상금을 지급하는 것에 합의했다.[29]

피해자들을 보호해야 할 책임이 있는 FBI 요원들도 이상하리만큼 나사르에 복종하는 모습을 보였다. 2021년 도쿄 올림픽을 불과 2주 앞두고, 법무부 감찰관은 FBI가 피해자들의 신고를 묵살하고 나사르를 적절하게 수사하지 않았다는 내용의 보고서를 공개했다. 과실을 추궁하기 시작하자 FBI 고위 관리들은 그들의 공모 사실을 은폐하려 했다. 올림픽 출전 선수 매케일라 마로니는 2021년 9월 상원 법사위원회에서 2015년에 나사르의 상습적인 성폭행에 관해 어머니에게 털어놓기 전에 FBI 요원 마이클 랭먼에게 먼저 신고했다고 증언했다. 마로니는 장장 3시간에 걸쳐 피해 사실을 상세히 설명했지만 랭먼에게 들은 대답은 고작 "그게 답니까?"였다. FBI는 마로니가 제기한 혐의를 17개월 동안 보고하지 않았고 마로니의 증언을 완전히 거짓되게 주장했다. 마로니는 "그들은 내가 한 말을 거짓으로 진술하고 나를 비롯한 수많은 피해자 대신 연쇄 아동 성추행범을 보호하기로 선택했다."라고 증언했다.[30] FBI의 엉성한 대응 때문에 미시간주 정부가 체포할 때까지 나사르는 최소 70명이 넘는 젊고 어린 여성들을 더 추행할 수 있었다. 많은 법사위원회 의원들은 법무부가 나사르의 범죄를 나서서 막지 않은 FBI 요원들과 스포츠 및 정부 관리들을 형사 고발하지 않았다는 데에 분노했다. 패트릭 레이히 상원의원은 "감옥에 가야 할 사람이 아주 많다."라고 한탄했다.[31]

2012년 6월 22일, 전 펜실베이니아 주립대학교 풋볼팀 코치 제리 선더스키는 1994년부터 2009년까지 13세 미만의 소년 8명을 성적으로 학대한 45건의 사건에 대해 유죄판결을 받았다. 빈곤층 청소년을 돕는 자선단체의 대표였던 선더스키는 자신의 지위를 이용해 피해자들에게 접근했으며 그들을 펜실베이니아 주립대학교 풋볼 프로그램에 참여시키는 경우가 많았다. 펜실베이니아 주립대학교 직원 여러 명이 선더스키의 범죄를 목격했고, 유명 풋볼 수석 코치 조 패터노와 총장 그레이엄 스패니어 같은 많은 고위 관리도 그의 범죄 사실을 인지했으나 경찰에 신고하지 않았다. 2021년에 스패니어는 선더스키의 범죄에 대한 공모 혐의로 징역 2개월을 선고받았다. 이 사건의 공모자들에게서 두드러지는 공통된 특징은 펜실베이니아 주립대학교, 특히 펜실베이니아 주립대 풋볼팀에 대한 충성심이 컸다는 점이다.

현대사에서 가장 규모가 큰 성범죄자 및 공모자 집단은 가톨릭교회의 성직자들이었다. 어린 신자들을 상습적으로 성추행해 온 전 세계 사제들에 대한 뉴스가 보도되기 시작한 것은 1980년대 말부터였다. 가톨릭교회 고위 성직자들은 나라, 문화권, 시대를 가리지 않고 사제들의 성 학대 증거가 차고 넘치는데도 아무런 조치를 취하지 않았다. 20세기 동안 가톨릭교회의 지도층은 성폭력 혐의가 제기된 사제들을 으레 다른 교구로 전출해 범죄 사실을 비밀에 부치려 했다. 그러나 쉽게 예상할 수 있듯이 이런 사제들은 교구를 옮겨 다니면서 계속 아이들을 성추행했다.

그중에서도 가장 충격적인 사례는 보스턴 대주교였던 버나드 F. 로 추기경이다. 그는 20년이 넘도록 교구 내 사제들 수십 명에 대해 제기된 성추행 혐의를 제대로 처리하지 않았고, 이로 인해 수백 명의 신도가 강간을 당하는 불행이 발생했다. 로 추기경은 존 J. 지오간 신부에게 제기된 아동 성추행 혐의를 알고 있었으나, 지오간 신부가 소아 성도착증 치료를 받고 난 후 그를 교구직으로 돌려보냈다. 지오간 신부는 30년간 교구 여섯 곳에서 남자아이 130명을 성추행한 혐의로 기소되어 2002년에 교도소에 수감되었다. 과거 시민권 활동가였던 로 추기경은 모든 사실을 알면서도 범죄자들의 사제직을 유지했고 그 과정에서 많은 법을 위반했다.[32] 2004년에 교황 요한 바오로 2세가 로 추기경을 로마의 고위 사제직에 임명하면서 바티칸 시민권을 받아 향후 받을 수 있었던 형사 처벌까지 피했다. 로 추기경은 2017년에 사망했다.

악의적인 조직적 공모 행위를 보여 주는 이런 사례들을 보면 아이들을 보호할 책임이 있는 지도자들이 반복적인 아동 성추행을 허용했다는 사실을 알 수 있다. 미시간 주립대학교 총장이나 펜실베이니아 주립대학교 총장, 패터노, 로 추기경과 같은 최고위직 공모자들 대부분은 범죄자의 권위에 복종한 것이 아니라 성폭력이 발생한 자신들의 조직에 충성했다. 충성심에 관한 연구를 보면, 특히 권력자가 범죄를 일으킬 때 충성심이 어떻게 악의적인 공모로 이어지는지, 어떻게 이 함정을 피할지 더 잘 이해할 수 있다.

충성심의 명암

하버드 대학교의 철학자이자 심리학자인 조슈아 그린은 인간이 자신이 속한 '부족'의 구성원을 유리하게 대우하는 다양한 방법을 연구해 왔다. 여기서 부족이란 한 개인이 정서적 애착을 느끼는 일반 대중의 하위 집단을 말한다.[33] 부족은 가족이 될 수도 있고 종교나 민족, 조직이 될 수도 있다. 많은 사람이 참여하는 가장 작은 규모의 부족은 혼인이다. 그린은 혼인의 맥락에서 충성심이 지니는 힘과 이점을 강조한다. 당신이 26세이고 동갑내기와 결혼한다고 가정해 보자. 두 사람이 결혼을 결심했다는 사실은 두 사람 모두 상대방의 상냥함, 육체적인 매력, 유머 감각, 부, 잠재적 소득 외에도 자신에게 중요한 다른 요소들이 충분해서 중년이 되기 전에 찾아올지도 모를, 다른 배우자를 찾을 기회를 기꺼이 포기한다는 의미를 전달한다.(적어도 결혼식에서 그렇게 서약한다.) 분명한 점은 두 사람 모두 아직 앞으로 만날지도 모르는 많은 배우자감의 극히 일부밖에 만나지 못했다는 사실이다. 그렇다면 아이들과 반려견을 온종일 함께 보살펴야 하는 안정된 혼인 관계를 이루려는 마음을 불러일으키는 것은 무엇일까?(물론 결혼이 강제력이 있는 보장은 아니다. 이혼도 흔하다.) 두 사람을 묶어 주는 한 가지 명백한 힘은 사랑으로, 이것은 로맨틱한 형태의 충성심을 불러일으킨다. 그린에 따르면 이런 충성심의 결과로 두 사람 모두 더는 정기적으로 대안을 평가하거나 현재 결혼의 비용과 편익을 저울질하지 않을 만큼 상대방을 중요하게 여기는 데에 명시적으로나 암묵적으로 합의한다.

물론 우리는 살면서 평생의 반려자 외에도 많은 사람에게 충성한다. 충성심에 대한 여러 정의에는 헌신이나 신의와 같은 구성 요소가 언급된다. 이 장의 논의를 위해 충성심이란 합리적인지, 윤리적으로 바람직한지 숙고하지 않고 상대방, 타인 또는 조직의 이익을 위해 행동하는 데 전념하는 것이라고 정의한다. 이 과정에서 충성심은 시스템 1 의사결정의 근거가 되고, 보다 체계적인 사고의 가능성을 배제한다.

    많은 조직과 지도자들이 구성원에게 충성을 기대하거나 요구한다. 그중에서도 군대와 종교 단체가 특히 구성원의 충성을 중시한다. 스포츠 팀의 팬이나 정치인의 지지자들도 그러한데, 그들은 자신이 응원하는 팀, 선수 또는 지지하는 정치인의 명백한 결함을 보지 못할 정도로 충성심이 높은 경우가 많다. 심리학자들은 자기가 충성하는 사람이나 조직의 나쁜 점을 보지 못하는 인간의 특징을 동기가 있는 맹시의 단면이라고 부른다.[34] 인간은 자신이 충성을 다하는 사람들이 악행을 저지를 때 그들의 범죄행위를 못 본 척하거나 사실이 아니라고 일축하며 공모자가 되기 쉽다.

    나는 대체로 충성심이 없는 편이어서 나보다 더 충직한 성향의 사람들에게 완전히 공감하기는 어렵다. 배우자, 반려견, 내가 지도했던 박사 과정의 학생들 대부분에게는 충실하지만, 가장 좋아했던 스포츠 팀(피츠버그 스틸러스)이 유죄판결을 받은 동물 학대범을 백업 쿼터백으로 뽑았을 때 그 팀을 더는 응원하지 않기로 했다. 뉴잉글랜드 패트리어츠의 스타 쿼터백 톰 브래디가 바람을 피웠고, 빌 벨리칙 감독과 로버트 크래프트 구단주가 그의 부정을 도왔다는 증거가 나왔을 때도, 평상시에는 윤리적이지만 그 증거를 부정하는 동료들과 친구들에게는 정서적으로 공감할 수 없었다. 물론 지역 스포츠 팀을 응원하는 형태의 공모는 앞서 논의한 성범죄자들과의 공모와 완전히 차원이 다르다. 상대적으로 덜 심각한 사례를 언급한 이유는 충성심이 우리 행동에 미치는 영향을 쉽게 확인할 수 있어서다.

6장 권위와 충성

　미시간 주립대학교, 펜실베이니아 주립대학교, 가톨릭교회 등 조직의 다른 면에서는 윤리적인 사람들이 악행에 공모한 사례에서 확인한 것처럼 충성심에 어두운 이면이 있다는 사실은 분명하다. 합리적인 깊은 사고를 억제할 정도의 충성심을 지닌 사람은 타인에게 심각한 해악을 끼칠 때도 범법자와 그 조직을 도울 수 있다. 이런 경우 충성심은 덕이 아니라 악이다. 법학자 에이머스 기오라는 공모에 관한 책을 두 권 집필했는데, 첫 번째 저서 『공모죄: 홀로코스트의 방관자(The Crime of Complicity: The Bystander in the Holocaust)』는 어릴 적 홀로코스트 생존자로서의 경험을 바탕으로 썼고[35] 최근에 출간한 『방조자들(Armies of Enablers)』은 가톨릭교회, 미시간 주립대학교, 펜실베이니아 주립대학교와 같은 교회, 대학 등의 기관들이 방조한 성폭력의 생존자들을 인터뷰하고 쓴 것이다.[36] 생존자들의 말에 따르면 그들은 성범죄로 입은 육체적, 심리적 피해뿐만 아니라 공모자들이 성범죄를 막지 않았다는 사실에서도 참담함을 느꼈다. 기오라가 인터뷰한 생존자 대부분은 공모자들이 조직에 보인 이런 충성심 때문에 조직에 대한 신뢰가 훼손되었다고 했다.

　충성심은 인간 행위의 최선의 동기이자 최악의 동기이기도 하다. 충성심 하면 먼저 떠오르는 이미지는 전장에서의 영웅적 행위, 가족이나 친구를 위한 희생, 어떤 대가나 희생이 따르더라도 일에 전념하는 모습이다. 그러나 충성심은 자기가 속한 하위 집단을 위해 민족이나 나라를 배신할 때, 범죄자를 도울 때, 자기가 속한 집단의 위법행위를 알면서 함구할 때도 나타난다. 이렇듯 충성심은 집단과 조직을 하나로 묶는 데도 유용하지만, 구성원들이 부패, 사기, 폭행에 가담하게 만들기도 한다. 연구를 통해 알려진 분명한 사실은 자기가 속한 집단이 다른 집단과 경쟁 중일 때 인간은 자신의 집단을 돕기 위해 부정행위를 저지를 가능성이 아주 크다는 것이다.[37] 스포츠에서 반칙을 가까스로 면할 정도의 교묘한 속임수를 쓰거나 자기 팀을 위해 부정행위를 눈감아 주는 형태의 부정적인 충성심을 자주 목격하는 것도 이 때문이다.

충성심은 편애, 즉 외부인보다 자기 집단의 구성원을 더 관대하게 대하는 관행으로 이어지기도 쉽다. 이 말은 우리가 충성심을 보이는 사람들이 저지르는 비윤리적 행위를 막으려고 애쓰지 않을 수 있다는 의미다. 자기가 속한 집단의 일원이 엄청난 사회적 피해를 끼치는 악행을 저지르는 것을 방조하면 우리는 그들의 범죄에 공모하는 것이다.

충성에는 보상이 따른다

법학자 아디 립슨과 기디언 파초모프스키는 기업에서 나타나는 충성심의 부정적인 면을 면밀하게 연구했다. 직원들의 충성심이 높으면 으레 나타나는 누구나 아는 이점들을 설명한 후, 두 사람은 "충성심은 야누스처럼 두 얼굴을 갖고 있다. 학자들 대부분이 충성심의 긍정적인 면에 집중해 왔지만 (……) 우리는 충성심이 기업의 골칫거리로 작용할 수 있다는 사실을 입증할 것이다."라고 주장한다.[38] 그런 다음 보잉, 제너럴 모터스, 그리고 3장에서 살펴본 폭스바겐에서 있었던 최근 사건들을 통해 충성심이 불러오는 막대한 피해를 자세히 설명한다.

2018년 11월 28일, 라이온에어 항공기가 인도네시아에서 이륙한 직후 바다에 추락해 승객 189명 전원이 사망했다. 2019년 3월 10일에도 에티오피아항공의 여객기가 이륙 직후 추락해 승객 157명이 전원 사망했다. 두 사고의 항공기 모두 보잉의 신형 모델 737 맥스였다. 에티오피아항공 여객기 사고 사흘 후, 미국 연방항공청은 모든 737 맥스 여객기의 이륙을 금지했다. 미국 법무부는 기체 결함의 원인이 상당 부분 보잉이 에어버스와 판매 경쟁을 벌이느라 적절한 테스트를 거치지 않고 서둘러 신형 여객기를 출시한 데에 있다고 결론 내렸다. 이후 미국 규제 당국은 두 건의 추락 사고에 대해 25억 달러가 넘는 벌금을 보잉에 부과했다.

립슨과 파초모프스키는 737 맥스의 테스트를 맡은 수석 기술 조종사 마크 포크너의 역할에 주목했다. 테스트 도중 포크너는 연방항공청이 알면 신형 여객기의 출시를 늦춰야 할지 모를 결함을 발견했다. 훗날 포크너는 "그래서 사실상 규제 기관에 (나도 모르게) 거짓말을 했다."라고 시인했다.[39] 국정조사 결과로 밝혀진 포크너가 주고받은 이메일과 문자 메시지는 안전보다 이윤을 중시하는 보잉의 조직 문화를 드러냈다. 그렇다면 포크너는 왜 문제를 연방항공청에 숨겼을까? 바로 회사에 대한 충성심이 은연중에 행동을 결정했기 때문이다.

2014년 2월 6일, 제너럴 모터스(이하 GM)는 최종적으로 3000만 대에 육박하는 차량 리콜 작업에 착수했다. 점화장치 결함으로 일부 GM 차량이 운행 중에 갑자기 엔진이 꺼지거나 에어백이 작동하지 않았기 때문이다.[40] GM은 이 문제로 목숨을 잃은 피해자 가족 124명에게 합의금을 지급하고 9억 달러의 벌금을 내야 했다. 충격적인 것은 GM이 적어도 리콜을 하기 10년 전부터 점화장치의 결함을 알고 있었

다는 사실이다.[41]

이 사건의 중심에는 GM의 엔지니어 레이먼드 디조르조가 있었다. 디조르조는 GM 소형차의 이미지를 개선할 근사한 모양의 점화장치를 고르라는 지시를 받았다.[42] 2001년에 그가 선택한 부품 제조업체 델피의 점화장치에 결함이 발생하기 시작하자, 디조르조는 새 부품으로 교체하려 했으나 상부의 GM 제품위원회가 그의 요청을 거부했다. 디조르조는 회사 정책을 위반해 몰래 델피에 문제점을 보완한 점화장치를 주문했고, 그 덕분에 새로 생산되는 차량에서는 문제가 해결되었으나 이미 판매된 차량의 위험 가능성은 해결하지 못했다. 차량 결함에 회사가 연루되었다는 사실이 밝혀지자 GM은 애초에 불량 장치를 승인한 책임을 물어 디조르조를 해고했다.《뉴욕 타임스》에 따르면 디조르조는 자신은 "최선을 다했다는 이유로 회사에서 잘리고 형사 고발 위험까지 떠안은 충직한 노동자에 불과하다."라고 주장했다.[43] 많은 GM 직원들은 감독을 거의 받지 않는 수천 명의 중간급 엔지니어들이 고인 물처럼 정체된 조직 문화도 사건의 원인이라고《뉴욕 타임스》에 털어놓았다. 디조르조는 "내가 할 수 있는 말은 내 일을 했을 뿐이라는 것이다."라고 항변했다. "나는 거짓말도 하지 않았고 누굴 속이거나 무엇을 훔치지도 않았다. 최선을 다해 내 일을 했다."[44] GM의 고위 관리들은 디조르조가 사실을 은폐하도록 동기를 제공하고 그의 업무를 적절히 감독하지 않음으로써 점화장치 결함으로 벌어진 사망 사고의 공모자가 되었다. 조직에 대한 충성심으로 고객들의 죽음에 중대한 영향을 미친 디조르조도 마찬가지였다.

립슨과 파초모프스키는 폭스바겐의 배기가스 조작 사건을 제임스

로버트 리앙이라는 자동차 엔지니어를 중심으로 설명한다. 2016년, 리앙은 폭스바겐에서 미국 배기가스 테스트를 속이는 소프트웨어를 개발하여 10년 가까이 소비자들을 기만한 사기 사건에 책임이 있음을 인정했다. 자신과 동료들이 미국 배기가스 기준에 부합하는 디젤 엔진을 만들지 못해서 테스트 검사를 조작할 수 있는 소프트웨어를 개발했다고 시인한 것이다. 그러나 리앙은 상부 지시를 따랐을 뿐이라고 주장했다. 리앙의 변호사 대니얼 닉슨은 "고용주에 대한 잘못된 충성심을 맹목적으로 실행한 것"이라고 설명했다.[45] 리앙의 사건을 심리한 미국 연방 지방법원은 이에 동의하며 그가 1980년대부터 일해 온 폭스바겐에 "지나치게 충성"했다고 지적했다.[46] 리앙은 공모죄로 40개월 형을 선고받고 연방 교도소에 수감되었다.

포크너, 디조르조, 리앙이 끔찍한 기업 스캔들에 가담하게 된 것은 회사에 대한 충성심에서 비롯되었다. 충성심은 왜 개인의 윤리부터 자유, 타인의 생명에 이르기까지 거의 모든 것을 희생하도록 만드는 것일까? 생물학자 E. O. 윌슨은 기념비적인 1975년 저작 『사회생물학』에서 충성의 진화론적 뿌리를 지적한다.[47] 윌슨에 따르면 초기 인류의 부족사회 구성원들은 부족과 협력해서 더 나은 번식 기회를 얻었지만, 그러기 위해서는 근시안적으로 규정된 이기심에 맞서 싸워야 했다.[48] 충성스러운 구성원들이 부족을 위해 개인적인 희생을 감수하면 전체적으로는 모든 부족 구성원이 그런 행동으로부터 이익을 얻는다. 분명한 사실은 협력하는 부족이 협력하지 않는 부족보다 번식과 생존 가능성이 더 크다는 점이다. 그러므로 충성심은 집단의 생물학적 건강을 향상하며, 인간이 자기가 속한 집단에는 도움이 되지만 사회에는 해가 되는 행위에 계속 가담하는 이유를 설명해 준다. 그러나 소속 집단의 생존을 돕는다고 해서 그 행동이 도덕적이거나 합법적인 것은 아니다. 그런 행동은 우리를 악행의 공범으로 만들 수도 있다.

어떤 집단에 충성할지에 관한 개인의 결정도 공모 여부를 좌우할 수 있다. 철학자 피터 싱어는 소속감을 느끼는 집단의 규모가 클수록 윤리적인 결정을 내린다고 주장한다.[49] 싱어가 설명하는 공리주의는 모든 사람의 이익을 동등하게 취급하여 다른 사람들 또는 심지어 다른 종(種)보다 자기가 속한 집단의 구성원을 더 가치 있게 여길 여지를 남기지 말아야 한다고 주장한다. 우리는 대개 지구 반대편에 있는 사람들을 자기 가족만큼 중요하게 여길 마음이 없고 그렇게 여길 수도 없다. 그러나 관심의 영역을 확장하면 더 윤리적으로 행동할 수 있고 세상에 더 큰 가치를 창출할 수 있다는 게 싱어의 주장이다. 사회생물학적 이유로 확대가족과 같은 작은 규모의 부족을 중시하게 되었을지 모르지만, 싱어는 인간이 인지적 진화를 통해 소집단을 돌보는 것을 넘어 자신의 사회를 확장하는 윤리적인 능력을 갖게 되었다고 강조한다.[50]

가까운 가족에 대한 무조건적인 충성은 대체로 이해할 만하다. 그런데 해고가 빈번하고 CEO와 일반 노동자의 임금 차이가 너무나 큰 요즘 시대에도 회사에 지나친 충성을 보이는 이유는 무엇일까? 시장에서 살아남으려면 충성심이 높은 직원을 더 많이 둔 조직이 경쟁 우위를 가질 수 있다는 점도 그 이유일 것이다. 가족이나 교회, 주민 단체와 달리 회사는 충성심에 근거하여 구성원을 선발하고 충성심이 약하다고 판단되는 직원을 해고할 수 있다는 이유도 있다. 이렇듯 충성에는 보상이 따르기 때문에 직원들이 회사의 활동이나 사업에 맹목적인 믿음을 갖도록 만들기도 한다. 조직의 이해와 사회 전체의 이해 사이에 갈등이 발생할 때, 충성심이 높은 직원은 무엇이 윤리적인 행동인지 고민하지 않는다. 그 대신 시스템 1의 사고에 속하는 충성심에 기대어 조직을 위해 비윤리적인 행위를 저지르거나 그런 행위에 동조한다.

침묵의 파란 벽

2020년 5월 25일 백주에 미니애폴리스 경찰관 데릭 쇼빈이 조지 플로이드를 살해했다. 이 끔찍한 사건은 비디오에 고스란히 찍혔고 이후 경찰의 폭행과 과잉 진압에 항의하는 시위가 미국 전역에 들불처럼 번져 나갔다. 현장에 있던 3명의 미니애폴리스 경찰관, J. 알렉산더 쿠엥, 토머스 레인, 토우 타오는 쇼빈이 무장도 하지 않은 남자를 살해하는 것을 보면서도 제지하지 않았다. 2022년 2월 24일, 쿠엥, 레인, 타오는 쇼빈이 플로이드를 살해하는 동안 개입하지 않아 플로이드의 시민권을 침해함으로써 연방법을 위반한 혐의로 유죄를 선고받았다. 이 3명은 미네소타주에서도 재판을 받을 예정이다.[51] 쇼빈의 살해 사건과 관련하여 독특한 점은 세 경찰관이 쇼빈에게 충성했다는 사실이 아니라 사회가 그들의 명백한 범죄에 책임을 묻고 있다는 사실이다.

미국에는 '침묵의 파란 벽'이라는 용어가 있다. 동료의 실수, 부정행위, 폭행을 비롯한 범죄에 조치를 취하지도 보고하지도 않을 만큼 동료 경찰관에게 의리를 지키는, 비공식적이지만 경찰 조직 문화에 깊숙이 자리한 침묵 규범을 말한다. 불법이고 비공식적인 문화인데도 침묵의 파란 벽은 조직적이고 제도화되어 있다.

2021년 5월, AP통신이 한 번도 공개된 적 없는 경찰의 보디캠 영상 하나를 공개했다. 영상은 2019년 5월 10일에 찍힌 것으로, 루이지애나주의 백인 경찰관들이 로널드 그린이라는 무장하지 않은 흑인을 과속 추격 끝에 전기 충격기를 발사해 체포하고 구타하고 질질 끌고 가는 모습이 담겨 있었다. 그린이 추격전을 사과하며 살려 달라고 애원하는데도 경찰들은 그를 엎드려 눕힌 뒤 수갑을 채워 9분 넘게 방치했다. 현장에 있던 경찰관은 모두 6명이었다. 응급실 의사가 작성한 진단서에 따르면 그린이 병원에 도착했을 때는 이미 죽은 상태였으며, 피투성이에 곳곳에 멍이 들었고 등에 두 갈래 전기 충격기 자국이 있었다. 그린이 나무를 들이박고 죽었다는 경찰관들의 주장에 의사는 "말이 안 된다."라고 썼다.[52] 그런데도 연방 군의 검시관은 그린의 사망 원인을 사고에 의한 심장마비라고 결론 내렸다.

사고 현장에 있었던 경찰관 중에 크리스 홀링즈워스는 사무실에 돌아와 그린을 "신나게 두들겨 패고" 그린이 "피를 토하고 (……) 갑자기 축 늘어질 때"까지 "그의 목을 조르고 온갖 짓을 다해 그를 제지했다."라며 동료에게 자랑했다.[53] 루이지애나주 경찰은 나중에 그린이 병원으로 이송되던 중에 죽었다고 시인했지만, 그린의 가족, 정치인, 언론의 압박이 점점 거세지자 사건 후 15개월이 지나서야 비로소 조사에 착수했다. 루이지애나주 경찰은 현장 영상 공개를 거부하며 경찰관들의 무력 사용은 정당했다고 주장했다. 홀링즈워스는 결국 해고되었으나 현장에 있었던 나머지 5명은 해고되지 않았다.

AP는 후속 조사를 통해 최근 10년 동안 루이지애나주 경찰관 또는 그 상관들이 용의자들을 구타한 증거를 무시하거나 은폐한 경우가 최소 12건이 넘는다는 사실을 밝혀냈다.[54] 또 경찰관들이 용의자를 쫓을 때 일상적으로 보디캠을 끄거나 무음으로 해 두었다는 사실도 드러났다. 경찰청은 녹화된 영상도 대개 공개를 거부하고 돌려보지도 않았으며 "디지털 보관실"에서 분실했다거나 찾아도 없다는 듯이 굴었다.[55] 경찰관들은 공식 보고서에 머리 가격과 같은 무력 사용을 빼 버리고 용의자가 공격적이라고 거짓으로 묘사하기도 했다. 경찰에게 구타당한 사람들은 대부분 흑인이었다.

컬럼비아 대학교 사회학과의 연구자 무사 알가르비는 《애틀랜틱》에 기고한 글에서 "부도덕한 경찰들은 나쁜 일을 저지르고도 처벌을 피하는데, 부패에 맞서고 과실이나 폭행을 보고하며 비윤리적인 지시를 거부하는 경찰들은 소외되거나 강등되며 아예 해고되는 경우도 많다."라고 썼다.[56] 알가르비는 버펄로 경찰관 캐리올 혼의 사례를 들어 설명했다. 범죄 현장에 도착한 혼은 동료 그레고리 콰이엇카우스키가 수갑을 채운 흑인 남성의 목을 조르고 있고 다른 동료들이 가만히 지켜보는 것을 목격했다. 혼은 콰이엇카우스키에게 용의자를 죽이지 말라고 애원했다. 콰이엇카우스키가 혼의 말을 무시하자 혼은 용의자의 목을 감고 있던 그의 팔을 잡아당겼고, 이에 격분한 콰이엇카우스키는 혼의 얼굴을 주먹으로 때렸다. 버펄로 경찰은 동료 경관을 폭행한 콰이엇카우스키를 처벌하는 대신 공무 집행 방해를 이유로 혼을 해고했다.[57] 이후 콰이엇카우스키는 또다시 근무 중에 동료의 목을 조르고, 비번일 때 다른 동료를 폭행했으며, 수갑을 찬 흑인 10대 4명에게 폭력을 행사했다. 그는 흑인 10대들을 폭행한 사건을 비롯하여 여러 체포 과정에서 있었던 과잉 진압에 대해 유죄를 인정했다. 그러나 고작 4개월 형을 선고받았으며, 혼과 달리 경찰에서 은퇴하여 연금을 챙길 수 있었다.

알가르비는 과잉 진압을 저지하려 하거나 공개적으로 이야기하려는 경찰관들은 대개 무거운 처벌을 받거나 해고되는데, "경찰 조직은 최소 17건의 위법행위 고발이 있고 사람을 사망에 이르게 할 만한 무력을 쓴 전과가 수차례나 되는 쇼빈과 같은 경찰들을 보호한다."라고 결론 짓는다. "소위 썩은 사과가 아니라 좋은 사과를 본보기로 처벌하는 관행은 아마도 미국의 치안에서 가장 중요하지만 자주 도외시되는 문제 중 하나일 것이다."[58]

2021년에 유명 의학 저널 《랜싯》에 발표된 워싱턴 대학교 연구진의 연구에 따르면 경찰 폭력을 은폐하는 공모자들의 네트워크는 방대하다.[59] 연구진은 사망진단서를 수집하는 생정통계의 정보와 뉴스 보도나 공문 요청을 통해 경찰 살해를 추적하는 기관들의 데이터를 비교하여, 1980년부터 2018년까지 검시관들이 경찰과 관련된 사망 사고 3만 1000여 건 가운데 1만 7000건, 즉 55퍼센트에 달하는 사망자의 사망 원인을 심장마비와 같은 다른 사인으로 기록했다는 사실을 발견했다. 로널드 그린의 사례처럼 검시관이 경찰의 사건 관련성을 조사하지 않거나 사망진단서에 그 사실을 언급하지 않은 경우도 있었다. 어떤 사망 사건들은 국가 데이터베이스에 틀리게 작성되어 있기도 했다. 조지 플로이드 사건에서 헤너핀 카운티의 검시관은 목격자가 찍은 영상으로 플로이드가 경찰관에게 질식사당한 것이 분명해졌는데도 마약 복용과 기저 질환이 사망 원인이라는 경찰의 주장을 뒷받침하며 그의 사인을

"심폐 정지"라고 기재했다.《뉴욕 타임스》에 따르면 검시 제도는 "치안 당국과의 유착 관계 때문에 오랫동안 비판을 받아 왔다. 법의학자들은 수사관이나 검사들과 정기적으로 협의하며, 경찰청이 법의학자를 직접 고용하는 관할구역도 있다."[60] 경찰, 상관, 검시관 들은 동료 경찰이 저지르는 폭력 사건의 정확한 건수를 숨기는 데에도 수시로 협조해 왔다. 선출 공무원도 경찰 체계를 개혁하는 데에 실패하면 공모자 대열에 합류하는 경우가 많다.

왜 인간은 권위에 복종하고 충성하는가

이 장 앞부분에서 도덕적 행위의 구성 요소에 관한 견해가 사람마다 다르다는 심리학자 조너선 하이트의 주장을 언급했다. 그는 구체적으로 여섯 가지 핵심적 도덕 기반, 즉 배려, 공정성(또는 정의), 권위에 대한 존중, 충성심, 신성함(또는 정통성), 자유를 각각 얼마나 중시하는지에 따라 사람마다 도덕성에 관한 견해가 다르다고 설명한다.[61] 각각에 대한 정의는 다음과 같다.

- 배려는 친절, 양육, 보호, 가난한 이들의 고난이나 고통에 대한 이해의 관점에서 도덕성을 판단한다.
- 공정성은 권리와 정의의 관점에서 도덕성을 판단한다. 공정성을 옹호하는 사람마다 공정성의 정의는 다르지만(이를테면 평등으로 판단해야 하는지 아니면 형평성으로 판단해야 하는지), 전반

적인 핵심은 무엇이 공정한지를 결정하는 데 있다.
- 충성심은 집단의 이익을 위해 기꺼이 희생하는 마음이나 애국심의 관점에서 도덕성을 판단한다.
- 권위는 지도자, 복종, 전통을 중시하는 관점에서 도덕성을 판단한다.
- 신성함은 정통성과 존엄성의 관점에서 도덕성을 판단한다. 이 관점은 비인간 동물과 달리 인간에게 영혼이 있다는 견해에서 작용하는 경우가 많다.
- 자유는 자유의 가치와 그에 대한 권리라는 관점에서 도덕성을 판단한다. 이 관점은 개인의 권리에 중점을 두고, 국가의 뜻을 국민에게 강요하는 것에 반대한다.

하이트는 오늘날 미국을 비롯한 여러 나라에서 나타나는 정치적 양극화 현상이 좌파와 우파가 도덕성을 다르게 정의하기 때문이라는 증거를 제시한다. 양측이 내놓는 도덕성의 정의는 예상대로다. 좌파는 배려와 공정성에 집중하는 편이고 우파는 권위, 충성, 신성함, 자유에도 주목한다. 하이트의 연구는 논쟁의 여지가 아주 많다. 많은 좌파 성향의 사회과학자들은 하이트가 권위, 충성심, 신성함, 자유를 도덕 기반으로 인정하는 것은 비윤리적 행위를 승인하는 것과 다름없으며 그것들은 고려해야 할 도덕적 요소가 아니라고 생각한다. 그들은 충성, 권위, 신성, 자유의 문제에 근거하여 정의와 타인에 대한 배려를 무시하는 것이 정당화될 수 없다고 주장한다. 그러나 하이트는 정치적 좌파가 유권자 다수의 관점을 아우르지 않는 두 가지 도덕 기반에만 논의를 국한하면 선거에서 이길 수 없다고 반박한다.

나는 개인적으로 다른 인간(그리고 다른 종)과 공정성에 관심을 기울이면 충성스럽고 순종적이며 순수하고 독립적인 성향이 비윤리적인 결정을 불러오는 상황을 인식할 수 있다고 생각한다. 최대 다수의 최대 행복을 선호하는 내 성향을 고려하면 더욱 그렇다. 나는 무가치한 충성심이나 악행을 일삼는 지도자에게 복종하는 것을 지지하지 않는다. 이 장에서 나는 공모자들이 충성심이나 권위에 대한 복종을 억누르고 정의감이나 타인에 대한 배려를 바탕으로 행동했어야 한다고 생각하는 여러 사례를 설명했다. 그렇지만 하이트의 이론이 사람마다 도덕적 행위를 다르게 판단한다는 사실을 이해하는 데 유용하다는 것을 인정한다. 도덕성을 정의하는 기준이 다르다면 도덕적인 행위와 부도덕한 행위를 구분하는 것도 다를 것이다.

하이트의 이론은, 비록 그들의 선택에 동의하지는 않지만, 부도덕한 권력자에게 복종하는 사람들의 행위를 이해하는 데에 도움을 주기도 한다. 정치적 성향을 떠나 우리가 각자의 조직에서 하는 역할을 설명하는 데에도 유용하다. (종교, 기업, 가족 내) 권력자들이 왜 충성스러운 사람을 선발하고 충성스러운 행위에 보상하는지도 더 쉽게 이해된다. 그러나 충성심을 윤리적이라고 생각하기 시작하고 시스템 1의 반응을 보인다면, 조직에서 비윤리적인 일이 벌어질 때, 특히 권력자가 그 일을 자행할 때 소신 있게 목소리를 높일 수 없을 것이다. 그 악이 영속하는 것을 돕게 될 수도 있다. 집단 구성원들이 권력자에게 절대적인 믿음을 가지면 권력자의 악행에 공모하지 않을 이유를 찾지 못한다.

7장 타인에 대한 신뢰

 2021년 여름, 이 책의 초고를 거의 마무리했을 무렵 권위 있는 사회과학자 우리 시몬손, 조 시먼스, 레이프 넬슨이 학술 블로그 '데이터 콜라다(http://datacolada.org/98)'에 "부정직함에 관한 영향력 있는 현장 실험 연구의 조작 증거"라는 제목의 글을 게재했다.[1] 세 사람은 그동안 널리 인용된 논문 「마지막에 서명하는 것보다 처음에 서명하는 것이 윤리를 더 의식하게 만들고 부정직한 자기 보고를 감소시킨다」가 조작되었음을 보여 주는 설득력 있는 증거를 제시했다. 안타깝게도 그 논문은 내가 공저자로 참여한 연구였다. 내가 조작한 것은 아니었지만, 어쨌든 나는 세 사람이 밝혀낸 연구 조작의 공범이었다. 나의 공모 행위에 핵심적으로 작용한 것은 다름 아닌 타인에 대한 신뢰였다.
 이 장은 이 사건에서 내가 공모자가 될 위험과 신뢰가 주는 많은 이점 사이에서 고군분투했던 경험을 기록했다. 나는 소극적인 관찰자와는 거리가 멀었다. 데이터에 윤리적인 문제가 있을지 모른다는 사실을 알았을 때 명확한 설명을 요구했다. 하지만 더 강경하게 나갔어야 할 상황에서 주어진 해명을 너무나 선뜻 수긍했다. 더 확실한 답을 요구하지 않음으로써 공모자가 되는 길을 자초했다.

나는 리사 슈, 니나 머자, 프란체스카 지노, 댄 애리얼리와 함께 문제의 논문을 2012년 《미국국립과학원회보》에 발표했다.[2] 논문의 목적은 소득세 신고나 자동차 보험회사에 주행거리를 보고하는 일처럼 양식을 작성할 때 더 정직한 응답을 유도하는 간단한 간섭 요소를 확인하는 것이었다. 구체적으로 말해서, 우리는 세 가지 실험 결과를 바탕으로 사람들이 양식을 작성하기 전에 사실대로 말할 것을 약속하는 문구에 서명하면, 정보를 기입한 후에 서명하는 경우보다 더 정직하게 양식을 작성한다고 주장했다. 진실을 말해야 하는 의무를 처음에 상기시키면 사람들이 더 정직하게 응답하리라고 예상했고, 실제로 우리 실험도 그것을 증명하는 듯했다.

논문은 이전에 발표된 적 없는 두 가지 실험 연구를 결합한 것이었다. 첫 번째는 슈, 지노, 내가 '먼저 서명하기' 효과를 분명하게 보여 준다고 주장한 2개의 실험실 실험이었고, 두 번째는 보험회사에서 수행된 현장 실험으로 애리얼리가 여러 공개 토론회에서 설명한 적 있는 연구였다. 지노가 먼저 애리얼리에게 연락을 취했고, 두 연구 결과를 결합하자는 제안에 애리얼리는 긍정적으로 대답하면서 해당 연구를 니나와 함께 해 왔으니 니나도 공동 연구팀에 합류해야 한다고 말했다. 2021년 스캔들이 터진 후, 니나 머자는 애리얼리와 진행한 이전 연구는 '먼저 서명하기'라는 아이디어를 언급했을 뿐 두 사람은 지노의 연락을 받기 전까지 해당 주제를 적극적으로 연구하지 않았다고 해명했다. 그러나 지노가 머자에게 연락했을 때 그녀도 "힘을 합치는 건 좋은 생각"이라며 연구팀 합류에 동의했다. 2011년 초 우리 5명은 연구 결과를 결합한 뒤, 두 프로젝트가 서로의 취약점을 보완한다는 사실을 깨달았다. 슈, 지노, 내가 수행한 연구는 잘 통제된 실험실 실험이었고 머자와 애리얼리의 연구는 보험회사에서 수집한 데이터를 이용하여 진행한 현장 실험이었기 때문이다.

우리는 현장 실험에서 고객들이 주행거리를 보고하기 전 또는 후에 사실 진술 서명을 했다고 들었다. 주행거리가 길면 보험회사가 더 많은 금액을 부과하기 때문에 고객들은 주행거리를 (거짓으로) 더 적게 신고하는 일에 금전적인 유인 요소가 있는 셈이었다. 표면적으로는 고객에게서 데이터를 두 번 수집한 것으로 보였다. 첫 번째는 연구자가 개입하기 전에 신고된 주행 기록이었고, 두 번째는 연구자가 고객들에게 두 가지 조건 중 하나(신고 이전 또는 이후에 사실 진술 서명)를 지정한 후에 신고된 주행 기록이었다. 현장 실험의 핵심 측정 항목은 신고된 두 주행거리의 차이였다. 이를 통해 고객이 해당 기간에 주행한 거리가 얼마나 되느냐를 측정할 수 있었다. 고객이 두 가지 조건 중 하나에 무작위로 배정되는 것이 중요했는데, 그래야만 두 번째 주행거리를 신고할 때 사실 진술 서명 시점에 따라 주행거리 신고에서 관찰되는 차이를 인과적으로 설명할 수 있기 때문이었다. 현장 실험은 고객들에게 두 가지 조건 중 하나를 무작위로 지정한 것처럼 묘사되어 있었다.

2011년 2월, 모든 연구자가 새로운 통합 논문의 초고를 받았다. 내가 논문을 살펴보기 전에 지노, 슈, 머자가 먼저 검토에 들어갔다. 이때가 바로 내가 보험회사 실험의 데이터를 상세하게 검토했어야 할 첫 번째 기회였다. 이 실험의 보고서에 따르면 주행거리 보고 후에 사실 진술 서명을 한 고객들은 지난해에 2만 3671마일을 주행했고, 주행거리 보고 전에 서명한 고객들은 같은 기간 동안 2만 6098마일을 주행한 것으로 나타났다. 사실 진술 서명을 먼저 한 고객들이 나중에 한 고객보다 무려 2427마일을 더 주행했다고 신고한 것이다. 이는 매우 큰 수치로 통계적으로 유의미한 차이였다. 곧 양식 맨 처음에 사실 진술 서명을 하면 자신이 기입할 내용을 윤리적 차원에서 고려하여 주행거리를 실제보다 적게 신고하는 거짓말을 덜 한다는 의미였다.

그런데 보험회사 실험 데이터에 석연치 않은 점이 있었다. 구체적으로 말하면 두 경우 모두 사람들이 한 해에 그렇게 많은 거리(평균 2만 4000마일, 즉 3만 8600킬로미터)를 주행했다는 사실이 이상했다. 나는 2011년 3월에 공동 연구자들에게 이메일을 보냈다. "1년 평균 주행거리가 너무 커 보입니다. 내가 예상했던 수치의 2배예요. 그냥 내가 틀린 건가요? 샘플이 이상한 건가요? 아니면 데이터 기록에 오류가 있나요?" 애리얼리는 곧바로 내게 짧은 답장을 보냈다. "주행거리 데이터는 정확합니다." 이후 몇 주에 걸쳐 하버드에서 슈와 지노를 직접 만나 여러 차례 회의를 거치며 해당 데이터에 대한 나의 의구심, 특히 주행거리 수치가 비정상적으로 높은 것 같다는 우려를 분명하게 전했다.

내가 여러 차례 우려를 나타내면서 연구자 5명 사이에서 상세한 논의가 이어졌다. 2011년 4월, 애리얼리는 이메일로 데이터의 출처에 관한 더 자세한 정보를 보내면서 이렇게 적었다. "우리 데이터는 주로 플로리다주에 거주하는 노년층이었습니다. 그런데 어떻게 그런 데이터가 나왔는지, 정확히 누구를 대상으로 한 것인지 알 수 없으며(응답자는 모두 미국은퇴자협회 회원이었다.) 양식도 보여 줄 수 없고……." 나는 여전히 고객들의 주행거리 수치가 왜 그렇게 높은지 이해할 수 없었고, 2011년이 지날 때까지 납득할 만한 대답을 듣지 못했다.

 2012년 1월, 샌디에이고에서 열린 한 전문가 회의에 참석했다가 내가 박사 과정을 지도한 학생이자 여러 논문의 공동 저자이며 친구이기도 한 리사 슈를 우연히 만났다. 슈는 니나 머자와 함께 있었는데, 머자를 실제로 만난 것은 그때가 처음이었다. 슈의 소개로 인사를 나눈 후, 나는 그동안 질문했던 주행거리 문제에 대한 애리얼리의 대답이 불명확하다는 사실이 매우 우려스럽다고 말했다. 그러면서 슈와 머자에게 데이터가 노년층 인구의 것이라는 애리얼리의 설명이 주행거리 수치가 비정상적으로 높은 원인은 아닌 것 같다고 했다. 머자는 그 자리에서 노트북을 꺼내 문제의 데이터 파일을 찾았다. 그녀는 애리얼리가 해당 문제를 충분히 설명하지 못하긴 했지만, 우리가 이야기하는 것이 데이터 설명 방법과 관련된 사소한 문제라고 말했다. 내 기억으로 당시 머자는 먼저 서명하거나 나중에 서명하는 조건을 지정하기 이전에 고객들이 신고한 첫 번째 주행거리 수치 때문에 이 혼란이 발생했다고 생각했다. 구체적으로는 처음 접수된 수치가 언제 측정된 것인지 불명확하고, 두 번째 수치가 1년도 더 지나 측정되었을지 모른다고 설명했다. 그렇다면 해당 연구 보고서의 초고에서 두 번의 주행거리 신고가 1년의 차이를 두고 이루어졌다고 진술하는 것은 정확하지 않았다. 주행거리 데이터가 틀렸다기보다 두 차례 주행거리 신고 사이의 시간 차이가 불명확하다는 말이었다. 머자의 설명은 그럴듯했고 내가 일반적으로 공동 연구자들에게 갖는 신뢰에도 어긋남이 없었다. 나는 그때까지 공동 연구자가 조작된 데이터를 제공했을 가능성을 단 한 번도 생각한 적이 없었다. 그때도 머자가 애리얼리와 보험회사에서 받은 데이터가 조작되었을지 모른다는 생각은 전혀 하지 못했다.

나는 많은 질문을 던졌다. 그러므로 지금 이야기하는 공모 경험은 소극적 태도에서 비롯된 것이 아니다. 그렇지만 내가 하지 않은 일에 주목해야 한다. 나는 보험회사 데이터를 직접 확인하지 않았다. 실제로 2021년에 언론에서 이 문제가 불거졌을 때 해당 데이터를 직접 확인할 수 있었다는 사실조차 모르고 있었다. 그러나 사실이었다. 2012년에 머자가 드롭박스에 데이터 파일을 업로드하고 모든 공동 연구자에게 접근 권한을 주었지만 나는 그 파일을 열어 보지 않았다. 공동 연구자들을 믿었기 때문이다. 2021년에 우리 시몬손과 2012년 논문의 공동 연구자들[3] 몇몇 덕분에 내게 드롭박스의 해당 파일에 접근할 권한이 있다는 사실을 알았다. 그때 30분이라도 들여서 문제의 데이터를 확인했다면 이 데이터 조작 사건의 문제점을 일찌감치 알아차렸을 것이다. 데이터를 확인하지 않은 것은 공동 연구자들을 신뢰해서였다. 이 신뢰는 근거 없는 것이었고 결국 나는 연구 조작의 공범이 되고 말았다.

애리얼리가 보험회사와 더 자세한 이야기를 나눈 뒤, 우리는 머자가 구두로 정리한 대로 현장 데이터 수집 과정에 관한 설명을 수정했다. 나는 애리얼리의 이전 답변이 부적절하다고 생각했지만, 우리가 새로 수정한 내용이 맞고 연구 결과의 근거가 확실하다고 믿고 싶었다. 리사 슈는 당시 나의 지도를 받고 있던 대학원 학생이었고 일자리를 구할 때 연구 포트폴리오에 해당 연구를 진행 중인 연구로 기재하고 있었다. 나는 슈가 잘되기를 기원했고 그 논문이 그녀가 다음 단계로 나아가는 데에 도움이 되기를 바랐다. 그로부터 10년이 지나 이 책을 쓰는 지금, 당시 내가 동기가 있는 맹시에 빠졌을 수도 있었겠다는 생각이 든다.[4]

함께하는 동료를 신뢰하는 것

2012년에 발표된 문제의 논문은 엄청난 주목을 받았다. 2021년 말까지 다른 논문에 인용된 것만도 500번 가까이 되었다.[5] 많은 기관이 우리 아이디어를 도입하여 양식 끝에 있던 서명란을 제일 위로 옮겼다. 나는 연구의 핵심 결과, 즉 먼저 서명하는 것이 나중에 서명하는 것보다 사람을 더 정직하게 만든다는 결론이 옳다고 믿었다. 해당 연구를 여러 대학에서 소개했고 MBA 강의에서도 가르쳤다. 여러 기관에게 컨설팅을 할 때도 서명란을 양식 최상단으로 옮기라고 조언했다.

2016년 9월, 나는 스튜어트 베이저먼에게 이메일을 받았다. 그는 보험 산업을 온라인 기반으로 전환하는, '인슈어테크'라고 알려진 신흥 산업 분야의 IT 업체 슬라이스 랩스(Slice Labs)의 공동 창업자였다. 베이저먼의 이메일 내용은 다음과 같았다. "며칠 전, '청구의 심리학'에 관한 정보를 수집하다가 우연히 「마지막에 서명하는 것보다 처음에 서명하는 것이 윤리를 더 의식하게 만들고 부정직한 자기 보고를 감소시킨다」를 보았습니다. (……) 물론 논문과 선생님의 성함이 눈길을 끌었습니다. 시간이 되신다면 선생님과 선생님의 연구에 관해 듣고, 우리 슬라이스 랩스에서 구축하고 있는 기술과 어떤 관련이 있을지 고견을 듣고 싶습니다."

나는 곧장 베이저먼을 만났고 슬라이스 랩스의 컨설턴트로 일하기 시작했다. (우리 둘의 성이 매우 비슷한 걸 보고 아내가 DNA 검사 키트를 주문해 주었다. 검사 결과 우리가 매우 먼 친척뻘이라는 사실을 알았다.) 컨설팅 업무에는 슬라이스 랩스를 도와 보험 청구자들이 온라인에서 사실을 진술하도록 유도하는 플랫폼을 구축하는 일도 포함되어 있었다. 슬라이스 랩스와 협업하면서 나의 관심사는 '먼저 서명하기'라는 아이디어를 통해 온라인에서 사람들이 질문에 답하고 의사결정을 내릴 때 진실을 말하도록 유도하는 방법으로 확대되었다.

2017년, 나는 당시 하버드 대학교 박사 과정 학생이었던 아리엘라 크리스털, 당시 하버드 대학교 조교수였던 애슐리 윌런스와 함께 온라인상의 정직성이라는 좀 더 폭넓은 문제를 검토하는 합동 연구를 시작했다. 슬라이스 랩스가 이 연구 결과에 관심을 보일 것을 알고 있었으므로, 연구를 시작하기 전에 경영대학원 측에 하버드 경영대학원의 자원을 활용하여 기초 연구를 진행해도 되는지 확인했다. 해당 연구와 내 컨설팅 업무 사이에 이해관계 충돌의 가능성이 있었기 때문이다. 나는 학교로부터 가능하다는 허가를 받았다.

슈, 머자, 지노, 애리얼리와 함께 발표한 2012년 논문에서 먼저 서명하기가 효과적이라는 결론이 있었기에 온라인 환경에서도 먼저 서명하기 전략의 효과를 증명하면서 시작하는 것이 당연하다고 생각했다. 2012년 논문의 실험실 연구는 참가자들이 직접 실험실을 방문했고, 데이터는 실물 양식을 사용하여 수집했다. 나는 크리스털, 윌런스와 함께

할 연구가 단순히 2012년 논문 결과를 온라인 환경에서 다시 도출하는 간단한 확대 연구가 되리라 생각했다. 그러나 같은 결과를 도출하려던 첫 번째 시도는 실패하고 말았다. 다시 말해 사람들이 온라인 양식에 먼저 서명을 하든 나중에 하든 기재 내용이 통계적으로 다르지 않았다. 우리는 네 번을 더 시도했고 네 번 모두 같은 결과를 도출하는 데 실패했다.

그렇게 2012년 연구에서 통계적으로 유의미한 일반적 효과라고 보고했던 결과를 다시 도출하는 데에 다섯 번에 걸쳐 실패했다. 나와 크리스털, 윌런스는 다음 단계로 2012년 연구의 실험실 실험 중 하나를 대규모 샘플로 그대로 재연하기로 했다. 크리스털과 윌런스는 대립하기보다 협력적인 관계를 형성하기 위해 2012년 논문의 나머지 연구자들(슈, 머자, 지노, 애리얼리)을 프로젝트에 초대하자고 제안했고, 4명 모두 프로젝트에 합류했다. 이후 우리 7명은 또다시 먼저 서명하기 효과를 재연하는 데 실패해 결국 2020년에 이 연구 실패를 기록한 논문을 《미국국립과학원회보》에 발표했다.[6]

2012년 논문 결과 재연에 실패했음을 기록한 2020년 논문을 작성하는 과정에서 크리스털이 2012년 논문의 현장 연구에서 기준치가 되는 **첫 번째 주행거리**(보험회사가 먼저 서명하기 또는 나중에 서명하기 조건을 제시하기 최소 1년 전에 고객들이 신고한 주행거리)에서 이상하리만큼 큰 차이를 발견했다. 다시 말해 연구자들이 개입하기 이전에 첫 번째 주행거리를 보고한 두 집단 사이에 엄청난 차이가 있었다. 주행거리 보고 이후에 사실 진술 서명을 한 운전자들이 제공한 기준 주행거리는 7만 5035마일이었던 반면, 먼저 서명한 운전자들이 보고한 기준 주행거리는 5만 9693마일이었다. 연구자들은 이런 것을 "무작위화 실패"라고 부르는데, 이는 연구자들이 개입하기 이전에 중요한 결과에 대한 두 가지 조건이 달랐다는 의미다. 두 조건이 우연히 이렇게 큰 차이를 보일 확률은 1만 분의 1도 안 되기 때문에 무작위 실험이 제대로 이루어졌는지 의문이 제기되었다. 나는 이런 우려를 6명의 공동 저자들에게 전했고, 결국 우리는 2020년 논문에서 측정 이전의 엄청난 수치 차이를 밝히기로 합의했다.

실험 재연 프로젝트를 진행하면서 나, 크리스털, 윌런스는 새 연구가 2012년 논문의 결과를 무효화하는 정도와 관련하여 애리얼리, 머자와 잦은 의견 충돌을 빚었다. 나와 크리스털, 윌런스는 먼저 서명하기 효과가 다시 도출되지 않는다는 관점을 분명하게 표명하고 싶었지만 애리얼리와 머자는 그저 재연 실패 연구로 결론을 한정하려고 했다. 합의에 이르기 위해 나는 아주 많은 부분을 양보했다. 그 결과 2020년 논문은 내가 주장했던 만큼 2012년 논문에 비판적이지 않았다. 나를 포함해서 2020년 연구자들 중 어느 누구도 2012년 논문의 철회 절차를 밟자고 주장한 기억이 없다. 2012년 논문의 타당성이 부족하다는 사실을 분명하게 명시하기 위해 더 적극적으로 싸우지 못함으로써 결국 나는 연구 조작의 공범이 되고 말았다.

2020년 7월 27일, 논문이 발표되고 얼마 지나지 않아 《미국국립과학원회보》에서 2012년 논문의 철회 여부를 물어 왔다. 2012년 논문의 저자 5명은 이메일로 논의를 시작했다. 나는 철회에 찬성하는 쪽이었다. 2020년 7월 28일, 애리얼리가 나머지 4명에게 이메일을 보냈다. "내가 아는 한 실험 오류는 없습니다. 내 추측엔 어떤 이유인지는 몰라도 실험실 실험이 좀 다른 결과를 가져오는 경우인 것 같습니다. 내가 말하려는 건 어떤 실수도 없었다고 (……) 시간이 흐르면 다수의 증거가 첫 번째 연구 결과를 뒷받침할 것이라고 믿습니다. (……) 하지만 두고 보세요. 이것이 바로 이 과정을 더 아름답게 만들어 줄 겁니다." 몇 시간 지나지 않아 그는 재차 이메일을 보내며 2012년 논문 결과를 자신한다고 말했다. 결과를 다시 도출하려는 실험이 다섯 번이나 실패했는데도 말이다. 거기에 한술 더 떠 2020년에 발표한 재연 실패 논문을 철회해야 할지 모른다고도 썼다. "우리가 두 번째 논문을 결국 철회하지 않을까 하는 생각이 듭니다. (……) 나는 두 논문 모두 철회하고 학계 순리에 따라 결정이 나도록 하고 싶습니다." 그러자 같은 날 머자가 이렇게 답장을 보냈다. "《미국국립과학원회보》의 기준을 고려할 때 논문을 철회해야 할 이유가 없다고 생각합니다. 내가 아는 한 우리가 한 세 건의 실험 결과를 신뢰할 수 없다는 증거는 어디에도 없습니다. 계산 착오나 실험 오차로 인한 주요 오류가 아니기에 (……) 지금까지 주고받은 이메일을 보면, 대부분 논문을 철회할 필요는 없는 것으로 의견이 모인 것 같은데요. 《미국국립과학원회보》에 그렇게 답변할까요? 아니면 조금 더 논의해야 할까요?"

다음 날 저녁 나는 여전히 철회를 주장하며 이메일을 보냈다. "내가 보기에 최초 논문은 명백히 비과학적이고 비윤리적인 데이터 보고에 기반해 쓰였습니다. 내가 철회를 주장하는 것은 이 때문입니다. 우리가 그 논문의 저자라는 사실을 부끄러워해야 한다고 생각합니다. 실제로 그 논문에 내 이름이 올라 있는 것이 부끄러워요. (……) 내 의견은 다수결에서 밀린 것 같군요. 하지만 내가 합의했다고 생각하지는 말아

주세요."

두어 시간도 지나지 않아 머자가 답장을 보내며 최초 논문의 데이터 보고에 어떤 점이 비과학적이고 비윤리적인지 명확히 해 달라고 요청했다. 다음 날 아침 나는 이렇게 답했다. "무작위화가 되지 않은 무작위 실험을 보고한 것, 이 문제에 투명성이 부재한 것, (……) 최초 논문을 쓸 때 내가 이 부분을 여러 번 질문했지만 답변이 모호했고 (……) 논문을 작성하는 동안 무작위화가 되지 않은 것을 알리지 않았습니다." 하지만 이때에도 우리가 발표한 논문에 완전히 조작된 데이터가 포함되었으리라고는 생각하지 못했다. 2012년 논문의 철회에 분명한 찬성 의사를 밝힌 것은 슈와 나뿐이었다. 결국 우리는 최초 논문을 철회하지 않았다. 이게 실수였다.

2021년 7월, 우리가 2012년 논문을 철회할 기회를 놓친 지 약 1년이 지났을 무렵, 우리 시몬손이 2012년 논문의 저자 5명 모두에게 연락을 취해 데이터콜라다 팀이 보험회사 실험 데이터가 조작되었음을 보여 주는 강력한 증거를 제시하는 게시물의 초안을 작성했다고 알려왔다. 머자는 곧장 모든 논문 저자에게 온라인에서 만나자고 제안했다. 나는 데이터 조작이 어떻게 발생했는지 분명하게 설명하는 서면 진술서를 받기 전까지 만남에 참여하지 않겠다고 답했지만 끝내 어떤 정보도 받지 못했다.

그래서 애리얼리가 보험회사에서 받았다고 주장하는 이메일과 데이터의 원본을 계속해서 요구했다. 며칠 뒤, 애리얼리는 그것들을 분실했다고 주장했고 또 얼마 후 나를 비롯하여 지노, 머자, 슈에게 다음과 같은 음성 메시지를 보냈다. "안녕하세요 여러분. (……) 무엇보다, 만약 무언가 잘못된 것이 있다면, 그건 전적으로, 다른 누구도 아닌 나의 잘못입니다. 이 실험을 한 모 보험회사(애리얼리는 보험회사의 이름을 밝혔다.)와 연락을 취한 것은 나였으니까요. (……) 우리는 보험회사에 무엇을 해야 하는지 지시 사항을 전달했고 데이터를 받았습니다. (……) 니나와 내가 원본 데이터를 보았습니다." 머자는 이후 이메일을 보내 애리얼리가 두 사람이 함께 보았다고 언급한 원본 데이터는 자신이 2011년 2월에 애리얼리에게 받은 것이라고 확인했다.

애리얼리가 왜 10년 동안 나의 질문을 피해 왔는지, 왜 그토록 논문 철회를 반대했는지, 왜 그토록 2012년 논문의 유효성을 끊임없이 지지하고자 했는지, 처음 의문을 제기했을 때 왜 주행거리 데이터가 정확하다고 주장했는지는 여전히 알지 못한다. 애리얼리는 자신이 보험회사와 연락을 취한 유일한 연구자임을 계속해서 밝히면서도,《버즈피드 뉴스》와의 인터뷰에서 자신은 조작과 아무런 관련이 없고 보험회사에 모든 책임이 있다는 듯이 말했다.[7] "내가 데이터 조작과 관련이 있다고 생각하기 쉽다는 것을 잘 알고 있습니다."[8] 그러나《버즈피드 뉴스》에 따르면 애리얼리가 분석의 근간이 된 데이터 파일의 출처에 관해 내놓은 답변은 앞뒤가 맞지 않았다.[9]

2021년 7월 22일, 나는 지노, 슈와 함께《미국국립과학원회보》에 2012년 논문을 철회할 것을 요청했다.(머자와 애리얼리도 비슷한 시기에 개별적으로 철회를 요청했다.) 언론이 애리얼리에 주목하면서 나머지 연구자들은 데이터 조작 혐의에서 벗어났다. 내가 아끼는 학계의 지인들은 나를 의심의 눈초리로 보지 않으리라 확신하지만, 그래도 데이터가 조작된 논문에 내 이름이 올라 있다는 사실이 여전히 불편하다.

나는 보험회사 데이터를 확보하고 해당 데이터를 직접 분석하지는 않았지만, 데이터에 문제가 있다고 생각해 공동 연구자들에게 의심을 전달했다. 하지만 그들의 답변을 액면 그대로 받아들였고 더 확실한 답변을 계속 요구해야 했는데도 그들을 믿었다. 2012년 논문 결과에 의문을 제기하는 또 다른 데이터가 확인되었을 때 내 견해를 끝까지 밀고 나갈 수 있었고 그랬어야 했다. 데이터 조작 논문의 저자가 된 사실은 괴로운 일이지만, 어디까지나 공범이 되기를 자초한 내 탓이었다.

이 장은 조작 의혹이 불거진 보험회사 현장 실험을 주로 다루었다. 그러나 주목할 점은 2020년 논문에서 재연 실패를 증명한 여섯 번의 연구가 2012년 논문의 실험실 연구 두 건과 더 유사하다는 사실이다. 2012년 논문이 발표된 후 나는 오랫동안 '먼저 서명하기' 효과를 분명히 믿었지만, 2020년 논문 당시 수행한 여섯 번의 연구를 통해 생각이 바뀌었다. 그렇다면 우리는 한 건도 아닌 두 건의 실험실 실험을 통해 재도출할 수 없는 결과를 제시한 2012년 논문을 어떻게 발표했던 것일까?

돌이켜 보면 지노는 이전에 재직하던 대학교의 실험실 책임자가 2012년 논문에 포함된 두 건의 실험실 실험의 데이터 수집을 관리했다고 보고했다. 그러므로 나를 포함한 연구자 중 누구도 이 실험을 충분히 감독하지 않은 셈이다. 게다가 2012년 논문 저자들 사이에 주고받은 대화가 포함된 2011년 이메일에서 방법론에 대한 우려가 제기되었다는 사실을 확인할 수 있다. 적극적으로 관여하지 않고 동료들의 결정을 그대로 따른 수동성 탓에 나는 데이터 조작의 공모자가 되었다.

조작 때문에 철회한 논문은 이것이 유일하지만, 내가 지금껏 발표한 논문과 출판물에 쓰인 방법론과 데이터에 더욱 적극적으로 관여하지 않은 데에 죄책감을 느낀다. 나는 언제나 공동 연구자들을 신뢰했다. 그러나 이제는 연구 과정의 신뢰도를 높이기 위해서라도 엄격한 감독 규범이 필요하다는 것을 알았다. 내가 엄격히 감독하지 못한 탓에 '먼저 서명하기' 논문에서 공모가 일어났고 그 공모가 후속 연구에 영향을 미쳤기 때문이다.

이 논문 데이터 조작 공모에 관한 이야기는 이 책에 등장하는 다른 공모자들의 사례만큼 심각하지는 않다. 그러나 이 이야기는 우리가 나쁜 일에 공모할지 단호한 입장을 취할지 선택해야 하는 상황, 특히 주변 사람들을 신뢰할지 말지를 결정해야 하는 상황이 언제 어디서나 발생할 수 있음을 보여 준다. 정직성 유도를 다룬 논문에서 데이터 조작이 발생한 이야기라니, 참으로 아이러니하지 않을 수 없다.

신뢰의 장단점

주변 사람을 믿기로 선택하면 삶에서 막대한 기회를 얻을 수 있다. 동료를 믿으면 그들이 한 일을 모두 다시 확인하거나 중요한 정보를 동료들과 나누기를 망설이는 경우보다 조직을 위해 훨씬 더 많은 일을 할 수 있다. 신뢰를 쌓는 일은 행복에 중요한 역할을 하는 관계 형성에도 도움이 된다. 그러므로 다른 사람을 신뢰해서 공모자가 될까 봐 두려워하는 마음은 타인을 신뢰함으로써 얻는 이점과 균형을 맞추어야 한다.

이 균형 맞추기와 관련해 한 가지 문제는 무언가 잘못되었다는 신호가 대개 모호하다는 점이다. 무언가 이상하다는 징후가 아니 땐 굴

뚝에 연기 나는 것일 수도 있기 때문이다. 더 면밀히 조사했는데 아무 문제가 없다는 사실이 밝혀지면 괜히 신뢰가 부족하다는 사실을 증명하는 꼴이 되어 아끼는 사람들에게 불쾌감만 줄 수 있다. 학계에서는 사회과학 분야에서 데이터의 정확성을 보장하기 어려운 점을 고려하여 공동 연구자의 작업에 상세한 문서화를 요구하도록 표준 규범을 만들어 서로 기분 상하지 않도록 하는 게 바람직할 것이다.

신뢰에 관한 유명 논문의 저자인 조직학자 로저 마이어, 짐 데이비스, 데이비드 스쿠어먼은 신뢰를 사람의 세 가지 특성, 즉 역량, 선의, 정직성에 따라 구분하는 것이 중요하다고 강조한다.[10] 세 학자는 누군가에게 "당신을 신뢰한다."라고 말하는 것은 그 사람이 어떤 일을 완수할 수 있는 능력이 있다거나(역량), 책무를 다하는 데에 필요한 도량이 있다거나(선의), 정직한 방법으로 과업을 완수할 의지가 있다(정직성)고 믿는다는 뜻이라고 말한다. 우리는 살면서 이 세 가지 자질 중 하나를 바탕으로 누군가를 신뢰했던 일을 쉽게 떠올릴 수 있다.

누군가를 믿는 것은 대체로 좋은 일이다. 우리는 남을 신뢰하지 않는 사람을 미심쩍어한다. 누군가를 믿지 않는다고 밝히는 것은 난처한 일이다. 그 사람을 비난하는 것처럼 들리기도 하고 관계를 망칠 가능성도 있다. 그러나 신뢰는 시스템 1의 사고, 다시 말해 염려할 이유가 있어 보여도 타인이 제공한 정보를 직관적으로 믿는 습관으로 이어질 수 있다. 3장에서 논의한 것처럼 같은 업무를 하는 팀이나 공동 연구자와 같이 자신이 속한 집단의 사람들을 지나치게 신뢰하는 편향성도 있다.

나는 2012년 논문을 함께 쓴 공동 연구자들의 역량과 정직성을 믿었다. 그동안 함께 연구했던 많은 공저자와 나눈 교류를 돌이켜 보면,

내가 공동 연구자의 능력을 신뢰하지 못한 것은 연구 경력이 많지 않은 신입 박사 과정 학생을 지도할 때뿐이었다. 그런 학생들은 프로젝트의 전문적인 부분을 정확하게 수행하지 못할 수 있어서 작업을 면밀하게 검토하곤 했다. 그러나 공저자가 제공한 데이터의 정확성을 의심한 적은 한 번도 없었다. 게다가 대체로 나는 타인을 믿음으로써 여러 흥미로운 연구 프로젝트를 수행하고 내가 몸담은 분야에서 중요한 관계들을 발전시켜 올 수 있었다.

그렇다면 어떻게 비윤리적인 행위에 가담하지 않으면서 신뢰가 가져다주는 혜택을 누릴 수 있을까? 일단 학계는 검증 절차를 통해 신뢰를 제도화해야 한다. 논문에 이름을 올리는 일에는 논문에 사용된 데이터를 신뢰할 만하다고 확인하는 의무가 뒤따라야 한다. 보험회사 데이터의 무작위화 문제를 확인하는 것은 비교적 쉬운 일이었다. 그저 내가 하지 않았을 뿐이다. 실증 연구에서 어떤 검증이 필요한지는 논문마다 다를 것이다. 하지만 검증 절차를 통해 신뢰를 제도화하면 점점 늘어나는 논문 조작 문제를 해결하는 데에도 도움이 될 것이다.

2020년 재연 실패 논문이 발표되었을 무렵, 나는 보험회사 데이터의 신뢰성을 더는 믿지 않았다. 유효한 실험이 수행되었는지 의심스러웠지만, 데이터 자체가 완전히 조작되었으리라고는 생각지도 못했다. 그때 나는 무엇을 해야 했을까? 직접 데이터를 더 면밀하게 검토할 수도, 공저자 대다수 의견과 상관없이 2012년 논문을 출판했던 저널에 연락을 취해 논문 철회를 요청할 수도 있었다. 돌이켜 보니 그렇게 했어야 했다. 그러나 그러지 않았다. 신속하게 연구 기록을 바로잡지 않음으로써 나는 데이터 조작의 공범이 되었다.

2021년에 데이터 조작 이야기가 세상에 드러난 후 내가 그동안 다른 사람들을 지나치게 믿어 왔고, 간접적으로는 내 이름이 올라간 논문에 활용된 데이터도 너무 신뢰했음을 깨달았다. 최근 몇 년간 학계에서는 사회과학 연구의 유효성과 신뢰성을 둘러싸고 많은 문제가 제기되면서, 실험 수행 및 데이터 기록에 관해 더욱 엄격한 관행을 요구하기 시작했다. 이런 새로운 규범을 미심쩍은 요소가 발견되었을 때 동료의 연구를 확인하는 것이 적절한지와 같은 더 폭넓은 문제에 적용할 수 있다. 남을 신뢰하지 못하는 사람이 되고 싶지는 않다. 하지만 데이터 조작 사건에서 오랜 시간에 걸쳐 드러난 징후에 관심을 기울이지 않고 상대방에 대한 신뢰를 의심해 보지 않았다는 사실은 후회스럽다. 타인에 대한 신뢰는 대체로 좋은 자질이지만, 신뢰할 가치가 없는 사람을 신뢰하면 그 신뢰가 불러오는 해악의 공모자가 될 수 있음을 명심해야 한다.

8장 비윤리적 시스템에 의한 공모

우리는 대개 의사가 어떤 약을 처방할 때 최선의 치료법을 적용했으리라고 생각한다. 개인적으로 나는 주치의가 권고하는 약을 복용하는 편이다. 안타까운 일이지만, 의사에게 보이는 이런 신뢰는 지나치게 낙관적이라 할 수 있다. 선의를 지닌 의사라 하더라도 말이다. 우리 사회가 지금껏 용인해 온 이해관계 충돌은 우려할 만한 문제이며, 의사, 보건 행정 당국, 의회, 시민, 환자 등 사회 구성원 대부분이 이 일에 가담하고 있다는 사실도 마찬가지다. 우리는 이 사실을 거의 인식하지 못하지만 정말 심각한 문제다. 매년 미국에서는 약 절반에 달하는 의사들이 제약업계로부터 식사, 여행, 현금 등 총 20억 달러가 넘는 수준의 향응을 제공받는다.[1]

애런 미첼 박사가 이끄는 메모리얼슬론케터링 암센터의 의학 연구팀은 연구 36건을 분석해 제약회사가 의사에게 금품을 제공하면 해당 회사의 약을 더 많이 처방하는 경향이 일관되게 나타난다는 결론을 내렸다.[2] 이 경향은 선택권이 다양한 가벼운 증상의 치료 약에 국한되지 않고 알츠하이머, 다발성 경화증, 암과 같은 심각한 질병의 치료 약을 처방하는 경우도 마찬가지였다. 이런 향응은 의사가 가격이 더 높은데 효과는 떨어지고 부작용은 더 심한 약을 처방하도록 유도할 수 있다. 또 값은 저렴하지만 똑같은 효과를 내는 제네릭 약품 대신 비싼 유명 상표 약을 처방하도록 부추겨 약제비를 증가시키기도 한다. 높아진 약값을 지불하는 것은 환자와 보험회사만이 아니다. 메디케이드와 메디케어의 비용도 덩달아 올라가 납세자의 부담을 증가시킨다.[3]

제약업계는 향응 제공 외에도 교류 활동을 통해 의사들의 의사결정에 영향을 미친다. 제약회사 외판원들은 의사들에게 일방적인 정보를 제공하면서 자사 약품의 가치를 '교육'하는데, 이를 디테일링이라고 한다. 의사들은 제약회사들이 신약에 관한 정보를 제공하는 것이라고 주장한다. 그러나 연구에 따르면 제약회사 직원들이 디테일링을 통해 의사들에게 제공하는 정보는 타당성과 독립성 면에서 의문점이 많다.[4] 비평가들이 지적하는 것처럼 의사들이 이윤을 추구하는 제약회사가 제공하는 정보보다 더 정확하고 편향성이 적은 정보를 얻을 수 있는 곳은 아주 많다. 이를테면 하버드 의대의 제리 에이번 박사가 설립한 비영리단체 '알로사 헬스'는 다양한 약품의 효능에 관한 연구 기반의 객관적인 정보를 의사들에게 무료로 제공한다.[5] 알로사 헬스는 독립성을 유지하기 위해 디테일링 업무에 대한 대가를 받지 않는다. 여러 실증 연구에 따르면 이런 독립적인 디테일링은 더 저렴하고 더 효과적인 약을 처

방하는 결과로 이어진다.[6]

다수의 연구를 통해 의사들이 받는 향응이 이해 충돌 문제를 일으킨다고 입증되었으나,[7] 의사들과 미국의사협회(AMA)는 문제를 해결할 기회를 회피하거나 거부해 왔다. 이런 저항은 고의적인 내부 거래 탓이기도 하지만, 문제가 과장되었으므로 개혁은 필요 없다는 의사들 사이의 통념 때문이기도 하다.[8]

현재의 시스템을 옹호하는 사람들은 의사와 제약업계 사이의 관계가 혁신을 주도한다고 주장한다. 의사와 제약회사의 공동 연구가 분명 환자와 의사들에게 무엇이 필요한지, 무엇이 효과적이고 효과적이지 않은지 제약업계에 알려 주어 사회적 가치를 창출하는 잠재력이 있는 것은 사실이다. 그러나 제약회사들이 디테일링에 쓰는 20억 달러는 연구나 혁신과는 상관이 없다. 그 돈은 의사들이 작성하는 처방전을 좌우하는 데 쓰인다.

모두 그런 것은 아니지만 의사들은 대개 자신의 처방에 영향을 주는 편견을 인식하지 못한다. 그들은 환자들에게 최선이 아닌 약과 치료법을 처방할 금전적 유인 요소가 있다는 사실을 이해하면서도, 자기는 고의로 환자에게 해를 입히지 않는 윤리적인 사람이기에 개인적으로 이해관계 충돌의 영향을 받지 않으리라는 그릇된 믿음을 갖고 있다. 이런 견해는 이해 충돌의 문제가 의식적이거나 의도적인 수준에서 작동한다고 생각하는 인간의 사고방식과 일치한다. 하지만 나를 포함하여 의학계 안팎의 연구에 따르면 이해관계 충돌로 빚어지는 부패 문제는 대개 고의적인 것이 아니다.

어떤 문제를 특정한 방식으로 바라볼 강력한 동기가 있다면 우리는 더 이상 객관적일 수 없다. 예를 들어 부모가 자기 자녀의 장점이나 지능을 객관적으로 판단하기를 바랄 수는 없다. 내 아내는 종종 내가 컨설팅하는 기업의 제품이나 서비스를 편애한다고 비난한다. 아마도 아내 말이 맞을 것이다. 마찬가지로 제약회사로부터 향응이나 특혜를 받은 의사들이 객관적으로 처방전을 쓸 것이라거나 윤리적 측면을 바탕으로 의사결정을 할 것이라고 기대하기는 어렵다. 의사들은 대개 이해관계 충돌로 편향된 결정을 내릴 때도 자기가 환자의 이익을 우선시한다고 믿는다.

미첼 박사와 동료들은 제약회사가 의사에게 사례하는 대가로 발생하는 유해한 결과에 관해 지금까지 밝혀진 점을 고려할 때, 제약회사와 의사들 간에 향응을 주고받는 것을 금지해야 한다고 주장한다. 제약회사로부터 향응을 받은 의사들은 환자의 이익을 최우선으로 하겠다는 서약에 따라 행동할 수 없기 때문이다.

제약업계를 둘러싼 윤리적 문제는 향응과 디테일링 관행만이 아니다. 연구 결과 많은 제약회사가 오프라벨 마케팅, 즉 FDA가 승인한 용도와 다르게 약을 사용하도록 권장하는 마케팅을 해 온 것으로 드러났다. 의사들이 허가받지 않은 용도로 약을 처방하는 것은 합법이지만, 제약회사들이 그런 목적으로 의약품을 판촉하는 행위는 금지되어 있다. 그런데도 이런 불법 마케팅이 성행하면서 수만 명에게 해를 입히고 메디케어와 메디케이드에서 수십억 달러를 사취해 왔다. 이런 오프라벨 마케팅으로 미국 정부와 두 건 이상의 소송 합의를 본 제약회사는 30곳이 넘는다.

의사들은 처방전 외에도 다른 이해관계 충돌 문제가 있다. 전립선

암 환자가 수술을 받을지 아니면 조금 덜 침습적인 시술을 받을지를 결정하는 문제가 있다고 가정해 보자. 수술에 노련한 비뇨기과 전문의는 다른 의사들에 비해 수술을 권할 가능성이 크다. 반면 전립선암에 수술이 아닌 방사선 치료를 하는 방사선종양학과 전문의는 방사선 치료를 권할 가능성이 크다. 심지어 두 전문의 집단(수술하는 비뇨기과 의사와 방사선종양학과 의사)이 같은 환자에 대한 정보를 보고 판단해도 마찬가지다.[9] 두 전문의 집단 모두 자신의 전공인 치료 방법을 권하면서 그것이 더 효과적이고 환자들에게 더 나은 삶의 질을 제공해 주리라 여긴다. 이 때문에 환자들이 받는 치료는 처음 만나는 의사가 어떤 분야에 속하는지에 따라 결정된다. 모든 의사는 환자들에게 가능한 한 최선의 치료법을 알려 주는 데 집중하지만, 자신의 전문 분야에 뿌리를 둔 치료 방법에 치우치는 편이다.[10] 의사들이 잇속으로 환자에게 거짓말을 한다는 뜻이 아니다. 분명 그들은 자신이 권하는 치료법에 강한 확신이 있다. 그들은 자신이 권고하는 치료법을 최상의 방법이라고 생각하며, 그 믿음이 자기 잇속만 차리는 쪽으로 치우쳐 있다는 사실을 깨닫지 못한다. 다시 말해 **자기 전공**에 해당하는 치료법을 권할지 환자에게 **최선인** 치료법을 권할지를 두고 윤리적 딜레마에 처해 있다는 사실을 인식하지 못한다. 자신들이 받은 교육, 여러 가지 유인 요소, 선호도와 같은 것들이 객관적인 조언을 방해한다는 사실도 알지 못한다.

이해관계 충돌에 직면한 기관에서는 문제를 솔직히 밝히면 해결될 것이라 생각하는 경우가 많다. 다시 말해 의사가 자신의 이해관계 충돌 문제를 밝히면 환자가 해를 입지 않으리라고 생각한다. 불행히도 현실은 그렇지 않다. 다수의 연구에 따르면 그런 사실을 공개하는 일은 상황을 해결하는 게 아니라 악화할 수 있다. 즉 의료 전문가들이 이해관계 충돌을 솔직히 밝히면 솔직하게 밝혔다는 바로 그 이유로 더 자유롭게 이익에 부합하는 행동을 선택한다. 게다가 편향된 조언을 받은 사람들은 조언한 사람이 이해관계 충돌을 솔직하게 털어놓을 만큼 선량하다고 생각하여 그 사실을 듣지 않았을 때보다 더 신뢰하는 경향이 있다.[11] 이런 연구 결과들은 효과적인 정책을 수립하는 데 중요한 통찰을 제공한다. 실제로는 그렇지 않은데도 정책 입안자들은 사실을 공개하는 행위가 문제를 해결한다고 착각하는 일이 많다. 공개를 통해 이해관계 충돌을 충분히 해결할 수 있다고 착각하면, 훨씬 효과적일 가능성이 높은 제도적 변화의 필요성을 더 이상 인식하지 못한다.

미국 상원의원 찰스 그래슬리(아이오와주 공화당)는 의대를 포함한 의료 기관들이 제약회사의 디테일링 관행에 내재한 이해관계 충돌 문제를 적극적으로 해결하지 않는다고 규탄해 왔다.[12] 그는 왜 우리 사회가 삶과 죽음의 결정에 영향을 주는 이해 충돌 문제를 계속 수용하는지 의문을 제기한다. 우리는 어떤 해결책을 모색할 때, 편향적인 결정은 대개 자신이 다른 사람에게 적절한 제안을 한다고 믿는 선의의 사람들에게서 나온다는 사실을 깨달아야 한다. 그들은 자신의 편향성을 보지 못한다. 제약업계는 의사들의 편향적 결정이 매출 증대에 작용하도록 환경을 조성한다. 이런 시스템을 손보지 않는 정책 입안자들도 공모자라 할 수 있다.

분명한 사실은 의료업계만 비윤리적 관행을 제도화하는 것은 아니라는 점이다. 이 장에서는 어떻게 우리가 충분히 숙고하지 않고 조직의 제도를 그대로 받아들이는지, 해로운 결과를 불러오는 조직의 역할에 주의를 기울이지 못할 때 어떻게 비윤리적인 행위의 공모자가 되는지 논의할 것이다.

"우리는 제안만 할 뿐입니다"

어떤 조직은 다른 사람들이 내린 결정으로 얻은 성공의 공을 자기 단체나 단체의 지도부가 얻으면서도 문제가 발생했을 때는 비난을 피할 수 있도록 구성되어 있다. 3장에서 본 폭스바겐 사례처럼 리더들은 하급자들이 한 일로 이익을 얻고 일이 잘못되면 다른 사람을 탓하는 경우가 많다. 마찬가지로 컨설턴트들도 고객사의 비윤리적인 행위에는 책임이 없다고 말하면서 고객사가 올바른 행위를 하면 자신에게 공을 돌리는 일이 많다. 나 역시 컨설턴트로서 중요한 최종 결정을 내리거나 결과를 책임지는 부담을 지지 않으면서도 여러 기관에 협상, 의사결정, 윤리에 관한 조언을 제공하는 위치에 있다. 이런 계약관계에서 금전적 이익을 얻는 컨설턴트들은 대개 자신이 제공하는 조언이 고객사들이 자행한 불법행위의 요인이 될 때 그 행위의 공모자가 될 수 있음을 고려하지 않는다. 그들은 위법행위에 개입하는 방식이 간접적이기에 비난과 책임을 회피할 위험이 있다.

1장에서는 오피오이드 사태에 작용한 컨설팅 회사 매킨지의 역할을 중점적으로 논의했다. 알려진 대로라면 매킨지는 많은 분야에서 이 세상에 순 해악을 끼치는 조언을 제공해 왔다. 그중 한 분야가 바로 보험업계다. 우리가 보험에 가입하여 보험료를 내고 있을 때, 화재나 차량 충돌과 같은 사고가 발생하여 보험금을 정직하게 청구하면 어떤 일이 일어나는가? 보험 산업이 탄생한 이래 대개는 그런 사고로 보험금을 청구하면 보험회사가 적정 금액을 지급하곤 했다. 하지만 요즘은 다르다. 차 사고가 일어나 보험금을 청구하면 보험회사에서는 적정 시장가치에 훨씬 못 미치는 금액을 제안한다. 답답한 마음에 변호사를 고용하여 보험회사의 결정에 이의를 제기한다. 분쟁이 점점 복잡해지고 논란이 격화되면서 양측이 보험금 청구를 놓고 다투는 데 드는 비용도 엄청나게 늘어난다. 2년 후 정식 재판 1주일 전, 변호사의 조언에 따라 보험회사와 합의를 본다. 그리고 보험회사로부터 받은 금액의 3분의 1가량을 변호사 비용으로 지불한다.

보험금 청구는 왜 이리도 복잡하고 불쾌한 과정이 되었을까? 보험회사들은 허위 및 부정 청구로부터 회사를 보호해야 한다고 말할 것이다. 그러나 더 중요한 이유는 매킨지가 제공한 조언 때문이라고 할 수 있다. 저서 『지연, 부인, 항변(Delay, Deny, Defend)』에서 제이 파인만은 오늘날 보험업계에 뿌리내린 분규, 사기, 부정행위의 원인을 1992년에 올스테이트가 청구 절차에 관한 '조언'을 얻기 위해 매킨지를 고용한 데에서 찾는다.[13] 고객사의 수익 극대화에만 관심을 두는 매킨지는 청구한 보험금의 적정 가치를 지급하는 기존의 업계 관행을 버리고, 모든 청구 건을 지급금이 1달러씩 늘어날 때마다 청구자에게는 유리하고 올스테이트에는 불리한 제로섬 게임처럼 여기라고 제안했다. 한마디로 매킨지 컨설턴트들은 보험금 청구 절차를 고객에 대한 도덕적 의무를 다하는 수단에서 수익 중심으로 변환해서, 보험금 청구자가 가능한 한 가장 낮은 합의금을 받아들이도록 설득하는 것을 목표로 삼아야 한다고 올스테이트에 조언했다.

매킨지가 제안한 구체적인 전술에는 '싫으면 말고' 식의 가격 후려치기 기법이나, 보험금 지급을 지연해 현금이 간절히 필요하게 만든 다음 청구자들이 빨리 받을 수 있는 금액을 받아들이도록 유도하는 방법이 있었다. 올스테이트의 관점에서 매킨지의 조언은 효과가 있었다. 청구 건에 지급되는 금액을 낮추자 올스테이트의 수익이 급증했다. 올스테이트의 도덕성을 낮추고 수익을 증대시킨 성공을 바탕으로 매킨지는 스테이트 팜, 파머스, 리버티 뮤추얼 같은 다른 유명 보험회사에도 유사한 조언을 제공했다.[14] 보험회사의 부도덕한 수익을 늘리고 보험업계의 도덕성을 훼손하는 공식을 개발하여 배포한 것이다. 그런데 매킨지가 제일 먼저 나서서 말할 테지만 보험금 청구 절차를 바꾸기로 결정한 것은 보험회사의 임원진이었다. 매킨지는 조언만 했을 뿐이다.

사우디아라비아 정부에 제공한 컨설팅 서비스도 매킨지가 부정행위의 공모자임을 분명하게 보여 준다. 《뉴요커》에 실린 장문의 기사에 따르면, 사우디 정부는 2018년에 매킨지를 고용하여 "사우디아라비아의 특정 경제 정책"에 관한 대중 인식을 측정했다.[15] 매킨지의 보고서에는 트위터(현 엑스)에 정부 정책을 비판하는 기사를 냈다고 추정되는 기자 1명과 반체제 인사 1명이 특정되어 있었다.[16] 사우디 정부는 곧장 해당 기자와 해당 반체제 인사의 남동생을 체포하고 익명의 트위터 계정을 폐쇄했다. 같은 해, 왕실을 비판한 데 대한 보복으로 사우디아라비아 기자 자말 카슈끄지를 이스탄불에 있는 사우디아라비아 영사관에서 버젓이 살해했다. 또 다른 예도 있다. 2020년, 매킨지는 앙골라 전직 대통령의 딸 이사벨 두스산투스가 국가 자금을 세탁하는 것을 도왔다는 비난을 받았다.[17] 산투스는 페이퍼 컴퍼니를 통해 국가 자금을 조세 피난처로 빼돌리면서 억만장자가 되었다. 매킨지는 이 계획을 가능하게 하는 비법을 제공했다.

　매킨지는 러시아가 2022년에 우크라이나를 침공하기 약 30년 전부터 러시아에서 영업을 해 왔다. 직원이 700명이 넘는 매킨지 러시아 지사는 러시아에서 가장 큰 기업 21곳과 계약을 맺고 일했는데, 이 중에는 로스네프트, 가즈프롬, VTB 은행과 같이 서방국가의 제재를 받는 러시아 국영기업들도 포함되어 있다. 2월 24일 러시아의 우크라이나 침공 후, 매킨지는 러시아와 경제 관계를 단호하게 단절하겠다는 서구 기업과 정부 대열에 합류하지 않았다. 매킨지 글로벌 회장 밥 스턴펠스는 2월 27일 링크트인에 매킨지는 과거 러시아 정부와 계약을 해지했고 더는 러시아의 지방정부나 지방자치단체를 위해서도 일하지 않을 것이라는 글을 남겼을 뿐이다. 매킨지 우크라이나 지사 대표를 비롯하여 매킨지의 전현직 직원들은 다른 러시아 고객사들과 계속 일하겠다는 회사의 결정을 신랄하게 비판했다. 과거 매킨지의 시니어 파트너였던 안드레이 카라미트로는 링크트인에 "부끄러운 줄 알아야 한다. 당신들 손에는 피 묻은 돈이 들려 있다."라는 글을 남겼다.[18] 논란이 일자 매킨지는 "국영기업과 해 온 기존 업무를 즉시 중단"하고 더 이상 러시아에서 새로운 고객사 사업을 수임하지 않겠다고 발표했다. 그러나 "남은 계약들"은 마무리할 것이라고 밝혔다. (그에 반해 러시아에 2300명의 직원을 둔 컨설팅 기업 액센추어는 러시아에서 모든 사업을 중단하기로 했다.) 그 전해에는 매킨지 러시아 회장 비탈리 클린트소프가 직원들에게 이메일을 보내 블라디미르 푸틴 대통령의 최대 정적으로 교도소에 수감된 야권 지도자 알렉세이 나발니를 지지하는 시위에 참여하는 것을 금지하고 소셜미디어에도 개인의 정치적 견해를 올리지 말라고 지시했다. 이 메일의 내용이 알려지자 큰 공분이 일었고, 공화당 마르코 루비오 상원의원은 이 일로 "매킨지의 핵심 가치와 기업 문화에 심각한 의문이 제기"된다고 비판했다. 그러나 스턴펠스가 그랬던 것처럼 1년 뒤 클린트 소프도 말을 뒤집으며 매킨지 직원들의 "시민적, 정치적 활동"에 참여할 권리를 열렬히 지지한다고 밝혔다.[19]

매킨지는 여러 기업과 국가를 도와 일자리를 창출하고 교육을 개선하며 빈곤을 완화했다고 강조하면서 스스로를 옹호한다. 나는 이것이 사실이라고 믿는다. 그러나 그렇다고 해서 매킨지가 소비자나 시민들에게 고의로 해를 입히고 산업 전체의 도덕성을 훼손하며 독재자들을 지원할 게 뻔한 조언을 제공하는 것을 도덕적으로 정당화할 수는 없다. 자신들은 조언을 제공할 뿐이라는 매킨지의 주장은 그들을 법적으로 보호할 뿐, 도덕적 면책을 가져다주는 것은 아니다. 매킨지는 그동안 지속적으로 불법행위에 가담해 왔기 때문에 회사가 계약한 사업의 도덕성을 평가하는 엄격한 규정을 마련할 윤리적 의무가 있다. 물론 중요한 사실은 매킨지가 사회에 해악을 일으키는 사람들에게 도움을 주는 유일한 컨설팅 기업은 절대 아니라는 점이다.

어떤 조직이 다른 조직의 부당 행위에 도움을 주거나 그것으로 이득을 얻을 때, 그 조직은 부당 행위가 불러온 해악의 공모자라 할 수 있다. 나는 이 사실에 유념하며 그저 조언만 하고 최종 결정을 내릴 필요가 없더라도 사회에 순수 해악을 끼친다고 생각하는 컨설팅을 맡지 않는다. 자신의 조언이 회사와 고객사뿐 아니라 사회 전체에 미칠 잠재적 영향을 진지하게 검토하는 컨설턴트와 컨설팅 기업이 더 많아지기를 바란다.

목표가 윤리를 잠식할 때

목표 설정은 가장 일반적인 관리 도구 중 하나다. 많은 연구에서 도전적인 목표를 설정하면 성과를 현저하게 높일 수 있다는 사실이 증명되었기에 이는 놀라운 일이 아니다.[20] 목표 설정을 열정적으로 옹호하는 사람들은 매년 자동차 1000만 대 판매하기, 비용 25퍼센트 줄이기, 고객 1명당 8개 상품 판매하기와 같이 구체적이고 도전 의식을 불러일으키는 목표를 설정해야 한다고 말한다. 구체적이고 성취하기 힘든 목표가 최선을 다하라는 막연한 목표보다 더 높은 성과로 이어진다는 사실을 다수의 연구가 입증하고 있다.[21]

그러나 목표 설정은 성취에 관한 관점을 편협하게 만들어 직원들이 측정되지 않는 성과의 속성에는 관심을 기울이지 않거나 간과하게 만들 수 있다. 예를 들어 성과의 양적 측면에 역점을 두는 목표를 설정하면 질적 측면이 나빠질 수 있다.[22] 학계에서 대학이 교수에게 종신 재직권을 줄 때 교수가 발표한 논문의 수를 기준으로 삼으면 교수들은 더 많은 논문을 발표하겠지만 강의나 컨설팅 활동의 질과 양은 저하될 수 있다. 연구에 따르면 분기별 수익 보고서를 발표하는 기업들은 분석 전문가의 기대치를 충족하거나 뛰어넘는 실적을 발표하지만, 이는 연구개발 비용을 줄여 가면서 달성하는 경우가 많다고 한다. 장기적인 성장을 희생하여 단기 목표를 실현하는 셈이다.[23]

사람들에게 목표의 한 가지 측면에 집중하도록 하면 다른 정보를 간과한다는 사실은 무주의 맹시에 관한 대니얼 사이먼스와 크리스토퍼 차브리스의 유명한 실험 영상에서 확인할 수 있다.[24] 이 실험 영상에는 흰색 티셔츠를 입은 선수들과 검은색 티셔츠를 입은 선수들이 등장하여 서로 농구공을 주고받는다. 영상을 보는 사람들에게 흰색 티셔츠를 입은 사람들끼리 주고받은 패스의 횟수를 세라는 구체적이고 까다로운 목표를 부여한다. 당연한 일이지만 과제를 부여받은 사람들은 검은색 티셔츠를 입은 사람들을 무시한다. 또 대부분 흰색 티셔츠를 입은 사람들만 집중해서 관찰하느라 또 다른 사실도 눈치채지 못한다. 바로 검은색 고릴라 의상을 입은 사람이 가슴을 쿵쾅거리며 화면 한가운데를 가로질러 사라졌다는 점이다. 패스 횟수를 세는 목표 때문에 명확한 사실을 보지 못한 것이다.

마찬가지로 다소 어려운 목표에 전념하는 일은 직원들을 비윤리적으로 행동하게 만들 수 있다. 모리스 슈바이처, 리사 오르도녜스, 밤비 두마는 연구를 통해 성과를 스스로 보고해야 하는 사람들이 구체적이고 힘든 목표에 직면했을 때, 특히 실제 성과가 목표에 미치지 못할 때 성과를 과장하는 경향이 더 크다는 사실을 증명했다.[25] 목표 달성에 전념하면 해당 과업의 윤리적 측면을 간과하게 되는데, 노트르담 대학교 교수 앤 텐브룬셀은 이 과정을 "윤리적 퇴색"이라고 부른다.[26]

연구실에서 현실 세계로 눈을 돌려 최근 가장 두드러진 기업 스캔들만 봐도 근본 원인은 대개 이런 구체적이고 달성하기 힘든 목표에 있었다. 앞서 폭스바겐의 디젤게이트 사건을 살펴보았는데, 여기서 주목해야 할 점은 회장 페르디난트 피에히와 CEO 마틴 빈터콘이 연간 1000만 대를 판매한다는 매출 목표를 세웠고 직원들이 이 목표를 달성하기 위해 엄청난 압박감을 느꼈다는 사실이다. 높은 매출 목표는 직원들이 차량 배기가스 시험에서 속임수를 쓰고 거짓말을 하게 만든 핵심 유인 요소로 작용했으며, 이 때문에 많은 사람이 목숨을 잃고 여러 가지 피해가 만연했다. 슈바이처와 그의 동료들은 디젤게이트가 터지기 훨씬 이전에 구체적이고 달성하기 힘든 목표는 그 목표를 이루기 위해 비윤리적인 행위도 마다하지 않을 가능성을 증가시킨다는 것을 예측하고 입증했다.

최근 이와 유사하게 목표 설정과 부정행위 사이의 연관성을 보여주는 일이 웰스파고 은행에서도 있었다. 2009년부터 2016년까지 웰스파고는 고객 명의를 이용하여 고객 몰래 350만 개의 유령 계좌를 만들었고, 역시 고객의 동의 없이 52만 8000명을 온라인 공과금 납부 서비스에 등록했다.[27] 2016년에 언론에서 이 사건을 폭로하자 경영진은 개별 지점 직원들이 저지른 범법 행위이며 회사와 무관하다고 주장했다. 경영진은 자신들에게 아무 죄가 없음을 강조하기 위해 유령 계좌 개설에 연루된 하급 직원 5300명을 해고했다.

사실 정직한 방법으로는 달성하기 매우 어려운, 어쩌면 불가능한 매출 목표를 설정해서 불법행위를 조장한 것은 고위 간부들이었다. 2017년 웰스파고의 독립이사는 보고서에서 유령 계좌 스캔들은 개별 일탈의 모음이 아니라 광범위하게 벌어진 조직적인 일탈이라고 결론 내렸다. 웰스파고의 CEO 리처드 코바체비치는 "고 포 그르-에이트(Go for Gr-Eight, 8개를 향해)"라는 표어를 만들어 직원들에게 고객 1명당 8개의 상품을 판매하도록 압박했다. 이는 시중은행 평균의 4배에 해당하는 수치였다.[28] 코바체비치는 2007년에 CEO 자리에서 물러났지만 이후 2년간 회장 자리를 더 지켰고 그가 정한 비현실적인 목표는 계속되었다. 모든 웰스파고 지점(코바체비치는 지점을 '매장'이라고 부르곤 했다.)은 야심 찬 판매 목표를 세워 고객들이 필요하지 않고 요청하지도 않은 상품을 팔아 수수료를 챙기도록 직원들을 부추겼다.[29]

목표 실적을 충족하지 못한 일선 직원들은 정직한 방법으로 달성할 수 있는 수준을 넘어서까지 판매량을 늘리라는 지시를 받았다.[30] 많은 웰스파고 직원들은 해고될지 모른다는 두려움에 고객 몰래 새로운 계좌를 개설하는 등 불법적이고 비윤리적인 행위로 목표를 맞추기 시작했다.[31] 계좌 6개를 개설하도록 설득당해 달마다 수수료만 39달러를 떼인 안타까운 노숙자의 사례도 있었다.[32]

웰스파고에는 달성 불가능한 목표를 충족하지 못한 직원들을 가혹하게 조치하는 시스템이 있었는데도 고위 관리들은 범법 행위로 적발된 직원 개개인을 비난했다. 일부 직원은 불법행위를 회사의 윤리 위반 신고 핫라인에 고발했다가 해고를 당하기도 했다.[33] 이런 집단적 양상은 웰스파고의 불법행위가 고위 관리자들이 세운 비현실적인 목표에서 비롯된 것임을 증명한다.

목표 설정과 비윤리적 행위의 관계를 여실히 보여 주는 사례 중에 개인적으로 신경 쓰이는 것은 런던에 본사를 둔 다국적 석유 가스 기업 브리티시 페트롤리엄(BP)이다. 나는 2005년부터 2006년에 걸쳐 42일 동안 BP의 컨설턴트로 일하면서 최고위 간부 75명에게 외교 수완과 협상을 가르쳤다. 역점을 둔 교육 내용은 미국이나 영국과 매우 다른 규칙과 법을 따르는 세계 여러 나라에서 협상하는 법이었다.

내가 BP의 고위 간부들과 일하던 중에 BP는 미국에서 몇 건의 참사를 빚었다. 많은 사람이 2010년 4월 BP가 임대한 석유시추선 딥워터 허라이즌호 폭발 사고를 기억할 것이다. 멕시코만에 어마어마한 양의 원유가 유출된 이 사고는 역사상 최악의 환경 인재다. 이 사고는 내가 BP의 컨설팅 업무를 종료하고 몇 년이 지난 뒤 토니 헤이워드가 CEO로 있을 때 일어났다. 그러나 내가 BP와 한창 일하던 2005년 3월, 텍사스주 텍사스시티의 한 BP 정유소에서 폭발 사고가 일어나 15명이 죽고 170명 이상이 부상을 입은 적이 있었다. 그로부터 정확히 1년이 지난 2006년 3월에는 알래스카주 노스슬로프에 있는 프루도베이 유전의 송유관이 새면서 원유 26만 7000갤런이 툰드라에 유출되었다. 텍사스 참사와 알래스카 참사가 발생하고 내가 BP의 컨설턴트로 일하던 때 BP의 CEO는 존 브라운 경이었다.

대대적인 리더십 실패가 세 참사의 원인이 되었다는 점은 명백한 사실이다. 여러 사람의 진술에 따르면 BP의 기업 문화는 노동자의 안전과 자연환경 보호를 중요하게 여기지 않았다.[34] 그러나 런던을 여러 번 방문하면서도 나는 그런 문제점을 발견하지 못했다. 오히려 2005년 텍사스시티 사고가 나기 얼마 전 처음 런던에 방문했을 때 매우 작은 세부 사항까지 안전에 신경 쓰는 BP의 철저함에 깊은 인상을 받았다. 일례로, 회사 본부나 교육이 이루어지는 호텔에 들어가기 전 건물에 문제가 발생할 경우의 대피 계획에 관해 상세한 설명을 들었다. 한번은 매우 높은 직급의 BP 고위 간부가 공개 강연을 하러 하버드 대학교에 방문했는데, 캠퍼스를 돌아다닐 때 BP의 안전 수칙에 위배된다며 빨간 불에 절대 건너지 않았다. 당시 우리는 강연에 늦은 상태였지만 그는 주변에 차가 없어도 지각을 핑계로 무단 횡단을 할 수는 없다고 했다.

존 브라운이 BP의 CEO로 있을 당시 많은 사람은 그를 환경에 관심이 많은 대담한 선각자라고 생각했다. 그는 1997년에 스탠퍼드 대학교에서 기존의 업계 노선을 깨고 세계 석유 기업 CEO 최초로 기후변화 위기를 인정하는 획기적인 연설을 했다. 브라운이 CEO로 있는 동안, BP는 기후변화에 대응하기 위한 과감한 조치를 취하겠다고 약속했다. 당연히 브라운이 한 약속의 진정성을 의심하는 사람들도 있었다. 그러나 대체 연료에 상당한 투자를 한 일을 비롯해 BP의 활동을 직접 지켜본 사람으로서 나는 환경을 이야기한 브라운의 1997년 연설이 거짓이 아니었고 그가 진심으로 석유에 집중된 BP의 사업 기조를 바꾸기 위해 많은 노력을 기울였다고 확신한다. 게다가 2005년부터 2006년까지 BP의 고위 간부 대부분도 당시 회사가 표명한 환경보호 약속에 자부심을 느끼고 있었다고 장담할 수 있다. 물론 멕시코만 참사를 포함해 널리 알려진 BP의 여러 사고를 고려하면 내 말이 이상하게 들린다는 것을 안다.

그렇다면 당시 BP 경영진이 안전과 환경에 단호한 의지를 보였다는 나의 믿음과 BP가 일으킨 세 건의 큰 참사는 어떻게 양립할 수 있을까? 내 생각엔 BP의 다른 목표가 방해한 결과다. 브라운과 고위 관리들이 환경과 안전에 많은 관심을 기울인 것은 맞지만 동시에 그들은 비용 절감을 원하기도 했다. 1999년에 브라운은 전 부문에 걸쳐 비용을 25퍼센트 절감하는 목표를 설정했다. 같은 해 BP는 1995년에 프루도

베이 유전에 불법 폐기물을 투기한 혐의에 대해 유죄를 인정했다. 알래스카주 정부와 맺은 계약이 철회되지 않도록 BP는 5년간 환경보호청의 보호 관찰을 받았고, 그동안 환경에 위협이 되는 요소를 줄이고 규제 준수를 개선하는 유의미한 개혁을 수행했다. 그러나 1년도 채 지나지 않아 직원들은 회사가 알래스카 유전의 설비와 안전 시스템을 제대로 유지 관리하지 않는다고 독립 중재인에게 고발했다. 의혹을 조사하기 위해 BP가 고용한 독립 전문가 패널은 2001년 운영 건전성 보고서를 내면서 이렇게 결론 내렸다. "경영진이 표명한 안전에 대한 약속과 그 약속에 대한 이해 사이에 (……) 괴리가 있다."[35] 그럼에도 2004년에 브라운은 막대한 규모의 예산 삭감을 목표로 설정했다. 한 BP 관리자는 "BP의 비용 관리에 대한 집념은 광기에 가까울 정도로 심각한 수준이다."라고 증언했다. "비용 관리에 대한 집착은 정신이 아득해질 정도로 무시무시하다. 아무도 지름길을 택하거나 위험을 감수하라고 한 적은 없지만, 대개 결국 그렇게 되고 만다."[36]

대체 BP에 무슨 일이 있었던 걸까? 여러 증거를 종합해 보면 비용 절감이라는 목표가 안전 문제에 아주 큰 영향을 미쳤다는 사실을 알 수 있다.[37] BP의 고위 관리들은 분명히 안전과 환경에 관심을 두었지만, 비용 절감이라는 명확하고 측정 가능한 목표도 수립했다. 그들의 의중이 대서양을 건너 알래스카와 멕시코만에 전해지자 정량적 평가 기준은 뚜렷한 실체가 없는 안전과 환경이라는 목표를 밀어냈다. 비용 절감에 전념하라는 지시를 받은 하급 직원들은 안전과 환경의 문제에서 점점 관심이 멀어졌을 것이다.

나는 BP에서 일어난 참사의 공범이었을까? 의도하지 않은 것은 당연하고, 내가 BP에 제공한 조언 대부분은 윤리적 행위를 촉진하는 내용이었다. 당시 나는 BP가 윤리적이라고 생각했다. 그렇다면 중요한 징후를 보지 못했던 걸까? 여기에 대한 답은 영원히 찾을 수 없을 것 같다. 그러나 고객사를 긍정적인 눈으로 바라보려는 바람이 나의 견해에 영향을 주는지 더욱 신중하게 고민해야 했다.

폭스바겐, 웰스파고, BP의 사례를 보면 모두 구체적이고 달성하기 힘든 목표를 달성해야 한다는 고위 관리들의 집착이 직원들에게 윤리적 문제를 무시하고 부정하고 불법적인 행위를 하도록 부추겼다고 할 수 있다. 비합리적인 목표를 세운 고위 간부들과 그것을 하급 직원들에게 전달한 중간급 매니저들은 직접 거짓말을 하고 속임수를 쓴 직원들을 한 번도 만난 적 없다 하더라도 그들이 저지른 범법 행위의 완전한 공범이었다.

독립성이라는 허상

상장 기업의 이사회는 주주의 이익을 대변해야 한다. 미국에서는 이를 위해 반드시 이사회의 과반수를 '독립' 이사로 구성해야 한다. 독립이사란 보통 1) 독립적인 판단을 방해할 수 있는 해당 기업과 물질적 관계가 없어야 하고, 2) 회사의 임원진이 아니어야 하며, 3) 회사의 일상적인 운영에 관여하지 않는 사람을 말한다. 그래서 과반을 차지하는 독립이사들이 주주의 이익을 최우선으로 하는 것은 물론 소득 극대화와 같은 개인적인 목표를 추구하는 CEO와 경영진에게 휘둘리지 않을 것이라 기대한다.

상장 기업의 이사회에 왜 반드시 독립이사가 포함되어야 하는지 충분히 이해할 만한 대목이다. 테라노스와 와인스틴 컴퍼니가 극단적인 사례이기는 하지만, 최근 기업 스캔들을 보면 대개 사건이 대중에 알려지기 훨씬 이전에 이사회가 범법 행위를 발견하고 조치를 취했어야 한 경우가 대부분이다. 하지만 그런 기업의 이사회는 범법 행위를 간과할 만한 동기가 충분한 내부자들로 가득 차 있었다. 기업들은 주주를 대변하면서도 고위 간부들을 기쁘게 할 동기가 충분한 독립이사들의 이해관계 충돌 문제를 제거해야 한다. 그러나 '독립이사'라는 표현은 기만적이고 부적절한 명칭이다. 실제로 독립이사라고 불리는 사람들을 포함하여 이사 대부분은 CEO나 고위급 임원의 추천 또는 승인을 받아 선정되며, 이들은 대개 경영진의 의견을 지지하면 보상을 받는다.

많은 전문직 종사자들은 경제적으로 자신에게 최선이 되는 선택과 자신이 대변하는 집단에 가장 이익이 되는 선택 사이에서 이해관계 충돌을 경험한다. 의사들이 자기 전공 분야의 치료법을 권하면 경제적 보상이 따르는 것처럼 변호사들도 재판에 가느냐 마느냐에 따라 보상이 따르는데, 이 선택에 따른 보상은 의뢰인의 이익과 일치하지 않을 수 있다. 지금껏 설명한 것처럼 정보를 특정한 방식으로 보려는 동기가 있으면 더 이상 독립적이거나 객관적일 수 없다. 앞서 강조했듯이 실제로 이해관계 충돌 문제를 솔직하게 드러내는 사람들은 그렇지 않은 사람보다 훨씬 더 편향적이고 이기적인 방식으로 행동한다.[38] 마찬가지로 사외이사를 독립적이라고 생각하면, 우리는 그들이 최고위 경영진의 편향적 관점을 공유하는데도 우리를 보호하기 위해 애쓴다고 착각하며 그런 전문가들의 의견을 더 자발적으로 따를 수 있다.[39]

기업 상황에서 '독립적'이라는 형용사가 이사회보다 훨씬 중요한 영역이 있는데, 바로 회계감사의 세계다. 대부분의 서구 국가에서 기업은 반드시 재무제표에 대해 '독립 감사'의 회계감사를 받아야 한다. 이것을 요구하는 이유는 다른 당사자들이 해당 기업의 재무 보고가 사실이라는 신뢰를 주기 위해서다. 1984년에 대법원이 낸 다수 의견에서 대법원장 워런 버거 판사는 회계감사 독립성의 중요성을 이렇게 강조했다.

> 독립 감사는 의뢰인과의 고용 관계를 초월하는 공적 책임을 진다. 이런 특별한 기능을 수행하는 독립 공인회계사는 궁극적으로 해당 기업의 채권자와 주주는 물론 일반 투자자에게도 충실할 의무가 있다. 이 '공공의 감시자' 역할은 회계사가 항상 의뢰인으로부터 완전한 독립성을 유지하고 온전히 대중의 신뢰에 따라 행동할 것을 요구한다.[40]

감사업계 종사자들도 이런 견해를 지지한다고 주장한다. 미국 공인회계사협회의 회계감사 행동 강령은 "회계감사 업무를 수행할 때 협회 회원은 반드시 객관성과 정직성을 유지해야 하고, 이해관계의 충돌에서 자유로워야 하며, 고의로 사실을 왜곡해서는 안 된다."라고 명시한다.[41] 그러나 나는 1997년에 킴벌리 모건, 조지 로웬스타인과 함께 심각한 정도의 이해관계 충돌이 감사업계에 구조적으로 존재하며, 회계감사관들이 버거 판사가 언급한 독립성을 지키지 못한다는 내용을 발표한 적이 있다. 그로부터 25년이 지난 지금도 회계감사관들은 여전히 독립적이지 않고 고객사의 비위를 맞추며 이해관계 충돌에서 자유롭지 못하다. 감사업계가 사용하는 '독립적'이라는 형용사는 대중을 오도하고 기만하는 주장이다.

회계감사관들이 독립적일 수 없는 이유는 고객사를 만족시켜야 하는 강력한 동기가 있기 때문이다. 회계감사관들은 고객사와 계속 관계를 유지하고 추가 서비스를 판매하고 싶어 하는 데다가 향후 고객사에 고용되기를 희망하는 경우도 많다. 대부분의 회계감사관들이 의도적으로 부도덕하게 감사하는 것은 아니지만 완전히 공정할 수는 없다. 진정한 회계감사 독립성을 확보하려면 회계감사관과 고객사 사이의 관계를 구조적으로 바꾸어서 회계감사관이 고객사의 '파트너'가 아니라 기업 재무제표의 진정한 판사처럼 행동해야 한다. 이 장에서 살펴본 다른 업계처럼 회계감사관 개개인은 핵심 범죄자가 아니다. 오히려 진정으로 독립적인 제도가 법제화되지 않도록 매년 의회에 수백, 수천만 달러를 써서 압력을 가하는 거대 회계법인들의 경영진이 공모자다.

감사업계와 유사한 사례는 또 있다. 2008년 금융 위기에 신용평가기관들이 어떤 역할을 했는지 생각해 보자. 신용평가기관의 핵심 과업은 외부 투자자들에게 은행, 보험회사 등의 채무 발행자와 이런 금융기관이 대중에게 판매하는 채무 상품의 신용도를 알리는 것이다. 대침체 이전 주택 거품 시기에 많은 채권 발행자들이 서브프라임 대출을 주택저당증권으로 판매하기 시작했다. 미국 하원의 정부개혁감독위원회 위원장 헨리 왁스먼 의원에 따르면, 금융 위기 이후 정부개혁감독위원회는 신용평가회사의 경영진이 "점점 더 복잡해지는 모기지 관련 증권 수천 개에 AAA 등급을 부여할 근거가 부족하다는 것을 알면서도 상품을 보증한 경우가 많았다."라는 사실을 확인했다.[42]

신용평가기관의 간부들은 위원회에 출석하여 이해관계 충돌로 미국의 신용평가제도가 본래의 목적대로 운영되기 힘들다고 증언했다. 회계법인과 마찬가지로 스탠더드앤드푸어스, 무디스, 피치와 같은 세계 최대 신용평가회사들은 신용 등급에 진정한 이해관계가 있는 투자자들이 아니라 자신이 평가하는 기업들로부터 돈을 받는다. 신용평가회사의 기준이 엄격할수록 고객사에게는 매력이 떨어진다. 미국의 유명 회계법인들이 그러하듯, 자칭 독립적이라고 하는 신용평가회사들도 자신이 평가하는 고객사에 컨설팅 서비스를 판매하기 위해 많은 공을 들여 왔다. 독립성은 신용평가기관이 존재하는 핵심 이유지만, 그들의 보상 구조는 내재적인 이해관계 충돌의 문제를 여실히 보여 준다.

부도덕한 환경 개선이 먼저다

선한 의도로 처방을 내리는 의사, 수술이 최선의 치료법이라고 믿는 의사, 판매 실적을 올리고 싶은 은행 직원, 고객사의 비위를 맞추고 싶은 회계감사관이나 컨설턴트 모두 부도덕한 일의 공모자이기는 하지만 핵심 공범은 아니다. 이런 부패한 시스템을 만들고 제도화하고 수용한 주체들이 훨씬 더 책임이 크기 때문이다. 비교적 직급이 낮은 직원들이 비윤리적인 방식으로 행동하는 것을 목격할 때, 우리는 그 사람의 행위 너머에 그런 비윤리적인 행위를 일으키도록 제도를 만든 더 높은 직급의 사람들을 주목해야 한다.

공모에 대처하는 법

3

9장 공모의 심리학

왜 사람들은 사회에 해를 미치는 타인의 행위를 돕는 걸까? 그 답은 어떤 공모 유형에 해당하는지에 따라 달라진다. 진정한 파트너와 협력자들의 공모 이유는 다른 유형과는 매우 다르다. 나치당의 진정한 파트너들은 히틀러처럼 공산주의자, 사회주의자, 동성애자, 유대인을 혐오했고, 히틀러가 『나의 투쟁』에서 밝힌 견해 대부분(또는 전부)을 지지했다. 2장에서 살펴본 사례가 바로 이런 사악한 진정한 파트너들이다. 협력자들이 범법자를 돕는 이유는 대개 그 대가로 다른 문제에서 이익을 얻을 수 있다고 기대하기 때문이다. 트럼프 지지자들이 대표적이다. 이슬람교도, 흑인, 멕시코인, 중국인에 대한 트럼프의 차별 정책이 스티브 배넌과 같은 일부 진정한 파트너들의 성향과 일치하는 것도 사실이지만, 트럼프 진영의 다른 사람들이 그를 지지하는 이유는 낙태권을 제한하고 큰 폭의 세금 감면을 받고 느슨한 정부 규제로 이득을 취하고 싶은 바람에서다. 진정한 파트너와 협력자들의 행위는 보통 의도가 다분하고, 행위를 설명하는 데 복잡한 심리 이론이 그다지 필요하지 않다.

이 책을 읽는 독자 대부분은 자신을 범법자의 파트너나 협력자라고 여기지 않을 것이다. 그러나 우리가 다른 여러 공모 유형을 논의하는 동안 내가 그랬던 것처럼 자신의 어떤 과거가 떠오른 독자도 있을 것이다. 우리가 고의적이진 않지만 심각한 형태의 공모에 가담하는 이유는 무엇일까? 이 장은 그런 공모 행위 이면에 숨은 심리를 알아본다.

한 사람만 비난하기

"테라노스가 벌인 거대한 사기극의 원인은 무엇이었을까요? 시간 제한은 없으니 충분히 고민하여 답해 주세요."

내가 하버드 경영대학원의 최고경영자 과정에서 전 세계 다양한 업계의 최고위 간부들을 가르치며 냈던 문제다. 그들은 두어 달 전에 내가 동료 교수와 함께 진행한 테라노스 사례에 관한 토론 수업에 참여한 바 있었다. 그들은 사기극이 전개되도록 놔둔 테라노스의 이사회, 벤처 캐피털 투자자, 과대 선전된 테라노스의 진단 키트를 약국에 입점시킨 월그린의 책임을 이야기했다. 테라노스의 회장이자 엘리자베스 홈스의 연인이었던 서니 발와니가 사기 기업을 만들고 관리한 책임에 관해서도 이야기했다.

이 최고경영자 수업은 코로나19 팬데믹 때문에 온라인으로 진행하고 있었다. 학생들에게 테라노스의 사기극이 벌어진 원인을 묻고 각자 채팅으로 답변을 보내라고 했다. 시간은 충분히 주어졌다. 테라노스 사기극의 원인이 다양하다는 사실은 분명했다. 그러나 학생들의 답변은 원인을 간단하게 하나만 적은 경우가 대부분이었다. 70명 중 62명이 원인을 하나만 지적했고, 그 62명 중 56명이 엘리자베스 홈스의 자기도취나 부도덕성과 같은 특징을 설명하는 데에 그쳤다. 나머지 6명은 효과적으로 관리하지 못한 이사회를 원인으로 꼽았다. 70명 중 오직 8명만이 두 가지 원인을 댔는데, 단순히 홈스의 특징을 두 가지 언급하거나 홈스의 문제와 이사회의 태만을 지적했다. 테라노스를 밀어주고 후원한 벤처 캐피털 기업이나 테라노스의 진단 키트를 입점시키기 전에 실사도 하지 않은 월그린, 의학과 기술에 전문성이 없었던 이사회의 문제를 언급한 사람은 아무도 없었다. 다시 말해 세상 물정에 훤하고 사건의 면면을 속속들이 아는 경영진 수강생 대다수가 책임 소재를 단 한 군데에서만 찾았다.

어떤 사건의 원인을 이야기할 때 우리는 한 가지 설명에 집중하는 경향이 있다. 한 가지 원인만 찾는 성향은 스캔들에만 국한되지 않는다. 시카고 대학교의 마케팅 교수 앤 맥길은 한 가지 이유만 찾는 사고방식의 허점을 논의하기 위해 10대의 임신 원인에 관한 끝없는 논쟁을 예로 든다.[1] 보수 성향의 사람들은 10대들의 성적 문란이 원인이라고 주장하고, 진보 성향의 사람들은 피임 부족만을 이야기하지만, 생물학자에게 어느 쪽이 맞는지 물으면 둘 다 맞다고 한다. 이 예시가 보여 주는 것처럼 단일 원인을 주장하는 데는 대개 정치적인 동기가 있다.

2019년 심리학 전문지 《사이콜로지 투데이》에 게재된 기사에서 심리학자 스티븐 라셰는 우리가 뉴스에 난 사건에서 한 가지 원인에 주목하는 편협한 관점을 보이는 것은 간단하고 짧은 설명에 치중하는 미디어 때문이라고 지적한다.[2] 라셰는 "새로운 연구로 밝혀진 오바마 지지자가 트럼프로 전향한 진짜 이유"라는 제목의 《복스》 기사를 예로 들면서,[3] 이런 기사는 복잡한 현상에 대한 이유가 단 하나뿐이라는 인상을 준다고 설명한다. 프린스턴 대학교의 심리학자 타니아 롬브로소는 신중하게 통제된 일련의 연구를 통해 사람들이 가상의 사건을 두고 두 가지 원인이 모두 그럴듯한 설명보다 하나의 원인을 제시하는 단순한 설명을 믿는 경향이 더 많다는 사실을 발견했다.[4] 스웨덴 출신의 의사 한스 로슬링에 따르면 인간은 단순한 관념을 선호하는데, 그런 관념으로 어떤 현상을 완전하게 알고 이해한다고 믿기 때문이다.[5] 로슬링은 이런 성향이 복잡한 문제를 한 가지 해법만으로 해결할 수 있다고 착각하게 만들기 때문에 위험하다고 주장한다.

단일 원인의 오류는 끊임없이 계속되는 분쟁의 맥락에서도 발생한다. 해결하기 힘든 분쟁이 지속되는 이유를 물을 때 사람들은 보통 상대편의 부적절한 행위에 초점을 맞춘 한 가지 이유를 대곤 한다. 이 때문에 팔레스타인 사람들과 극좌파 성향의 미국인들은 중동의 평화를 구축하는 데 실패한 이유를 이스라엘 점령군의 탄압 정책 때문이라고 비난하는 경향이 있다. 반대로 우파 성향의 이스라엘 사람들과 미국인들은 팔레스타인이 과거에 제안된 평화안을 수용하지 않았다는 사실에 주목하는 편이다. 그러나 양쪽 모두 자신이 지지하는 쪽이 팔레스타인-이스라엘 분쟁에 원인을 제공했다는 점을 인정하지 않으려 한다.

고백하건대 만약 이 책을 집필하기 6개월 전에 테라노스 사기극의 원인이 무엇인지 질문을 받았다면, 나는 필시 엘리자베스 홈스만 들먹이며 한 가지 원인만 지적하는 단순한 설명을 내놓았을 것이다. 나는 단순함을 좋아하는데, 학계에서는 이를 간결성이라고도 한다. 간결성을 선호하는 경향은 오컴의 면도날이라고 알려진 유명한 철학 원칙과 궤를 같이한다. 오컴의 면도날이란 어떤 현상을 설명하는 두 가지 과학적 주장이 있을 때 단순한 설명이 대개 가장 정확하다는 뜻의 용어다. 더 단순한 설명이 더 이해하기 쉬운 것이 사실이지만, 오컴의 면도날을 현실에 폭넓게 적용할 수 있는 경험 법칙이라고 주장할 만한 근거는 없다. 이 책에서 논의한 여러 사례만 봐도 단순한 이유는 사건을 제대로 설명하지 못한다.

단일 원인의 오류는 책임 소재를 따질 때 왜 주범에만 주목하는지, 나아가 왜 그 사람을 도와준 공범들의 역할을 간과하는지 설명해 준다. 부정행위의 원인을 한 군데에서만 찾으면 부정행위에 가담한 사람들이 너무 쉽게 면죄부를 받는데, 그러면 부정행위에 가담한 조직을 개선하거나 미래에 우리가 저지를 수 있는 공모를 예방하지 못할 수 있다.

공모자들을 밝히려면 사건에 대한 복잡하고 다면적인 설명이 필요하다. 사건을 더 정확하게 이해하고 문제 해결에 도움이 되려면 "테라노스 사기극의 원인은 무엇인가?"라고 물을 게 아니라 "테라노스 사기극을 불러온 요인들은 무엇인가?"라고 묻는 게 현명하다. 그래야만 이해하려는 사건의 원인을 모두 생각해 볼 수 있다.

한 가지 원인만 찾는 경향은 부도덕한 행위에 가담하는 여러 가지 심리적 이유 중 하나일 뿐이다. 이제부터는 간접적으로 해악을 미치는 행위 이면의 심리, 공모 행위가 쉽게 간과되는 이유, 부작위 편향의 기능, 비윤리적인 행위가 점점 더 심각한 범죄로 악화하는 이유, 두려움의 역할을 자세히 논의할 것이다.

간접적인 해악을 미치는 심리

사람들이 고의로 도둑질을 하고, 거짓말을 하고, 속임수를 쓰는 이유는 대개 돈, 일자리, 청탁과 같은 직접적인 이득을 얻기 위해서다. 또 자신이 누리는 특권을 인지하려고 노력하지 않거나 공평하지 않은 제도의 간접적인 혜택을 받을 때처럼 행위를 하지 않으면서도 이익을 얻을 수 있다. 예를 들어 앞서 언급한 것처럼 특권은 특혜를 요구하거나, 인종차별적인 법 또는 규칙을 수용하거나, 유색인종의 의사를 무시하는 등의 인종 불평등을 영속화하는 행위로 이어질 수 있다. 간접적으로 일으킨 해악에서 이득을 보면 직접 잘못을 저지를 때보다 더 쉽게 정당화한다는 사실은 여러 연구에서 증명되었다.[6] 부하가 일으킨 해악으로 상사가 이득을 볼 때 부하가 상사를 위해 부정행위를 저질렀을 것이라는 상당히 명백한 가능성을 눈치채지 못하는 경우가 많다는 사실도 유사한 맥락이다.

보스턴 칼리지의 경제학 교수 루커스 코프먼은 우리가 대체로 다른 사람을 통해 부도덕한 행위를 하고 간접적으로 해악을 저지르는 사람에게 책임을 묻지 않는다는 사실을 밝혀냈다.[7] 그는 독재자 게임이라고 부르는 고전 경제학 게임을 이용해 실험을 진행했다. 통상적으로 독재자 게임은 '독재자' 역할의 실험 참가자가 특정 금액의 돈을 나눈 다음 '반응자'와 나누어 갖는다. 독재자 역할을 맡은 참가자들은 돈을 전부 가질 수도 있지만, 참가자 대부분에게 공정하려는 마음에서 아무런 결정권이 없는 반응자에게 일정 금액, 심지어 절반까지도 나누어 준다. 코프먼은 이 실험에 독재자와 반응자 사이에 중재자를 투입한다. 다시 말해 독재자는 중재자를 '고용'하여 대신 금액을 나누게 할 수 있다. 자신과 독재자를 대신하여 이기적으로 행동할 수 있는 권한을 부여받은 중재자는 독재자가 돈을 나눌 때보다 결정권이 없는 반응자들을 훨씬 더 형편없이 대했다. 하지만 이 모든 활동을 지켜본 관찰자들은 대체로 독재자의 통제 아래 있던 중재자의 이기심에 대한 책임을 독재자에게 묻지 않았다.

안타깝게도 인간은 간접적으로 해악을 일으킨 사람들에게 온전한 책임을 묻지 않는 심리를 갖고 있다. 그 결과 조언을 제공하는 사람들을 도덕적 책임에서 자유롭게 하여 그들이 편안한 마음으로 해악을 끼치도록 조장한다.

공모 행위가 쉽게 간과되는 이유

8장에서 나는 대니얼 사이먼스와 크리스토퍼 차브리스의 무주의 맹시에 관한 유명한 영상을 설명했다. 이 영상은 어떤 문제의 한 가지 면만 주목하는 행위가 어떻게 다른 중요한 정보를 놓치게 만드는지 보여 주는 데 자주 사용된다.[8] 실험 참가자들은 영상 속에서 흰색 티셔츠를 입은 사람들끼리 주고받는 패스 횟수를 세는 구체적이고 쉽지 않은 과제를 부여받는데, 영상을 본 사람들은 대부분 검은색 고릴라 탈을 쓴 사람이 가슴을 쿵쾅거리며 화면을 가로질러 가는 것을 보지 못한다.

고릴라를 보지 못한 일은 실제 해악을 끼치지 않지만, 어떤 것을 인지하지 못하는 다른 사례에서는 더 심각한 문제와 윤리적 결과가 따를 수 있다. 부도덕한 사건이나 범죄가 뉴스에 보도되면 많은 사람이 수상한 일이 벌어지는 것을 알고 있었다고 주장한다. 일례로, 버나드 메이도프가 오랜 세월 동안 폰지 사기로 투자자들에게 200억 달러 이상을 가로챘다는 사실이 밝혀지자, 많은 금융업계 관계자들은 메이도프가 발표하는 수익을 단 한 번도 믿은 적이 없다고 떠들어 댔다. 그렇다면 왜 진작에 그렇게 말하지 않았을까? 이처럼 어떤 상황이나 결정의 다른 측면, 이를테면 수익 극대화나 매출 증가에 몰두하면 윤리적 문제는 관심사에서 사라지거나 잊히기 마련이다.[9]

부정행위의 공모자가 되지 않는 일은 내가 BP의 컨설턴트로 일했을 때처럼 잘못을 저지르는 사람과 긴밀하게 협력하며 일하거나 사회적 관계를 맺고 있을 때 훨씬 어려울 수 있다. 우리가 만나는 범법자들은 상사, 동료, 고객, 납품업자, 가족이나 친구와 같이 우리가 알고 지내거나 아끼거나 성공을 기원하는 사람인 경우가 많다. 이 때문에 이른바 독립이사, 회계감사관, 신용평가회사 들이 객관적인 평가를 내려야 하는 임무를 맡았을 때 경험하는 맹시는 범죄를 저지르는 사람과 가까운 관계일 때 한층 더 두드러지게 나타난다. 이 관계가 그들의 비윤리적 행위를 보지 못하게 계속해서 부도덕한 일을 저지르도록 방조할 수 있다.

많은 범죄 사례를 보면 핵심 가해자는 다른 사람들이 자신의 부도덕한 행위를 눈치채거나 그 행위에 조치를 취하지 못하게 적극적으로 막으려 한다. 그들은 마술사처럼 사람들의 관심을 조직의 숭고한 사명이나 눈부신 혁신 같은 것으로 돌려 범죄를 보지 못하게 한다. 위워크의 애덤 뉴먼이나 테라노스의 엘리자베스 홈스도 이 패턴을 따랐다. 범법자들은 종종 세상이 아주 중대한 전환점에 서 있어서 기존의 규칙이 적용되지 않는다고 주장하는데, 이는 자신에게 제기될 수 있는 비난과 우려를 잠재우기 위해서다. 우리는 이런 주장에 안도할 것이 아니라 윤리적 경계심을 더 높은 수준으로 끌어올려야 한다.

잘못을 저지르는 사람들은 경쟁자를 '적'으로 상정하여 자기 행위를 감추는 경우가 많다. 그 적은 새로운 이민자가 될 수도 있고, 업계의 숙적일 수도 있으며, 운동경기의 상대 팀일 수도 있고, 전쟁 상대국일 수도 있다. 부도덕한 행위가 경쟁에서 이기는 것을 목표로 하면 지지자들은 대개 그런 행위를 인지하지 못한다. 우리 팀이 이기는 데에 도움이 된다면, '우리 편'에 있는 사람들이 상대편의 신호를 훔치거나 파트너를 학대하거나 풋볼 스타 마이클 빅처럼 개를 죽인다는 언론 보도가 나와도 못 본 척한다. 우리는 단순히 가해자가 우리 '팀'이라는 이유만으로 비윤리적인 행위를 정당화할 수 없으며, 정당화할 수 있다는 듯이 행동하면 우리도 공범이 된다는 사실을 깨달아야 한다.

부작위 편향

동료가 회사 정책과 법을 위반한 것 같은데 확신할 수는 없는 상황이라고 가정해 보자. 동료가 제품을 구매하는 대가로 납품업체로부터 리베이트를 받고 있다는 소문을 들었다. 또 범법 행위라고밖에 설명할 수 없는 행동 패턴을 보이는 것도 직접 목격했다. 그러나 범죄행위에 대한 직접적인 증거가 없고 당신은 원래 그 동료를 좋아한다. 게다가 해당 범죄가 회사 정책과 법을 어기는 것이긴 하지만, 들통나지만 않으면 사실 회사에 도움이 된다. 당신이라면 어떻게 하겠는가? 의혹을 밝히겠는가, 아니면 "내 할 일이나 하자."라고 생각하겠는가?

잠시 공모의 관점에서 벗어나 행동하는 것과 행동하지 않는 것에 대해 생각해 보자. 지금으로부터 2년 후, 지금껏 보지 못한 위험한 변종 코로나 바이러스가 발생했다고 가정하자. 이 새로운 변종에 걸릴 확률은 10퍼센트다. 심하게 아프거나 죽는 것을 예방하는 데 95퍼센트의 효과가 있는 백신이 있지만, 그 백신은 열이나 피로감과 같은 일시적이지만 불쾌한 부작용을 동반하는 경우가 많다. 학계는 백신을 맞지 않는 것보다 맞는 것이 훨씬 더 안전하다고 입을 모아 말한다. 당신이라면 백신을 맞겠는가? 2021년에 보았듯이 매우 효과적인 코로나19 백신이 출시된 후에도 많은 사람이 백신을 맞지 않았다. 이는 대개 행동하지 않는 쪽(백신 비접종)의 위험보다 행동하는 쪽(백신 접종)의 위험에 대한 우려가 더 컸기 때문이다. 행동하지 않는 쪽의 위험이 객관적으로 더 높을 때도 말이다.[10] 심리학자 일라나 리토프와 존 배런은 이렇게 작위(행동하는 것)의 손해보다 부작위(행동하지 않는 것)의 손해를 비합리적으로 선호하는 것을 가리켜 부작위 편향이라고 부른다. 무언가를 하거나, 아무것도 하지 않거나 두 가지 보기뿐인 위험한 선택의 기로에서 사람들은 대개 "해를 끼치지 말라."라는 경험 법칙을 따른다. 문제는 가장 현명하고 윤리적인 행동을 하려면 훨씬 더 큰 피해(코로나19에 걸리는 일)를 입지 않기 위해 어느 정도의 위험(백신 접종)을 감수해야 하거나, 다른 사람들을 위해 또는 다른 측면에서 큰 이익을 창출하기 위해 어느 정도의 손해를 감수해야 할 때도 있다는 사실이다. 부작위 편향은 시간이 흘러 백신의 놀라운 효과와 안전성이 확인되었는데도 왜 그토록 많은 사람이 백신 접종을 꺼리는지를 어느 정도 설명해 준다.

'육교 딜레마'라는 유명한 철학 문제를 들어 보았을 것이다.[11] 당신이 선로 위에 놓인 육교에 서 있다고 가정해 보자. 옆에는 커다란 배낭을 멘 철도 노동자가 있다. 육교 아래 선로에는 노면 전차가 다가오고 선로 위에는 사람 5명이 서 있다. 옆에 서 있는 철도 노동자를 육교에서 밀어 선로로 떨어뜨리면 5명을 구할 수 있다. 노동자는 죽겠지만, 그의 몸이 전차를 세워 5명이 치이는 것을 막아 줄 것이다. 이 세계에서는 그런 행위로 법적 처벌을 받지 않고, 모든 결과는 100퍼센트 확실하다. 옆에 있는 사람을 밀면 그는 죽는다. 그러나 그를 밀지 않으면 다섯 사람이 죽는다. 당신이라면 어떻게 하겠는가?[12]

이런 상황에서 사람들의 선택은 보통 공리주의와 의무론 중 하나를 따른다. 공리주의는 최대 다수의 최대 행복을 추구하는 데 역점을 두며, 다섯 사람이 아니라 한 사람이 죽는 방법을 택할 것이다. 반면 의무론에서는 규범이나 의무를 준수하는 데 따라 행위의 도덕성을 판단하며, 기차가 들어오는 선로 위로 사람을 떨어뜨려서는 안 된다는 규칙을 따를 것이다.[13] 공모를 다루는 이 책에서 근본적인 철학적 논쟁을 해결할 생각은 없고, 일반적으로 선로 위로 사람을 떨어뜨리지 않겠다는 사람이 더 많다는 점만 언급하겠다. 딜레마 상황에서 공동선을 극대화하지 않는 이 선택은 행동하지 않아서 생기는 손해보다 행동해서 생기는 손해를 더 중시하는 부작위 편향과 일맥상통한다. 최대 다수의 최대 행복은 보편적으로 윤리적 목표로 받아들여지지 않으며, 의무론자와 일부 법학자들은 부작위와 작위 사이에 중요한 차이가 있다고 믿는다. 그러나 적어도 부작위를 통해 해악을 일으킬 때가 언제인지 인식하고 있어야 한다.

공모의 문제로 돌아오면, 우리는 부작위를 통해 부정행위에 가담하는 경우가 많다. 부정행위에 아무런 대처를 하지 않거나 자기 일에만 신경 쓰면서 범법 행위를 방조할 때, 우리는 공모자가 된다. 이런 공모 유형은 인간의 부작위 편향을 입증하는 심리학 연구 결과와 일치한다. 공모의 맥락에서 부작위 편향을 악화하는 것은 바로 불확실성이다. 누군가 비윤리적인 행위를 한다는 생각이 들지만 확신할 수 없을 때, 그들을 비난하는 일은 위험 부담이 있고 난처하며 부정적인 결과를 가져올 수도 있다. 어쨌거나 우리가 틀렸다면 곤란한 일이 발생할 테니까 말이다. 이처럼 불확실성은 우리를 침묵하게 만들고 공모자로 만든다. 그러나 불확실성을 인정하고 그냥 넘길 것이 아니라 더 알아보려는 적극적인 자세를 가져야 한다.

나는 2014년에 펴낸 『무엇을 놓치고 있는가』에서 정당한 목소리를 내지 않았던 나의 실제 경험에 관해 이야기했다.[14] 살면서 가장 바빴던 시절, 나는 담배업계의 사기 및 공갈 사건과 관련하여 법무부 측의 전문가 증인으로 활동하고 있었다. 법정 증언을 준비하고 있을 때, 한 법무부 검사가 담배업계에 지나치게 공격적이지 않게 증언해 달라고 요청했다. 나는 이해가 되지 않았다. 법무부 서열 3위인 로버트 D. 맥캘럼

주니어 법무부 차관보(조지 W. 부시 대통령이 임명했으며 R. J. 레이놀즈 담배 회사를 대리하는 로펌에서 파트너를 지냈다.)가 나를 소송에서 배제하고 증언하지 못하게 하라고 으름장을 놓았다고 했다. 나는 매우 불쾌했고 증언을 바꾸어 달라는 요청을 거부했다. 그러나 그 괴상한 요청에 관한 사실을 공개적으로 알리지는 않았다. 언론에 연락을 취하지도 않았고, 법무부 고위 간부에게 면담을 요청하지도 않았으며, 내가 아는 윤리적인 워싱턴 D. C. 지방 검사들에게 연락해 상황을 파악해 보려 하지도 않았다. 그냥 아무런 행동도 취하지 않았다.

재판이 끝난 지 7주 정도가 지났을 때, 《뉴욕 타임스》는 맥캘럼이 해당 소송의 또 다른 전문가 증인이자 금연 운동 단체 '아이에게 담배 없는 세상을(Campaign for Tobacco-Free Kids)'의 대표인 매슈 마이어스의 증언을 약화하려고 시도했다면서, 이것이 법무부가 스스로 검찰 쪽 주장을 부정한 방식으로 무력화하려는 광범위한 노력의 일환이었다고 보도했다. 마이어스는 용기를 내어 증인 매수 시도를 폭로했지만, 나는 행동하지 않음으로써 맥캘럼의 행위에 공모하고 만 셈이었다.(마이어스 이야기에 자극받은 후 《워싱턴 포스트》에 내 이야기를 털어놓기는 했지만.)

법무부의 이상한 요청을 받았을 때, 나는 분명 어떤 일이 벌어지고 있는지 알지 못했고 부도덕한 행위가 관련되어 있다는 사실도 몰랐다. 그래서 내 이야기를 들은 사람들은 대개 이런 사실을 감안하여 내가 잘못한 것이 없다고 판단을 내린다. 하지만 내 생각은 다르다. 나는 더 알아보려고 노력할 도덕적 의무가 있었다. 기자들은 어떤 상황이 이해가 가지 않을 때 적극적으로 조사해 보면 아주 흥미로운 이야기가 숨어 있는 경우가 많다고 말한다. 나는 범법 행위에 연루된 것은 아닌지 더 알아볼 수 있었고 더 알아봤어야 했다. 부작위로 나는 공범이 되었다.

가톨릭 사제들과 래리 나사르 같은 성범죄자들의 범죄나 홀로코스트를 방조한 공모자들을 다룬 『방조자들』에서 에이머스 기오라는 "아무것도 하지 않기로 결정하는 것은 무언가를 하기로 결정하는 것만큼 분명한 행위다. 이것을 인정하지 않으면, 우리는 행동하지 않기로 선택한 사람에게 그 행위에 대한 면죄부를 주는 것이다."라고 말한다.[15] 그러면서 공모자들을 범죄로 볼 것을 제안하는데, 이 주제는 11장에서 다시 다룰 것이다.

공모의 점진적 진화

다수의 공화당 의원들은 2021년 1월 6일 국회의사당 점거 폭동을 포함하여 2020년 대선 결과를 뒤집으려는 트럼프의 시도를 지지했다. 이에 대한 한 가지 해석은 공화당 의원들이 지난 4년간 행동을 확대해 왔고, 트럼프의 전복 시도를 지지하는 일도 그들의 부패한 공모 행위에서 한 걸음 더 나아갔을 뿐이라는 것이다.[16] 쿠데타 시도에 대한 공화당 의원들의 지지는 사소한 것으로 시작된 문제 행동이 계속되고 확장되면서 점차 유해한 환경을 조성해 간다는 사실을 보여 주는 완벽한 사례라고 심리학자 캐서린 샌더슨은 주장한다.[17]

샌더슨은 내가 공동 집필한 연구를 인용하는데, 해당 연구는 회계 감사 역할을 맡은 실험 참가자가 의뢰인의 행위가 갑자기 부도덕하게 바뀔 때보다 부도덕한 행위가 점증적으로 발전할 때 그것을 수용하는 경향이 더 크다는 사실을 입증한 것이다. 윤리적 행위가 이렇게 점진적으로 악화하면 사람들이 비윤리적인 행위를 인식하고 신고할 가능성은 낮아진다.[18] 일례로, 회계법인 아서 앤더슨이 엔론의 부패한 재무제표를 매년 인증한 사실을 많은 사람이 의아해했다. 우리 연구 결과와 일치하는 한 가지 해석을 내리면 엔론의 부정부패가 매년 점진적으로 심해졌으리라고 추측할 수 있다. 첫해에는 부패가 거의 허용되지 않았다가, 다음 해에는 비윤리적이고 불법적인 행위가 시작되고, 위조와 조작이 눈에 띌 만큼 분명해질 정도로 확대되었을 무렵에는 회계감사관들이 이미 그것에 익숙해졌을 것이다.[19] 애리조나 주립대학교 경영대학원 교수 데이비드 웰시와 동료들이 진행한 연구에 따르면, 사람들은 부도덕성의 수준을 점진적으로 높일 기회가 있을 때 더 쉽게 부도덕한 행위를 저지른다.[20] 이 연구 결과는 공화당 의원들이 1월 6일 국회 쿠데타를 용인하고 심지어 지지한 이유를 설명하는 데 유용하다.

　샌더슨은 2018년에 다트머스 대학교 심리학 및 뇌과학과의 재학생과 졸업생 7명이 16년 넘게 성희롱과 성폭력을 저질러 온 교수 3명을 고소한 사건도 언급한다.(이 사건으로 다트머스는 다음 해 1400만 달러의 배상금을 지급하고 합의했다.) 다트머스 졸업생이자 현재 하버드 대학교 심리학과 교수인 리아 서머빌은 자신이 그런 행위에 얼마나 서서히 익숙해졌는지를 이렇게 설명했다. "유해한 행위가 일상인 환경에 물들어 있으면 그것을 인지조차 못할 수 있다. 이를테면 내가 학교에 다닐 때 몇몇 교수는 실험실이나 공개적인 자리에서 지도 학생의 성생활을 두고 농담하는 일이 다반사였다. 처음에는 듣기가 너무 불편했지만, 그런 일이 빈번해지고 점점 수위가 높아지면서 불미스러운 일이 아닌 것처럼 느껴졌다."²¹ 어떤 환경에서든 부도덕한 행위가 점진적으로 악화하면 눈치채기도 대응하기도 어려워져서 방조에 이를 수 있다.

보복에 대한 두려움

10여 년 전, 독재 정권에서 민주주의로 발돋움한 지 얼마 되지 않은 아시아 국가에서 미국에 본사를 둔 한 다국적 기업을 대상으로 협상을 가르치고 있었다. 내 협상 수업은 학생들이 매우 활발하게 참여하는 방식으로 운영되어서 수업을 질적으로 향상하고 나의 논지를 전달하려면 학생들의 흥미로운 통찰과 이야기가 절대적으로 필요하다. 그러나 그 수업에서는 학생들이 의견을 말하도록 하는 데에 꽤 애를 먹었다. 참여를 독려하기 위해 어쩔 수 없이 임의로 호명하는 방법을 썼지만, 심지어 일반 강의보다도 반응이 좋지 않았다. 학생들이 대개 단답형으로 대답했기 때문이다. 전반적으로 내게는 굉장히 어려운 수업이었다.

해당 과정이 끝났을 때, 미국에서 두어 해를 살아서 영어를 가장 잘한다는 학생이 찾아와 수업을 처음 시작할 때 알면 좋았을 만한 이야기를 들려주었다. 그 학생의 설명에 따르면 독재 정권 시절에 튀는 행동은 위험한 일이었기 때문에 누구도 눈에 띄지 않기를 바랐다고 한다. 수업 중에 손을 드는 것은 일종의 튀는 행동이었다. 그래서 내가 호명했을 때 학생들은 학습된 대로 최대한 빨리 사람들의 관심에서 벗어나려고 했다. 독재 정권은 끝났지만, 교실에서 튀는 행동에 대한 두려움은 그 학생들이 권위주의 통치 아래서 고등학교와 대학교에 다녔을 때부터 일반화된 것이었다. 수업에서 그런 두려움을 목격한 적이 없었기에 나는 적잖은 충격을 받았다.

나는 학생들이 수업에 참여하는 것을 두려워하지 않았길 바란다. 그러나 그들은 과거에 이미 유사한 환경에서 공포 반응을 습득했다. 이 책에서 다룬 사례들을 보면 공범이 되지 않기 위해서는 실제로 어느 정도 위험을 감수해야 하고, 두려움은 그런 위험을 대하는 합리적인 정서 반응이라 할 수 있다. 권위나 충성에 관한 문제라면 더욱 그렇다. 권위에 대항하여 의견을 밝히면 위험하다는 신호를 받은 목격자들은 안전하게 자기 생각을 표현할 수 있는 환경에서도 두려움을 지나치게 일반화하기 쉽다. 우리는 그렇게 공포 반응을 학습하면서 공범이 되지 않기 위한 적극적인 대응을 하지 못하게 된다.

6장에서 확인한 것처럼 로넌 패로의 보도에 따르면 영화업계에서 감히 하비 와인스틴의 말을 거역하는 사람은 거의 없었다. 그가 입버릇처럼 "전화 한 통이면 넌 끝나."라고 협박했기 때문이다.[22] 와인스틴의 비서로 여성들과의 자리를 준비했던 미셸 프랭클린은 와인스틴과의 '만남' 이후 괴로워하는 여성들을 보고 더는 그 일을 하지 않겠다고 말했다가 곧바로 해고당했다. 1990년대 말부터 2000년대 초까지 미라맥스의 마케팅 최고 책임자를 지낸 데니스 라이스는 와인스틴이 부적절한 신체적 접촉을 한 여성들에게 돈을 주었다고 털어놓았다. "일을 크게 키우지 말라는 소리였죠. 안 그러면 이 업계에서 끝날 테니까."[23] 와인스틴은 직원들에게 '침묵 규정'을 강요하면서 자신이나 회사에 반하는 목소리를 내지 않겠다는 각서에 서명할 것을 요구했다.

이 이야기에서 보는 것처럼 공개적인 발언으로 보복당할까 두려워하는 것은 매우 합리적일 수 있다. 그러나 사람들은 두려움의 근거가 부족한 상황에서도 두려움을 지나치게 일반화하기도 한다. 범죄를 저지르는 사람뿐 아니라 다른 공모자나 목격자들에게 보복당할까 봐 걱정하기도 한다. 공개적으로 목소리를 내는 일에 너무 많은 개인적 자원이 필요하지는 않을까 겁내기도 하고, 사람들이 자신을 믿어 주지 않거나 비방할까 두려워하기도 한다. 윤리적인 변화가 일면 자신이 가진 특권을 잃을까 두려워하기도 한다.

무엇을 해야 하는가

이 장에서는 공모의 심리적 기제 몇 가지를 살펴보았다. 물론 여기에 언급된 것이 전부는 아니다. 사람들이 누군가의 부정행위를 목격하면 어떻게 대응해야 할지 모를 때가 많다는 사실도 확인했다. 부도덕한 행위에 효과적으로 개입하는 것, 곧 보복을 두려워하지 않고 부정한 행위에 거리낌 없이 반대 목소리를 내는 것은 어려운 문제다. 그래서 사람들은 문제가 저절로 사라지거나 다른 사람이 고발하기를 바라면서 문제를 회피하는 경우가 많다. 공모자가 되지 않고 부정한 행위에 맞서는 데 필요한 능력이나 지식이 부족한 경우는 충분히 있을 수 있다. 앞으로 10장에서는 우리 스스로 공모자가 되지 않는 데 도움이 될 만한 조언을, 11장에서는 다른 사람들이 애초에 공모자가 되는 길에 들어서지 않도록 돕는 방법을 알아볼 것이다.

10장 공범이 되지 않으려면

> 결국 우리 기억 속에 남는 것은
> 적의 말이 아니라 친구의 침묵이다.
> — 마틴 루서 킹 주니어, 『양심의 나팔』

2016년 오바마 대통령의 임기가 끝나 가던 어느 날, 에리카 뉴랜드는 미국 법무부 법률자문국에 법률 자문 변호사로 들어갔다. 29세로 막 예일 대학교 로스쿨을 졸업한 뉴랜드는 그전에 메릭 갈런드 연방 판사(오바마 대통령이 대법관으로 지명하고 바이든 대통령이 법무부 장관으로 임명했다.)를 보좌하는 재판 연구관으로 일한 적이 있었다. 《애틀랜틱》의 조지 패커가 쓴 기사에 따르면 뉴랜드는 비싼 학비에 대한 보상으로 대형 로펌에 들어가 큰돈을 버는 대신 공익을 좇는 일에 종사하기로 결심했다.[1] 법무부의 법률자문국은 대통령령이나 행정 조치의 합법 여부를 초당파적으로 판단하는 곳이다. 뉴랜드는 대통령의 권한을 제한해야 한다고 믿는 시민 자유 지상주의자로, 패커에 따르면 그녀가 고용된 것은 오바마 정부의 법무부가 대안적 견해에 열려 있음을 시사했다.

2016년에 도널드 트럼프가 대통령에 당선되었을 때에도 뉴랜드는 그만둘 생각이 없었다. 새로 임명될 상관들이 자신을 오바마 정부의 잔재라고 여길 것 같았지만 그녀는 정부 변호사로 경력을 쌓고 싶었다. 또 트럼프 정부가 고용하게 될 후임자보다 트럼프의 정책을 더욱 철저하게 검토함으로써 중요한 역할을 할 수 있으리라 믿었다.

트럼프 취임 후 며칠이 지나지 않았을 때, 법률자문국의 새로운 국장 대행 커티스 개년이 트럼프가 서둘러 발표한 주요 이슬람 7개국 국민의 입국 금지 명령에 찬성했다. 이 결정으로 미국 내 공항은 혼돈에 빠졌고 노골적으로 인종차별적이고 몰인정한 조치에 많은 사람이 분노했다. 많은 동료가 그만두기 시작했지만, 해당 명령 검토에 관여하지 않았던 뉴랜드는 법무부에 남기로 했다.

트럼프 취임 2년째 되던 해, 뉴랜드를 비롯한 법률자문국 변호사들은 점점 두려워졌다. 새로 부임한 상관 스티브 엥겔 법무부 차관은 트럼프의 충성스러운 부하로 직원 변호사들과 상의하지 않고 일방적인 결정을 내렸다. 게다가 법률자문국이 판시해야 하는 정책에 점점 비시민권자의 권리를 제한하는 것이 많아졌다. 패커의 기사에 따르면 법률자문국의 변호사들은 "입을 닫기 시작했다."[2] 뉴랜드가 점심시간에 동료들에게 백악관 보도 자료에 중미 국가의 갱단을 가리켜 '동물'이라는 단어를 열 번이나 사용한 것을 어떻게 생각하는지 묻자, 동료들은 불안한 기색을 보이며 아무 말도 하지 않았다. 그들은 언제든 자신이 해고될 수 있고 트럼프가 홧김에 올리는 트윗의 표적이 될 수 있다는 사실을 잘 알았다. 패커는 기사에서 직업 관료들이 "러시아의 대선 개입 수사 과정에서 대통령을 거스른 FBI 요원들이 직장을 잃고 명예를 훼손당한 일"을 똑똑히 보았기 때문이라고 분석했다.

뉴랜드의 상급자 중 한 사람은 입버릇처럼 "우린 그냥 지시를 따르는 거야."라고 말했다. 유대인인 뉴랜드가 한번은 그 말을 듣고 빤히 바라보자 상급자가 대꾸했다. "나치가 한 말이라는 거 나도 알아. 하지만 우리는 나치가 아니잖아." 뉴랜드가 대통령이 일부 백인 우월주의자들을 "아주 괜찮은 사람들"이라고 불렀다고 답하자, 그는 그 사실을 부인하지 않으면서도 자신과 엥겔, 법무부 장관 제프 세션스는 그런 말을 한 적이 없다고 강조했다.

뉴랜드는 직장이 싫어지기 시작했다. 자신과 동료들이 지독하게 인종차별적이고 법적인 근거가 부족한 정책을 방어하는 것이 아니라 오히려 트럼프의 "거짓 진술과 주장을 헌법에 부합하도록 세탁하는 데에 법률적 능력을 사용"하고 있다는 생각이 들었다.[3] 자신을 비롯한 직업 변호사들이 이슬람 국가 국민의 입국 금지와 같은 혐오 정책을 정당화하는 데도 이용된다고 느꼈다. 그러나 여전히 자신이 그만두면 후임자가 누가 되든 상황이 더 악화될지 모른다는 걱정이 들었다. 뉴랜드는 자신이 1930년대에 독일에서 지금과 같은 자리에 있었다면 어떤 변호사가 되었을까 생각해 보았다. 열성분자? 아니면 기회주의자? 아니면 내부 반발자? 그녀는 자신이 히틀러의 인종차별적 법을 완화하기 위해 최선을 다했겠지만 결국에는 도망쳤으리라는 생각에 이르렀다.

2018년 10월, 한 백인 우월주의자가 피츠버그에 있는 이슬람 사원에서 총기를 난사해 11명이 숨졌다. 범인은 범행 전 온라인에 멕시코인이 미국에 들어오는 것은 유대인 때문이라는 글을 남긴 것으로 알려졌다. 뉴랜드는 자신의 사무실에서 이루어지는 업무가 "총기 난사범을 자극하는 레토릭을 승인해 주고 있다."라는 결론을 내렸다.[4] 사건 발생 3일 후, 뉴랜드는 법무부를 그만두었다. 곧이어 자유롭고 공정하며 충분한 정보에 입각한 자치를 위해 싸우는 비영리단체 '프로텍트 데모크라시'에 들어갔다.

트럼프가 재선에 실패한 후 뉴랜드는 어떻게 법무부 법률자문국이 서서히 망가져 악에 공모했는지에 관한 사설을 《뉴욕 타임스》에 기고했다.[5] 뉴랜드에 따르면 트럼프는 연방 정부 전반에 걸쳐 충성심이 부족하다고 여겨지는 사람들은 해고될 것이라는 공포 문화를 조성했다. 그런 공포심 때문에 사람들은 불공정, 위법행위, 비리를 목격하고도 공개적으로 말할 수 없었다.

2021년 1월 6일 국회의사당 점거 폭동이 있기 약 2주 전에 발표된 이 사설에서 뉴랜드는 자신이 법무부에서 트럼프 정부에 협력한 일을 사과하며 점진적으로 공모자가 된 과정을 이렇게 설명했다.

> 나는 트럼프 대통령에 대한 망상을 가진 적은 없었다. 트럼프 스스로 자신의 목표가 미국의 민주주의를 해체하는 것임을 주저 없이 드러냈으니까 말이다. 하지만 나는 미국에서 가장 유능한 변호사들이 일하는 법무부에 남아 견딜 수 있는 만큼 견뎌 보기로 했다. 내 손을 더럽히지 않는 것보다 내부에서 저항하는 편이 조국에 더 보탬이 될 거라 믿었다.[6]

그러나 뉴랜드는 그 믿음이 잘못되었다고 말한다.

의도가 어떠했든 우리는 공범이었다. 법무부 변호사들은 현실을 파괴하는 비민주적인 지도자에 단체로 순응하며 그를 존속시킨 셈이었다. 우리는 제도의 희생양이었을지 모르지만 동시에 그 제도의 도구이기도 했다. 아무리 내부에서 열심히 싸웠다 한들 우리는 미국의 민주주의에 대한 공격을 방조한 정부 변호사라는 전문직 계급의 구성원이었을 뿐이다. 그 공격은 미국의 민주주의를 거의 끝장낼 뻔했다.

마지막으로 뉴랜드는 자신을 비롯한 법무부 변호사들이 처음부터 민주주의에 대한 트럼프의 조직적인 공격에 참여하기를 단체로 거부했다면, 민주주의를 훼손하려는 트럼프의 시도가 성공하지 못했으리라고 결론 내린다. "법치를 파괴하려는 사람들에게 목소리를 주고 우리의 재능으로, 심지어 단순한 직무 수행으로도 그런 시도에 위엄을 부여함으로써 우리는 그런 파괴 행위를 가능하게 했다. 공중 보건 당국자가 백신 개발을 추진하기 위해 대통령의 의견을 일부 수용하며 타협한 것처럼, 우리가 조장한 해악을 상쇄할 만큼 다른 곳에서 충분한 선을 행하고 있었을까? 아니다."

자신의 공모 경험을 공개적으로 밝힌 뉴랜드의 용기를 높이 산다. 뉴랜드의 솔직함과 자기비판이 누구나 다른 사람의 부정행위를 도울 수 있다는 사실을 생각해 보도록 자극하리라 믿는다. 뉴랜드의 반성문을 읽으면서 그동안 내 분야에서 어떤 윤리적 기준에 따라 살아왔는지 돌아보았다. 2016년에 트럼프가 당선되기 전 여러 해 동안 나는 다양한 정부 기관에서 컨설팅을 제공하고 강연을 했다. 여기에는 법무부, 연방거래위원회, 증권거래위원회, 상장기업회계감독위원회(미국의 회계법인 감독 기관), 여러 군사 및 정보 관련 기관이 포함되어 있다. 트럼프 인수위 시절, 나는 제네릭 약품의 시장 출시를 막아 가격을 높게 유지하기로 공모한 혐의를 받던 제약회사들 상대의 소송 건으로 연방거래위원회에서 전문가 증인으로 활동하고 있었다. 당시 나는 연방거래위원회를 위해 일하는 것이 정의의 편에 서는 일이라고 굳게 믿었다. 약자를 괴롭히고 거짓말을 하고 남을 속이고 인종차별을 하고 여성에 대한 폭행 혐의가 셀 수 없이 많고 무지를 거리낌 없이 드러내는 트럼프를 경멸했다. 그가 백악관에 있는 동안 불러올 해악이 두려웠고, 내가 트럼프 정부를 위해 일하는 것은 생각하기도 싫었다. 그러나 내가 하는 일이 선을 창출하리라 믿었기에 소송 도중에 그만두는 것은 무책임한 일이라고 결론 내렸다. 그 대신 트럼프가 대통령직에 있는 한 더는 정부 일을 맡지 않겠다고 다짐했다. 내가 연방거래위원회 일을 그만두지 않은 것은 미국의 민주주의 제도를 위협하는 부패한 행정부를 강화하는 데 가담한 것이었을까?

우리는 뉴랜드의 이야기를 통해 잠재적 공모 행위를 돌아볼 수 있을 뿐만 아니라 어떻게 하면 앞으로 부도덕한 행위에 가담하지 않을 수 있는지도 생각해 볼 수 있다. 누구나 언제든 자신에게도 남에게도 용인하지 않을 방식으로 공모자가 될 수 있다. 그러나 누구나 부당한 행위에 연루될 수 있다는 사실을 인지하는 것만으로는 부족하다. 그 사실을 예상하고 예방하기 위한 명확한 계획을 세워야 한다.

공모자가 되지 않기 위해 중요한 한 가지 문제는 결정적인 순간에 내린 선택이 미리 계획하거나 과거에 옳다고 생각한 선택만큼 윤리적이지 않다는 사실을 깨닫는 것이다. 가장 유용한 선택이 취할 수 있는 가장 윤리적인 행동과 상충하는 경우에 우리는 결정적 순간에 실제로 윤리적으로 행동하기보다 윤리적으로 행동하겠다고 생각만 할 가능성이 더 높다.[7] 많은 연구에 따르면 인간은 미래의 행동을 계획할 때는 도덕적인 선택을 더 많이 하지만, 실제로 행동을 취해야 할 때는 유용한 선택을 하는 경향이 더 크다. 이를테면 사람들은 공익에 도움이 되는 행위의 비용을 현재가 아닌 미래에 지출한다고 하면 자선단체에 기부하거나 장기적 환경 문제에 투자하는 것을 더 지지한다.[8] 그렇기에 우리가 공모에 대해 생각해야 하는 때는 중요한 도덕적 딜레마에 직면하는 순간이 아니라 바로 지금이다.

어떻게 행동할 것인가

다음 행동 단계는 용감하고 신중하고 포용하며 끈기 있게 효과적으로 대응함으로써 부도덕한 행위에 가담하지 않도록 대비하는 방법에 관한 조언이다. 물론 이 행동 단계가 공모를 피해야 하는 모든 상황에 들어맞는 것은 아니다. 이 방법의 실현 가능 정도는 그 상황에 처한 사람의 지위에 따라 다를 수 있다. 하지만 행동 단계를 살펴보는 것만으로도 더 많은 선택지를 얻을 수 있다.

공개적 비판에 대한 위험 부담 줄이기 어떤 사안을 공개적으로 비판하는 것은 위험하고 두려운 일일 수 있다. 모든 사람이 거침없이 말할 수 있는 자리에 있는 것은 아니다. 하지만 공개적으로 목소리를 내는 일의 위험 부담을 줄임으로써 많은 사람이 부정행위에 가담하지 않도록 하는 몇 가지 방법이 있다. 우리가 직장에서 도덕적 딜레마에 직면할 때, 거리낌 없이 의견을 표명해서 받는 위험을 줄이고 윤리적으로 행동하는 능력을 향상하는 한 가지 방법은 현재 직장을 대체할 매력적인 일을 찾아서 공개적으로 직설하면 해고될 수 있다는 생각에서 편안해지는 것이다. 협상을 연구하는 학자들은 협상에서 중요한 강력한 힘의 원천이 협상에서 물러나 다른 선택을 할 수 있는 능력이라고 강조한다. 그래서 협상 전문가들은 협상에 들어가기 전에 결렬되었을 때 취할 수 있는 최상의 대안을 마련하고, 협상이 진행되는 동안 대안을 계속 수정하라고 조언한다.[9] 범법 행위에 가담하지 않는 것도 마찬가지로 현재 직장을 대체할 좋은 대안이 있으면 윤리적 행동을 취하는 데 필요한 안도감과 힘을 얻을 수 있다.

지금 하는 일이 너무 좋고 그만두기 싫으면 어떻게 해야 할까? 조직 내에서 가치를 높여 공개적으로 목소리를 내는 자신을 처벌하기 어렵게 만들 수 있다. 《하버드 비즈니스 리뷰》에 게재한 논문에서 경영학자 제임스 디터트는 팀에서 높은 평가를 받는 사람일수록 동료들이 그의 의견에 더 관대하고, 그가 공모자가 되지 않기 위해 부정행위를 공개적으로 비판해도 더 기꺼이 경청하는 경향이 있다고 강조한다.[10] 디터트는 특히 이것이 어떤 문제에 목소리를 낼지 선택하는 것과 관계가 있다고 설명한다. 모든 부정행위를 쉴 새 없이 비판하면 정작 불법행위에 휘말리지 않기 위해 결정적인 조치를 해야 할 때에 다른 사람들이 우리 이야기를 신뢰하지 않을 수 있다. 범법자가 우리 주장을 부인하지 못하게 하려면, 목격하는 의심스러운 사건들도 반드시 모두 기록해 두어야 한다.

마지막 방법은 옳은 일을 하려는 다른 동료들과 연대하여 공개 비판으로 받는 위험을 줄이는 것이다. 기록한 내용을 동료들과 비교하면 직감으로 알던 일을 입증할 만한 추가 증거를 얻을 수 있다. 사회심리학 분야에서 가장 유명한 초기 실험에서 솔로몬 애쉬는 퀴즈를 푸는 남자 피험자들이 자신이 속한 집단의 일치된 견해에 동조하기 위해 거의 매번 일부러 오답을 말했다는 사실을 발견했다.[11] 그러나 한 사람이라도 정답을 말하면, 피험자들이 다른 사람의 명백한 오답에 동조할 확률은 크게 줄어들었다. 이 연구 결과는 주변에 올바르고 정직한 동료가 한 사람만 있어도 우리 행동을 극적으로 개선할 수 있음을 시사한다. 게다가 공개적으로 목소리를 내는 경우, 다른 사람들과 함께 나서면 더 진지하게 받아들여지고 무시되거나 처벌될 가능성은 작아진다.

미리 숙고하기   앞서 언급한 것처럼 우리는 결단의 순간에 윤리적인 행동을 취하리라고 과대평가하는 경향이 있다. 미래의 행동을 계획할 때에는 인지를 활용하고, 따라서 직감을 사용할 때보다 더 윤리적 행동을 선택할 수 있다.[12] 그렇지만 판단을 내려야 하는 순간에는 감정과 직감이 작용하는 시스템 1의 사고가 지배하는 편이다. 이기적인 동기, 처벌에 대한 두려움, 파벌주의가 강해지면서 부도덕한 행위에 가담할 확률이 높아진다.

앞서 보았듯이 누군가 범법 행위를 저질렀는지 확신할 수 없을 때는 안일한 마음이 들기 쉽다. 그러나 그런 불확실성이 있다면 더 알아보려고 노력해야 한다. 상황에 더 신중하게 접근하고 시스템 2의 사고를 이용하면 5장에서 살펴본 거짓 예언자 유형의 범죄자들에게 속지 않을 수 있다. 누군가 신중한 사고를 방해한다면 즉시 의심해야 한다.

더 자세히 알아보는 것에 더해, 어떤 사람이 되고 싶은지 스스로 다짐할 수도 있다.[13] 부도덕한 행위에 가담하지 않고 윤리적으로 행동할 상황의 조건을 설정하는 것도 방법이다. 자신의 도덕규범을 성찰하는 시간을 갖는 것도 좋다. 이를테면 6장에서 논의한 조너선 하이트의 이론과 같은 도덕적 가치의 토대를 살펴보고 어떤 가치가 자신에게 가장 중요한지 생각해 본다.[14] 9장에서 본 것처럼 도덕적 가치와 있을 법한 상황을 미리 고민해 보면 비윤리적인 행위를 거부하고 저항할 공산이 높아진다.

맹점 인정하기 대부분의 사람에게 영향을 미치는 공모의 일반적인 경향을 잘 알아야 한다. 자신이 처한 상황의 복잡한 이면을 깨달으면 책임을 한 군데에서만 찾지 않고 직접 부정행위를 저지른 사람 외에 과실이 있는 사람이 누구인지 고민할 수 있다. 우리가 한 행동만큼 하지 않은 행동에도 도덕적인 책임이 있을 수 있고, 불법행위를 목격했을 때 공개적으로 지적할 도덕적 책임이 있다는 사실을 받아들여야 한다. 비윤리적인 행위가 오랜 시간에 걸쳐 점진적으로 발생하면 그것을 눈치채고 해결하려 할 가능성이 낮아진다는 사실도 인정해야 한다. 이런 사실들을 명심하면 다른 사람들의 행위에서 일어나는 사소한 변화를 더 예민하게 감지하고 그것이 윤리적이고 합법적인지 차분히 검토할 수 있다. 마지막으로 조언자 역할을 할 때 자신의 조언이 다른 사람을 해치지는 않는지 신중하게 고민해야 한다. 그렇다면 최종 결정은 조언을 받은 사람의 몫이라고 강조할 게 아니라 조언이 불러올 수 있는 악영향에 자신도 책임이 있음을 인정해야 한다.

관계 확장하기 6장에서 가장 윤리적인 결정은 최대한 많은 사람을 아우르는 경향이 있다는 피터 싱어의 주장을 소개했다.[15] 이와 반대로 회사, 가족, 교회 등과 같이 자신이 속한 집단에만 매몰되면 결국 다른 집단이나 사회 전체를 희생하면서 그 집단을 돕는 결과를 낳는다. 이 과정에서 우리는 부정행위의 공모자가 된다. 싱어가 강조하듯이 우리는 관계를 확장할 때 최대의 공동선을 창출하는 행동을 지향한다. 관심 범위를 넓히면 특권을 가진 사람들은 자신이 누리는 특권을 더욱 명확히 보고 특권을 갖지 못하는 사람들을 공정하게 대하려고 더 적극적으로 노력할 수 있다. 불공정한 사회를 만드는 데 가담하지 않으려면 자신의 특권 일부를 포기하고 운동장을 더 평평하게 만드는 데 힘을 보태야 한다.

공개적으로 목소리를 내는 데 따르는 위험 부담을 줄이고, 사전에 더 깊이 생각하며, 우리가 지닌 맹점을 인식하고, 관계의 관심 범위를 넓힘으로써 악행에 가담할 가능성을 줄이고 더 윤리적으로 생각하고 행동할 수 있다. 이런 행동 단계의 효과는 다음 사례들에서 확연히 드러난다.

공모자가 되지 않는 법: 적극적인 행동 사례

지금부터는 아주 놀라운 방식으로 부도덕한 행위에 가담하지 않은 사람들, 그 과정에서 상당한 대가를 치르기도 한 사람들의 사례를 간단히 살펴본다. 그들의 이야기에서 우리는 범법 행위에 공모하지 않는 데에 필요한 용기를 얻을 수 있다.

생존자의 증언 2018년 1월, 체조계의 슈퍼스타인 시몬 바일스가 자신도 래리 나사르(6장)가 미국 여자 국가대표 팀 주치의로 있을 때 성적으로 피해를 입은 수백 명 중 하나였다고 밝혔다. 바일스는 소셜미디어에 "많은 사람이 나를 행복하고 장난기 많고 활기찬 아이로 알겠지만, 난 늘 비참한 기분이었고, 머릿속에 들리는 목소리를 떨쳐 내려 할수록 목소리는 점점 더 커지기만 했다."[16]라고 썼다. 다른 생존자들과 마찬가지로 바일스 역시 성폭행의 책임을 나사르에게서만 찾지 않았다. "나는 래리 나사르와 [미국 체조협회,] 그 밖의 다른 사람들이 짊어져야 할 죄를 짊어지지 않을 것이며 그래서도 안 된다."

성적 학대를 당했다는 사실을 받아들이려 애쓰던 때에 바일스는 우울증에 걸렸고 종일 잠만 자는 때가 많았다. 그녀는 그 이유를 "당시 내게는 잠을 자는 것이 죽음에 가장 가까운 일이었기 때문"이라고 설명했다.[17] 상담의 도움을 받아 서서히 회복한 바일스는 자신의 말이 지닌 힘을 깨닫기 시작했다. 그녀의 트위터에 나사르가 수많은 여자 선수를 성추행한 텍사스의 대표 팀 훈련 센터에서 미국 체조 국가대표 팀이 훈련해서는 안 된다는 글이 올라온 지 3일 만에 미국 체조협회는 훈련 센터와 계약을 파기했다. NFL 쿼터백 콜린 캐퍼닉이 국가가 연주되는 동안 무릎을 꿇은 것을 비난한 체조협회 CEO를 바일스가 비판하자 CEO가 해고된 일도 있었다.[18]

그동안 많은 나사르의 성추행 생존자들이 나사르의 범죄행위를 방조한 사람들을 강력하게 비판했지만, 체조계 역사상 최고의 선수로 꼽히는 바일스의 발언은 변화를 불러올 수 있는 특별한 힘이 있었다. TV

프로그램 「투데이」와 나눈 인터뷰에서 그녀는 24세의 나이에 어마어마한 육체적 고통을 감수하며 2020 도쿄 올림픽에 출전하기로 한 이유 중 하나가 미국 체조협회와 올림픽위원회에 개혁을 압박하기 위해서라고 밝혔다. "그 모든 일을 겪고 나서 내가 돌아온 것은 목소리를 내기 위해, 변화를 가져오기 위해서입니다. 체조계에 생존자가 남아 있지 않으면 그들은 이 문제를 무시해 버릴 테니까요."[19] 나사르의 범죄 외에도 바일스는 자신의 플랫폼을 이용하여 부당한 일을 저지른 사람들의 책임을 묻기 시작했고, '블랙 라이브스 매터(Black Lives Matter)'를 비롯한 여러 사회운동을 지지했다. 나이키가 스폰서 계약을 맺은 여성 선수가 임신하면 금전적으로 불이익을 준다는 비판이 일자, 그녀는 자신과 가치관이 같은 여성 의류회사 애슬레타로 후원사를 바꾸었다.[20]

2019년 8월, 미국 체조선수권대회 출전에 앞서 한 인터뷰에서 바일스는 눈물을 글썽이며 미국 체조협회 관계자들에게 나사르의 성 학대가 수년간 계속된 일의 책임을 물었다. "우리에게 주어진 과제는 단 하나였고, 우리는 그들이 원하는 모든 것을 해냈습니다. 심지어 우리가 원치 않을 때도요. 그런데도 그들은 한 가지 일도 제대로 하지 못했어요. 당신들이 할 일은 단 하나였습니다. 말 그대로 단 하나! 당신들은 우리를 보호하지 않았어요!"[21] 그러면서 "내가 오랫동안 알아 온 사람들이 우리의 기대를 저버렸습니다."라며 인터뷰를 마쳤다.

1년 후, 미국 여자체조팀 의무 훈련을 위해 인디애나폴리스로 향하던 바일스는 미국 체조협회가 소송을 제기한 생존자 수백 명에게 합의를 제안한 사실을 비판했다. 합의는 곧 체조협회, 올림픽위원회, 전직 코치를 비롯한 여러 사람들이 법적 책임에서 자유로워지는 것을 의미했기 때문이다. 체조협회의 합의 제안은 나사르의 범죄 사실을 은폐한 사람들을 공개하라는 생존자들의 핵심 요구를 만족시키지 못했다. 500명이 넘는 원고에게 2억 1500만 달러의 보상금을 제안했는데, 이는 미시간 주립대학교가 332명의 원고에게 지급하기로 합의한 금액의 절반도 안 되는 돈이었다. 바일스는 트위터에 이런 글을 올렸다. "공항에서 불쾌한 소식을 들었다. 여전히 체조협회와 올림픽위원회는 답하지 않았다. 두 단체 모두 생존자들과 나만큼이나 특검을 바라는 모양이다. 불안이 밀려온다."[22]

나사르에 대한 첫 민사소송이 제기된 지 6년 만인 2021년, 도쿄에서 올림픽이 열리고 있을 때에도 미국 체조협회는 바일스를 포함한 나사르 성 학대 생존자들과 전혀 합의하지 못한 상태였다. 올림픽 개최 전《뉴욕 타임스》와 가진 인터뷰에서 바일스는 누구를 위해 대회에 출전하는지 분명히 했다. "나는 미국과 월드챔피언센터 그리고 전 세계 흑인 소녀들을 대표해 올림픽에 나갑니다. 나는 결코 미국 체조협회를 대표하지 않습니다."[23]

바일스는 올림픽 예선전을 마치고 인스타그램에 이렇게 썼다. "솔직히 때론 정말 내가 온 세상을 짊어진 듯한 기분이다."[24] 그녀는 단체전 도마 경기 중에 위험할 만큼 정신이 흐릿해져서 심각한 부상을 입을 수 있다고 판단해 기권했다. 그러나 얼마 후 경기로 복귀해 평균대에서 동메달을 획득했고 이후 "나는 정신 건강을 돌보는 데 전념해야 한다."라고 설명했다.[25] 나사르에게 당한 성 학대의 오랜 트라우마가 올림픽 경기에 영향을 주었냐는 질문에 그녀는 "생각해 보니 마음 한구석은 그랬던 것 같아요. 트라우마를 자극하는 요인들은 늘 존재하니까요."라고 답했다.²⁶ 2021년 9월 15일에 나사르에게 학대당한 다른 체조 선수 3명과 상원 조사위원회에 참석한 바일스는 "분명히 밝혀 두는데, 나는 래리 나사르에게 책임을 묻고 있지만 그의 학대를 오랫동안 가능하게 한 시스템 전체에도 책임을 묻고자 한다."라고 증언했다.²⁷ 석 달 후, 미국 체조협회와 올림픽위원회는 바일스를 포함해 500명이 넘는 생존자들에게 3억 8000만 달러의 보상금을 지급하기로 합의했다. 바일스는 이후 은퇴 여부를 분명하게 밝히지 않았지만, 앞으로도 체조계를 비롯한 여러 분야에서 불법행위의 공모자들에게 공개적으로 책임을 물을 것이라는 데에는 의심의 여지가 없다.

탄핵을 가른 두 표 1956년에 출간된 퓰리처상 수상작 『용기 있는 사람들(Profiles in Courage)』에서 존 F. 케네디 대통령은 미국 상원의원 8명의 용기 있는 행동을 소개한다. 당시 매사추세츠주 출신의 초선 상원의원이었던 케네디는 책에서 상원의원들이 서로의 호감을 사려는 열망으로 가득 차 있다고 주장한다. "상원의원들은 의원 회관의 규칙과 양식을 준수하며 동료 의원들과 잘 지내기를 원하고 다른 의원들, 특히 같은 당 의원들의 심기를 거스를 만한 유별나거나 독자적인 행동을 하지 않으려 한다."²⁸ 더 나아가 "일부 상원의원들은 자신의 양심(숙의의 결과)과 선거구민의 중론이 언뜻 갈리는 것처럼 보이는 사안에서 절충점을 찾을 때 더 쉽고 덜 골치 아픈 방법을 선택하는 경향이 있다."라고 쓴다. 『용기 있는 사람들』에 소개된 8명의 상원의원은 더 어려운 길을 선택하여 부도덕한 일의 공모자가 되지 않은 사람들이었다. 그로부터 수십 년이 지난 2020년, 공화당 상원의원 밋 롬니도 그들과 같은 선택을 했다.

나는 롬니 의원과 정치적 견해가 상당히 다르다. 개를 사랑하고 동물 학대 근절에도 매우 관심이 많다. 그래서 롬니 의원이 자동차로 장거리 여행을 하는 동안 가족들이 좀 더 편하도록 자동차 지붕 위 (주문 제작한) 화물 컨테이너에 개를 넣었다는 기사를 읽었을 때, 본받을 만한 사람은 아니라고 생각했다. 그럼에도 그가 2021년에 존 F. 케네디의 '용기 있는 인물상'을 수상할 만했다는 점에는 동의한다.[29]

2020년 2월, 트럼프가 자신의 정치적 이익을 위해 의회에서 승인한 우크라이나 군사 지원을 보류하여 시작된 탄핵 소추 심판에서 롬니는 미국 역사상 여당 상원의원으로는 처음으로 대통령 탄핵에 찬성표를 던졌다. 상원 표결에 앞선 연설에서 롬니는 "당파적 목적을 위해 선서와 헌법이 요구하는 바를 도외시할 수 없다."[30]라고 말하면서 이렇게 덧붙였다. "트럼프 대통령은 외국 정부에 자신의 정적을 수사하라고 요구했고, 중요한 군사 지원금을 보류하면서 해당 외국 정부를 압박했다. 대통령은 침략국 러시아와 전쟁 중인 미국의 동맹국에 제공해야 할 군사 지원금을 지연시켰다. 대통령의 목적은 개인적이고 정치적이었다. 그러므로 대통령은 국민의 신뢰를 심각하게 남용한 죄가 있다."[31] 롬니는 트럼프를 포함한 공화당 의원 대다수가 자신의 결정에 반대하고 맹비난할 것을 알았다. 그는 "정말 내가 신 앞에서 맹세한 대로 행동하지 않고 이런 결과에 동의하리라고 생각했단 말인가?"라고 말했다.[32] 상원 표결 이전에 《뉴욕 타임스》와 가진 인터뷰에서 그는 인간이 부정행위에 가담하여 이익을 얻을 때는 갖은 수단을 동원하여 공모 사실을 부인한다는 것을 다음과 같이 설명했다. "인간은 사업적으로나 정치적으로나 무언가 자신에게 큰 도움이 되면 그것을 옳은 일이라고 합리화하는 능력이 놀라울 만큼 뛰어나다는 사실을 알았다. 나는 그것을 다른 사람들에게서도, 그리고 나 자신에게서도 확인했다."[33]

1년 후 트럼프가 2020년 대선에서 패배하자, 공화당원 다수의 공모는 나의 냉소적 예상을 뛰어넘는 수준으로 악화하여 선거의 정당성에 의문을 제기하는 지경에 이르렀다. 롬니는 다시 한번 용기를 내어 선거의 무결함을 지지하고 선거인단 결과를 뒤집으려는 여당 의원들의 시도를 단호하게 반대했다. 2021년 1월 6일, 미국 국회의사당에서 트럼프 지지자들이 쿠데타를 시도한 후에 롬니는 동료 공화당 상원의원들에게 트럼프의 대선 패배를 인정하라고 촉구했다. 트럼프가 내란 선동 혐의로 탄핵 심판을 받을 때 찬성한 공화당 상원의원은 고작 6명이었는데 롬니도 그중 1명이었다.

JFK 도서관 재단을 통해 발표한 성명서에서 고 케네디 전 대통령의 딸 캐럴라인 케네디는 "헌법을 향한 헌신을 보여 준 롬니 의원은 아버지가 『용기 있는 사람들』을 쓰는 데 영감을 준 상원의원들의 계승자라 할 만합니다."라고 말했다. "그를 보면서 미국 민주주의가 선출직 공직자들의 용기와 양심, 인격에 달려 있음을 다시 한번 깨닫습니다."[34] 나도 그녀의 말에 동의한다. 롬니는 각자의 삶에서 공모자가 되지 않으려고 애쓰는 사람들에게 귀감이 될 만하다.

비밀 녹음을 한 내부 고발자 2007년 말에 시작해 2009년까지 이어진 대침체의 원인 제공자는 여럿이었다. 그중 하나가 투자은행 골드만삭스다. 골드만삭스는 투자 리스크가 높고 가치가 하락할 것을 알았으면서도 소비자들에게 알리지 않고 복잡하게 설계된 주택저당증권을 판매했다. 2011년 금융 위기에 대한 상원 국정조사 결과에 따르면 이런

이해관계의 충돌은 연방준비제도(이하 연준)의 조사를 받았어야 했다.[35]

연준은 미국의 은행과 은행 시스템을 규제하고 감독할 책임이 있다. 연준은 일반적으로 공익을 위해 기능해야 하지만, 그간 연준의 규정과 정책을 들여다보면 정계와 금융계에서 막강한 힘을 가진 관계자들의 이익을 반영하는 경향을 띤다.[36] 많은 사람은 연준이 '규제 포획'에 쉽게 빠진다고 주장한다. 규제 포획이란 당국이 규제 대상인 산업이나 규제 대상의 이해관계에 구속되는 현상을 가리킨다. 규제 기관이 규제 대상과 밀접한 업무 관계를 맺고 있을 때, 특히 규제 기관의 구성원들이 규제 대상이 되는 기업에 훗날 고용되기를 희망할 때 규제 포획이 발생하기 쉽다. 공공의 이익을 위해 기능해야 하는 기관이 규제 포획에 빠지면 규제를 받는 기업의 이익을 위해 행동하게 된다.

뉴욕 연준(미국 연준의 지부)이 금융 위기 이후 의뢰한 기밀 보고서에서 컬럼비아 대학교의 데이비드 바임 교수는 연준이 금융 위기의 징후를 알아보지 못한 이유를 규제 포획 때문이라고 보았다. 연준의 감독관들은 리스크를 지나치게 싫어하고 감독 대상인 은행에 순종적이었으며, 연준 직원들은 직설과 상사를 거스르는 것을 두려워했다.[37] 바임은 또 다른 위기를 예방하기 위해서는 연준이 사내 문화를 바꾸어야 한다고 지적했다. 그러면서 감독 대상인 은행에서 목격되는 적신호를 주저 없이 지적할 수 있는 "독창적으로 생각하는 사람"과 "문제를 일으키는 사람"을 고용하라고 뉴욕 연준에 권고했다.[38]

미국이 대침체에서 서서히 회복할 무렵 뉴욕 연준은 바임 교수의 제안을 받아들여 새로운 감독관들을 고용했다. 그중에는 카르멘 세가라라는 41세의 변호사도 있었다. 어린 시절 대부분을 푸에르토리코에서 보내고 코넬, 컬럼비아, 하버드 대학교에서 수학한 세가라는 13년간 준법 감시 분야에서 일한 경력이 있었다. 연준의 내막을 파헤친 프로퍼블리카와 NPR의 탐사 기사에 따르면 거침없고 올곧으며 솔직한 세가라는 "바임 교수가 권고한 유형에 딱 들어맞는 사람처럼 보였다."[39]

2011년 10월에 입사한 후 세가라는 골드만삭스를 감독하는 팀에 배치되었는데, 팀에 합류하자마자 골드만삭스를 대하는 상사와 동료들의 태도를 보고 깜짝 놀랐다. 그들은 골드만삭스를 매우 조심스러워했고 이를 우려하는 세가라를 비난했다. 그래서 그녀는 뉴욕 연준 관리자들이나 골드만삭스 간부들과 나누는 대화를 비밀리에 녹음하기 시작했다. 특이한 점은 뉴욕 연준 총재 윌리엄 더들리는 골드만삭스에서 21년을 재직했고, 골드만삭스의 회장 E. 제럴드 코리건은 뉴욕 연준 총재직을 역임했다는 사실이었다.[40] 입사한 지 두 달이 되었을 무렵, 세가라는 팀장 마이클 실바가 스페인의 산탄데르은행과 진행 중이던 골드만삭스의 거래가 불법은 아니지만 수상쩍다고 생각하면서도 적극적인 대응에 나서지 않자 더욱 낙담했다. 당시 대침체의 여파로 유럽은행감독청(EBA)은 은행이 잠재적 손실을 메울 수 있도록 보유해야 하는 자본 비율을 확대했다. 산탄데르은행은 이 요건을 교묘히 피하려고 골드만삭스의 브라질 자회사로 자산을 이전하여 필수 자기자본 비율을 낮췄다. 골드만삭스는 몇 년간 이 자산을 보관하는 대가로 4000만 달러를 받기로 했고, 실바는 이 거래를 "서류 가방을 봐주는 대가"라고 표현했다.[41]

세가라는 골드만삭스가 에너지 수송 및 저장 업체 킨더 모건과 합병 협상 중인 천연가스 공급 회사 엘파소에 컨설팅을 제공할 당시 골드만삭스를 조사했다. 이 협상은 골드만삭스가 킨더 모건에 40억 달러의 지분을 보유하고 있다고 한 판사가 맹비난하면서 대대적으로 보도되었다. 이는 명백한 이해관계 충돌인데도 고객사인 엘파소는 이 사실을 몰랐다. 게다가 한 주주가 제기한 소송에 따르면 엘파소 컨설팅에 참여한 골드만삭스의 유명 간부는 34만 달러 규모의 킨더 모건 주식을 보유하고 있었다.[42]

엘파소의 계약을 검토하던 세가라는 골드만삭스에 사내 이해관계 충돌 정책과 엘파소와 킨더 모건에 이해관계 충돌 사실을 분명하게 밝혔다는 증거를 제출해 달라고 요청했다.[43] 연준은 은행들이 회사 차원의 이해관계 충돌 정책을 갖추고, 고객사에게 중대한 영향을 미칠 수 있는 명백한 이해관계 충돌 건을 수임하지 말 것을 의무화하고 있다. 민간 영역에서 수년간 이해관계 충돌 정책 전문가로 일했던 세가라는 골드만삭스에 회사 차원의 정책이 없을 뿐만 아니라 직원들에게 이메일이나 서면으로 이해관계 충돌에 관한 내용을 언급하지 않도록 지시했다고 결론 내렸다.[44]

세가라는 연준에 제출할 보고서 초안에서 골드만삭스에 회사 차원의 이해관계 충돌 정책이 없다고 적었다. 세가라가 녹음한 대화 내용에 따르면 마이클 실바는 그녀에게 골드만삭스에 대한 비난의 수위를 낮추고 기존 정책을 개선해야 한다고만 적으라고 압박했다. 그녀가 재차 거부하자 일주일 뒤 실바는 그녀를 해고했다. 세가라는 연준을 고소했으나 패소했다. 사건을 심리한 판사의 남편이 골드만삭스의 컨설턴트였다. 세가라의 변호사가 판사에게 남편과 골드만삭스의 관계를 묻자, 판사는 세가라 변호인단에게 "판사 쇼핑"을 한다며 비난했다. 2014년

9월, 세가라는 연준 직원들과 회의한 내용을 기록한 46시간짜리 음성 녹음 파일을 공개했고, 이를 토대로 공영 라디오 프로그램 「디스 아메리칸 라이프」와 프로퍼블리카가 폭로 기사를 내놓았다.[45]

잰 위어는 랜트 미디어에 게재한 기사에서 "금융 시스템을 효과적으로 개혁하려면 어떻게 해야 할까?"라고 운을 띄운 뒤, "우리에게는 수백 명의 카르멘 세가라가 필요하다."라고 썼다.[46] 내 생각도 그렇다. 세가라 역시 불법행위에 가담하지 않으려고 애쓰는 사람들에게 큰 귀감이 될 것이다.

테라노스의 사기를 폭로하다 5장에서 월그린 임원들과 전 국무부 장관인 조지 슐츠를 포함한 테라노스 이사진이 테라노스와 같은 사기 기업이 부상하는 데에 공모했음을 확인했다. 슐츠의 손자이자 테라노스의 말단 직원이었던 타일러 슐츠는 홈스를 비롯한 회사 구성원들이 테라노스 기술이 거짓이라는 사실을 숨기고 있음을 알게 되었다. 타일러의 친구이자 동료인 에리카 청도 마찬가지였다.

청은 테라노스가 기술이 정확해 보이도록 필요한 데이터만 선별했다는 사실을 깨닫고 이렇게 자문했다. "2+2가 언제부터 6이었지?"[47] 회사에 문제를 제기하자 COO 서니 발와니를 비롯한 직원들은 청을 "미친 사람"으로 몰았다. 타일러 슐츠가 소개한 일화에 따르면 자신을 비롯한 여러 직원이 테라노스 기술로 매독 검사를 직접 해 보았다. "상당수가 양성반응"이 나왔고 이는 곧 테라노스 검사기가 아직 출시돼서는 안 된다는 것을 의미했다. 테스트 결과를 회사에 보고하자 실험실 매니저는 대수롭지 않다는 듯이 말했다. "그럴 수도 있죠."[48]

테라노스 창립자 엘리자베스 홈스와 COO 서니 발와니는 회사 내에 비밀 엄수와 공포 문화를 조장했다. 청은 "신입 직원 교육에서 그냥 주입되었다. 우리는 특정 사안에 입을 다물어야 했다. 회사에서 무슨 일이 벌어지는지 친구나 가족에게 말하면 안 되었다."라고 설명했다. 직원들은 홈스나 발와니의 심기를 건드려 일자리를 잃을까 두려워했다. 청은 "일이 잘못되면 모두가 누군가에 책임을 전가하기 바빴다."라고 털어놓았다.[49]

테라노스에서 근무할수록 타일러 슐츠는 홈스가 할아버지에게 소개한 놀라운 결과가 떠들썩한 소문에 비해 기대에 못 미친다는 사실을 깨달았다. 슐츠와 청은 은밀하게 서로의 기록을 비교해 보고 비슷한 결론에 다다랐다. 2014년 3월, 타일러는 가명을 사용하여 테라노스가 참여한 검증 프로그램을 운영하는 뉴욕주 보건부의 임상실험평가사업단에 연락했다. 그는 프로그램 책임자에게 메일을 쓰면서 회사 이름은 밝히지 않고 테라노스에서 목격한 행태를 설명했다. 프로그램 책임자는 그런 행위가 연방 법은 물론 주 정부가 요구하는 필수 요건도 위반하는 '사기'의 한 형태라고 확인해 주었다.

타일러는 뉴욕주 정부의 실험실조사과에 테라노스를 익명으로 고발했다. 할아버지에게도 테라노스가 의뢰받은 혈액검사 대부분을 다른 회사의 장비로 진행했다는 사실을 밝혔다. 그러면서 홈스가 테라노스에 관해 공개적으로 주장한 내용은 전혀 사실이 아니며 자신은 테라노스를 그만둘 계획이라고 말했다. 조지 슐츠는 홈스와 먼저 이야기를 나누어 보라고 권유했다. 하지만 이미 타일러가 홈스에게 이야기를 했는데도 홈스가 그의 말을 완전히 무시해 버린 후였다.

타일러는 우려되는 점을 정리하여 홈스에게 장문의 이메일을 보낸

적이 있었다. 며칠 뒤, 발와니가 분노의 이메일을 보내 타일러가 제기한 문제를 하나하나 일축했다. 타일러가 그만두겠다는 답장을 보내자, 당장 나가라는 답이 돌아왔다. 그가 사무실을 나와 차로 가고 있을 때 어머니가 전화해서 "뭘 하려는지 모르겠지만 제발 그만둬."라며 사정했다. 홈스가 조지 슐츠에게 전화해 "타일러가 계속해서 자신과 반목하려 든다면 전쟁에서 지는 쪽은 그가 될 것"이라고 했다는 것이다.[50] 타일러는 차를 몰아 할아버지 사무실을 찾았고 홈스에게 보낸 메일과 발와니에게 받은 메일을 보여 주었다. 조지 슐츠는 타일러에게 테라노스를 오해하는 것 같다면서 함께 저녁 식사를 하며 자세히 이야기해 보자고 제안했다.

발와니는 타일러와 주고받은 이메일을 훑어보고는 청이 그와 기밀 정보를 공유했다는 사실을 알았다. 발와니는 청을 사무실로 불러 불같이 화를 냈다. 그러면서 "여기서 계속 일하고 싶은지 아닌지 분명히 하라."라는 말로 면담을 끝냈다.[51]

그날 밤, 청은 타일러와 함께 조지 슐츠의 집에서 저녁 식사를 했다. 두 사람은 조지 슐츠에게 자신들이 밝혀낸 사실을 자세하게 설명했다. 그러나 조지 슐츠는 단호하게 엘리자베스 홈스 편에 서며 두 사람이 테라노스의 기술을 이해하지 못하는 것이라는 입장을 굽히지 않았다. 청과 타일러는 크게 실망하며 자리를 떠났고, 청은 다음 날 테라노스를 그만두었다.

2015년 초, 타일러는 테라노스에서 있었던 이야기와 함께 중요한 문서들을 《월 스트리트 저널》의 존 캐리루 기자에게 전달했다. 캐리루가 질의 사항을 적은 장문의 이메일을 테라노스에 보내며 홈스와 인터뷰를 하고 싶다고 하자, 테라노스 임원들은 그가 타일러와 이야기를 나누었다고 결론 내렸다. 테라노스를 대리하는 변호사 두 명(공격적인 전술로 하비 와인스틴을 변호한 법무법인 보이스쉴러앤드플렉스너 소속이었다.)이 조지 슐츠의 집에서 몰래 기다리다가 타일러를 급습했다. 테라노스와 맺은 비밀 유지 계약을 지키겠다고 확약하는 문서에 서명하지 않으면 고소하겠다고 협박했다. 타일러의 부모와 할아버지가 서명하라고 사정했지만, 그는 꿈쩍도 하지 않았다.

2015년 10월 《월 스트리트 저널》에 발표한 첫 번째 테라노스 폭로 기사에서 캐리루는 타일러 슐츠와 인터뷰한 내용을 바탕으로 테라노스 진단 키트의 정확성에 의문을 제기하며 환자들에게 미칠 위험성을 지적했다. 이 기사를 계기로 테라노스에 대한 전면적인 조사가 시작되었고 테라노스를 보는 대중의 인식도 급격히 악화하기 시작했다. 테라노스의 사기 행각을 세상에 알린 타일러 슐츠와 에리카 청은 여러 사람의 생명을 구했다고 할 만하다.

조지 슐츠는 용납하기 힘들 만큼 오랫동안 테라노스 측을 지지했지만, 사기 증거가 부인할 수 없을 만큼 명백해지자 손자에 대한 생각을 바꾸었다.

우리 가족은 서로에게 도의를 다하고 격려하며 미국 최고의 가치에 부합하며 살려고 노력한다. 우리 가족은 사람들이 선한 선택을 하도록 도우며 살았고, 어려운 결정과 상황에 맞닥뜨렸을 때 엄청난 용기와 도덕성을 보여 주기도 했다. 타일러가 테라노스의 불법 관행을 알아채고 대응한 것이 좋은 예다. 그는 개인적으로 위협을 당하고 내가 테라노스에 대한 의리를 고결한 가치와 가족들에 대한 신의보다 더 중요하게 여긴다고 생각했을 때에도 진실을 말하고 환자들의 안전을 지키는 일을 자신의 책임이라 여기며 회피하지 않았다. 나는 그동안 2차 세계대전을 경험하고 민간 기업과 정부 기관에서 여러 직책을 맡으면서 문제가 발생할 때마다 그 분야에 있는 사람이 문제를 가장 잘 알고 가장 현명한 해결 방법을 갖고 있다는 사실을 배웠다. 이번 사건도 바로 그런 경우였다. 타일러는 매우 복잡한 상황을 자랑스러울 만큼 현명하게 잘 헤쳐 나갔다. 그는 우리 가족에게 모범이 되었고, 모든 가족이 그에게 고마운 마음을 갖고 있다. 훌륭한 도덕적 자질을 보여 준 타일러에게 상찬과 축하의 말을 전하고 싶다.[52]

에리카 청과 타일러 슐츠의 이야기는 동료 직원 대다수를 타락하게 한 공모의 유혹을 물리친 감동적인 이야기이기도 하지만 불법행위에 맞설 때 고립당하는 경우가 많다는 사실도 적나라하게 보여 준다. 앞서 언급한 바와 같이 한 사람 이상의 협력자와 팀을 이루면 공모의 위협에서 벗어나는 데 필요한 용기를 얻을 수 있다.

청과 슐츠의 협력 관계는 여러 연구 윤리 사례와도 유사성이 있다. 나는 이전에 펴낸 『무엇을 놓치고 있는가』에서 10여 년 전 저명한 두 심리학자, 하버드 대학교의 마크 D. 하우저 교수와 틸버그 대학교의 디드릭 스타펠이 각각 저지른 데이터 조작에 관해 소개했다.[53] 각각의 사례에서 두 사람의 부정행위는 여러 후배들이 서로 의심스러운 부분을 공유하고 우려되는 사실을 대학 당국에 공동으로 전달하면서 발견되었다. 이와 관련해 11장에서 조직 내에서 상대적으로 힘이 약한 직원들이 더 윤리적으로 행동하도록 리더가 할 수 있는 일이 무엇인지 살펴볼 것이다.

담배의 해악에서 수백만의 생명을 구하다 금연 사업은 여전히 거의 모든 국가에서 중요하게 여기는 공중 보건 전략 중 하나다. 20세기에 흡연으로 사망한 사람은 약 1억 명에 달하며 21세기에는 훨씬 더 많은 사망자를 낼 것으로 예상된다.[54] 흡연이 폐암을 유발한다는 사실은 1950년대 초에 알려졌으나, 이에 대한 과학적 증거는 담배업계의 대규모 광고와 로비 활동 탓에 대중에게 알려지지 못했다.[55] 담배업계는 수십 년 동안 흡연의 위험성에 관한 잘못된 의혹을 심는 데 주력했다. 스탠퍼드 대학교의 사학자 로버트 프록터는 고의로 무지를 생산하는 현상을 연구하는 '무지학(agnotology)'이라는 용어를 만들면서 가장 대표적인 사례로 담배업계의 전술을 꼽았다.[56] 우리는 가짜 뉴스가 최근 현상인 듯 말하지만, 담배업계는 수십 년 동안 잘못된 정보를 퍼뜨려 왔다.

많은 이들이 담배회사의 불법행위에 공모해 왔는데, 그중 하나가 바로 의사들이다. 의료계는 담배의 해로움을 1920년대부터 1960년대에 걸쳐 서서히 깨달았는데 미국의사협회에는 담배업계의 충실한 협력자가 있었다. 1964년에 미국 의무총감*이 흡연의 위험성에 관한 보고서를 발표했을 때 의사협회는 담배업계를 도와 담배의 영향력을 축소

---

* 공중 보건 최고 책임자로서 국민에게 정확한 과학적 지식을 전달할 의무를 지는 자리.

했다. 의사협회는 담배를 재배하는 주 출신의 의원들과 관계가 소원해지는 것을 원치 않았기 때문에 담배가 일으키는 해악을 인정하지 않았다. 당시 의사협회는 의사들의 수입에 위협이 되는 메디케어 및 메디케이드 창설 법안이 의회에 계류 중인 것에 더 관심이 많았다. 수만 명의 직원과 의사협회 같은 의외의 협력자들의 공모가 더해지면서 거대 담배회사들의 전략은 20세기가 끝나 갈 때까지 규제 개혁의 가능성을 지연시켰다. 담배업계의 가짜 뉴스 전략은 1990년대가 되어서야 붕괴하기 시작했다.

이 변화에서 가장 인상적인 인물은 제프리 위건드다. 미국 담배회사 브라운앤드윌리엄슨의 연구개발 부사장으로 고액 연봉자였던 위건드는 니코틴이 소비자에게 더 안전하게 전달되는 방법을 찾고 담배에 포함된 다른 화합물의 유해성을 줄이는 일을 맡고 있었다. 그의 업무에는 '영향력 증대', 즉 니코틴 흡수를 향상하여 뇌와 신경계를 더 빠르게 자극하는 방법을 연구하는 것도 포함되어 있었다. 위건드는 영향력 증대가 의도적으로 중독성을 높이는 시도라고 생각했다. 브라운앤드윌리엄슨이 향미 소재로 사용하는 쿠마린도 우려스러웠는데, 쿠마린은 그가 "일종의 쥐약"[57]이라고 부르는 발암성 첨가물이었다. 브라운앤드윌리엄슨은 제품의 중독성과 발암 성분을 줄이자는 위건드의 권고를 시종일관 무시했다. 위건드가 CEO 토머스 샌드퍼와 마찰을 빚자 브라운앤드윌리엄스는 그를 해고했다.

위건드는 회사 업무와 관련된 사안을 누구에게도 일절 발설하지 않는다는 기밀 유지 계약에 서명했다. 그러나 1995년 CBS 프로그램 「60분」과 나눈 인터뷰에서 샌드퍼가 자신의 연구에 대해 "모든 제품이 위험하다는 것을 알리고 있어 회사에 부담으로 작용한다."[58]라고 말했다고 주장했다. 들리는 바에 따르면 브라운앤드윌리엄슨은 위건드가 기밀 유지 협약을 위반하도록 부추겼다며 CBS를 고소하겠다고 협박했고, 흥미롭게도 CBS는 이에 굴복하여 《월 스트리트 저널》이 위건드의 기사를 터뜨린 뒤 1년이 지나서야 비로소 인터뷰를 방영했다.[59] 약 20년 후 NBC가 하비 와인스틴의 협박에 굴복해 로넌 패로의 기사를 내보내지 않고 와인스틴의 범죄에 공모했듯이, CBS는 브라운앤드윌리엄슨의 위법행위의 공모자가 되었다.

위건드는 사실을 폭로함으로써 20세기 말에 시작된 담배와 관련된 사회 변화에 혁혁한 공을 세웠다. 이 사건을 계기로 담배 광고에 제약이 생겼고, 금연 구역이 생겨났으며, 미성년자에게 담배 판매를 금지하는 규정이 강화되었다. 이런 변화는 지난 25년간 보았듯이 흡연율 감소에 크게 공헌했다. 1998년에 미국 담배업계는 담배 광고 및 판촉 행위와 관련하여 46개 주 정부에 3680억 달러에 달하는 합의금을 지급하기로 했다. 위건드는 세계 여러 나라에 담배 규제 정책을 컨설팅하는 새로운 행로를 걷고 있다.

물론 흡연으로 인한 사망자 수를 줄이려는 싸움에서 활약한 영웅은 위건드 외에도 많았다. 그러나 위건드는 자신이 속한 조직의 위법행위에 가담하기를 거부하고 사람들을 살리려고 기밀 유지 계약을 스스로 위반했다는 점에서 특별하다.

롬니 외에도 트럼프에 맞서는 용기를 보여 준 공화당 의원은 여럿 있었고, 세가라와 타일러 슐츠, 청, 위건드 외에도 기업의 내부 고발자는 많다. 그러나 불행히도 훨씬 더 수가 많은 불법행위 공모자에 비하면 여전히 소수에 불과하다. 너무나 많은 직원들이 조직 내에서 벌어지는 비윤리적인 행위를 용인하고 그런 행위에 가담하며, 너무나 많은 리더들이 공모를 가능하게 하고 조장하는 사내 문화를 방치하거나 허용한다. 리더의 자리에 있는 사람들은 현재 조직이 장려하는 행위가 무엇인지 검토하고 더 윤리적인 행위를 이끌 수 있는 방법을 찾아야 한다. 이것이 다음 장에서 논의할 내용이다.

11장 리더는 무엇을 할 수 있는가

2021년 9월 6일, 이 책의 초고를 막 마쳤을 무렵 하버드 대학원 졸업생에게 이메일을 받았다. 이 사람은 내 수업을 듣지는 않았지만 하버드 케네디 스쿨의 공공 리더십 센터에서 주최한 행동경제학 강연을 들은 적이 있다고 했다. 그는 레스토랑 체인을 소유, 운영하고 있었는데 전염성이 매우 높은 코로나 바이러스 델타 변이가 한창 유행할 당시 코로나 감염으로부터 레스토랑을 더 안전하게 지키고 싶어 했다. 칭찬할 만한 목표였다. 그는 이메일에 이렇게 썼다. "우리는 직원들이 백신을 맞도록 독려하고 싶습니다. 우리 회사의 최고운영책임자는 모든 직원에게 존슨앤드존슨 백신 1차 접종에 100달러, 2차와 3차 접종에 각각 50달러를 지급하자고 제안했습니다. (……) 이 사안을 내일 논의할 예정인데, 과거 선생님 강연에서 궁금한 사항이 있어 연락드립니다. (……) 백신이나 지속적인 마스크 착용으로 더 많은 직원과 그 가족들을 선제적으로 안전하게 보호하는 데 도움이 될 만한 행동경제학 또는 휴리스틱의 모범 사례나 제안, 권고 사항이 있는지 묻고 싶습니다."

나는 그 목표를 달성할 수 있도록 돕고 싶었고, 그가 잠재적으로 직원과 손님들의 건강에 영향을 미칠 수 있는 리더로서 자신의 역할에 자문을 구했다는 사실이 기뻤다. 그러나 백신을 의무화하는 게 아니라 장려하는 법을 고민한다는 점이 신경 쓰였다. 나는 다음과 같이 답장을 보냈다. "올바른 운영 방식에 감사드립니다. 하지만 솔직한 의견을 말씀드리면 요식업계에서 윤리적이라 할 수 있는 정책은 고용 조건에 백신 접종을 의무화(인증 포함)하는 방법뿐입니다. 나라면 백신을 접종하지 않은 직원이 있는 레스토랑에는 가고 싶지 않을 것 같군요. 백신 접종을 의무화하지 않는 것은 선생님의 식당에서 발생하는 코로나 감염 또는 확산에 공모하는 것과 다름없습니다. 매몰차게 말해 죄송하지만, 이 부분에 대한 저의 윤리적 견해는 명확합니다." 그러면서 문의에 이렇게 답했다. "형평성을 위해, 그리고 규범 생성의 사회과학에 근거하여, 그룹별(예를 들면 지점별)로 100퍼센트 백신 접종에 따른 인센티브를 제공하고 백신 접종을 마친 사람들이 고객을 응대하도록 권하는 바입니다." 나는 다소 말이 심하게 들릴 수 있음을 사과하며 이메일을 맺었다.

나의 견해는 명확히 다수의 행복을 극대화하는 도덕적 의무를 강조하는 공리주의적 관점의 영향을 받았다. 어떤 사람들은 개인의 자유에 특별한 가치를 둔다는 사실도 잘 알고 있었다. 그러나 코로나 유행 사태에서 손님을 대면하는 직원들이 백신 접종을 하지 않게 두는 것은 사회가 용납해서는 안 되는 대가를 손님에게 치르게 하는 것이었다. 그렇다면 백신을 맞지 않기로 선택한 사람들의 자유와 코로나에 걸리지 않을 손님들의 자유 사이에서 어떻게 균형을 맞추어야 할까? 나의 대답은 모든 사람을 위한 가치를 극대화하는 정책을 고려한 것이었다. 코로나에 감염되어 타인을 감염시킬 위험이 훨씬 높은 백신 비접종자를 자유롭게 활보하게 두는 것보다 코로나 바이러스에 감염되어 병원에 입원하거나 사망할 확률이 낮은 백신 접종자가 자기 삶을 살 수 있도록 하는 편이 가치가 더 크기 때문이다.

나는 여전히 내 답장이 매몰찼지만 내용은 옳았다고 생각한다. 리더들은 많은 면에서 특권을 누린다. 그들이 차지한 지위 덕분에 대개 명성과 존경, 부를 얻는다. 윤리적 규범에 관한 폭넓은 권한도 얻는다. 리더에게는 다른 사람들의 도덕성에 선한 영향력을 끼칠 수 있는 기회가 아주 많다. 그런 기회를 날려 버릴 때 리더는 그 결과가 불러오는 해악에 공모하는 셈이 된다. 내가 레스토랑 체인 대표에게 다소 까탈스러운 이메일을 보낸 이유는 솔직한 의견을 전달하지 않으면 백신 접종을 의무화하지 않아 그의 레스토랑에서 발생할 코로나 바이러스 확산에 나도 원인을 제공할 수 있다는 생각 때문이었다. 다행히도 그가 보낸 답장은 친절하고 정중했다. "조언 잘 받았습니다. 선생님의 말씀이 매몰차다고 생각하지 않습니다. 제게 보여 주신 높은 기대에 깊은 감사의 말씀을 전합니다."

10장에서 다른 사람의 위법행위에 가담하지 않기 위해 개인으로서 할 수 있는 일을 살펴보았다. 그러나 레스토랑 체인의 이야기나 이 책 전반에서 다룬 다양한 사례에서 명백히 드러나듯이, 개별 행위자들은 복잡한 문제의 한 요소일 뿐이다. 테라노스나 위워크의 관리자들,

고위급 간부들, 투자자들, 이사진은 모두 창립자의 사기에 동조했다. 트럼프 정부 사례에서 트럼프의 부패를 가능하게 하고 그의 거짓말을 지지한 것은 알 만한 권력자들이었다. 하비 와인스틴이 성폭행을 계속할 수 있었던 것은 미라맥스와 와인스틴 컴퍼니, 그 밖에 여러 조직에서 많은 사람이 도왔기 때문이다. 지금까지 살펴본 것처럼 가톨릭교회, 미국 체조협회, 미국 올림픽위원회, 미시간 주립대학교, 펜실베이니아 주립대학교와 같은 조직의 수장들은 상습적 가해자가 사람들을 계속해서 괴롭힐 수 있는 자리에 남아 있도록 허용했다.

이토록 많은 리더, 직원, 단체, 정부 기관이 위법행위의 공모자가 될 수 있다면, 그들이 조직 내에서 공모 행위를 줄이기 위해 할 수 있는 일도 분명 많다. 많은 이가 가정이나 지역사회, 회사 또는 정부 기관에서 리더의 위치에 있다. 리더는 스스로 내리는 결정뿐 아니라 자기가 이끄는 사람들의 결정에도 책임을 진다는 점에서 다른 직책과 다르다.[1] 그러므로 유해한 행위에 가담하는 일을 예방하려는 리더들은 자신의 결정은 물론 주변 사람들이 내리는 결정도 신중하게 검토해야 한다. 이 장에서는 스스로 공모자가 되는 것을 피하는 방법을 넘어 집단행동, 조직 설계, 사회 전반의 부정행위를 개선하는 제도를 마련해 리더가 다른 사람의 공모 행위를 막기 위해 할 수 있는 일을 알아볼 것이다.

리더는 추종자들이 도덕성과 정의를 중요하게 여기느냐, 아니면 권위와 충성을 더 중요하게 여기느냐(또는 일부 종교 단체의 경우 신성한 의무를 더 중시하느냐)에 영향을 준다. 리더 중에는 조직 구성원들의 비윤리적 행위에 대한 책임을 회피하고 자신이 공모했다는 사실을 부인하는 사람도 있지만, 왜 구성원들이 그렇게 행동했는지 고민하고 윤리적 행위를 장려하며 부정행위에 가담하지 않도록 지혜로운 방법을 고안하는 사람도 있다. 진정으로 악한 자들이 범죄를 저지르지 못하게 막는 것은 불가능하지는 않더라도 상당히 어려운 일이다. 그러나 주변의 평범한 사람들이 악한 자의 행위를 방조하거나 그런 행위에 가담하지 않도록 할 수 있는 확실한 방법은 있다. 이 장에서는 리더의 특권과 책임을 지닌 사람들이 다른 사람들을 위법행위에 가담하지 않도록 독려함으로써 더욱 책임감 있는 조직을 만드는 방법을 논의한다.

집단행동 장려하기

트럼프 정부 말기, 미국 법무부의 고위급 간부들은 트럼프가 당시 법무부 장관 권한대행이었던 것인지. 제프리 A. 로즌을 쫓아내고 법무부의 힘을 빌려 조지아주의 대선 결과를 자신에게 유리하게 뒤집으려 한다는 사실을 알고 충격을 받았다.[2] 트럼프가 이 계략을 꾸민 것은 로즌이 대선 결과를 무효화하려는 트럼프의 계획을 거부하고 난 후였다. 트럼프의 계략을 안 법무부 고위 간부들은 트럼프의 편에 서서 대선 결과를 번복할 것인지, 깨끗하게 사임할 것인지(이 경우에도 어차피 트럼프는 대선 결과에 불복하고 나설 터였다.) 선택에 직면했다. 그 대신 그들은 로즌이 해임되면 단체로 사임한다는 비공식적인 약속을 맺었다. 이 집단행동을 통한 협박에 트럼프는 결국 로즌을 해임하지 못했다. 그렇게 많은 법무부 간부들이 단체로 사임하면 큰 논란이 일어 본인이 근거 없이 밀어붙이던 부정선거 주장에 불리하게 작용할 것이라는 사실을 깨달았기 때문이다.[3] 법무부 간부들은 집단행동을 하면 개인 혼자서는 가질 수 없는 힘을 갖게 되어 위법행위에 가담하지 않을 수 있음을 알았다.

법무부 간부들이 공모를 피하기 위해 집단행동의 힘을 이용할 무렵, 미국 인구조사국의 리더급 간부들도 조직의 정치적 중립성과 정직성을 지키기 위해 고군분투하고 있었다. 미국 정부는 1790년 이후 10년마다 전국의 주민 수를 집계하여 공정한 연방 기금 분배와 50개 주에 대한 의회 의석 배분을 결정하는 데에 이용해 왔다. 법에 따라 인구조사국은 "통계를 개발, 생산, 보급하는 일에서 정치나 다른 부당한 외부 압력으로부터 독립적이어야 한다."[4] 지난 수백 년 동안 인구조사국은 대체로 초당파성이라는 목표를 성공적으로 달성했다. 적어도 트럼프가 등장하기 전까지는 말이다.

대선을 불과 몇 달 앞둔 2020년 7월 21일, 트럼프는 미국 상무부가 감독하는 인구조사국에 2020년 인구조사에서 미등록 이주자들의 수를 추정하여 총인구수에서 빼라고 지시했다.[5] 그렇게 하면 의석과 선거인단 배분에서 공화당 성향의 주에 유리할 수 있었다. 이후 나온 많은 법리적 결정들은 트럼프의 손을 들어주지 않았다. 어쨌거나 인구조사에는 유권자나 시민권자뿐만 아니라 해당 주에 거주하는 모든 '사람'을 포함해야 한다고 헌법이 명시하고 있기 때문이다.[6]

임기가 끝나 갈 무렵 트럼프는 인구조사국의 스티브 딜링햄 국장을 포함하여 그가 임명한 정무관들에게 미등록 이주자들을 시민권자 및 합법적 영주권자와 구분하여 표를 만들고, 총인구조사에서 그들을 제외하라고 명령했다. 인구조사는 거주자들에게 체류 신분을 묻지 않기에 미등록 이주자를 확인하는 것은 매우 어렵고 부정확할 수밖에 없다. 그러나 트럼프는 딜링햄에게 최선의 추정치를 요구했다.

딜링햄과 트럼프의 지명을 받아 임명된 지 얼마 되지 않은 사람들은 이 일을 직접 할 수 없었기 때문에 조직 내 숙련된 전문가들의 도움이 필요했다. 그들은 인구조사국의 연구 책임자 존 애보드, 인구 통계 책임자 토리 벨코프, 부국장 론 자르민에 도움을 요청했다. 세 사람은 인구조사국 근속 연수가 모두 합쳐 75년이나 되고 정치적으로 중립적이라고 알려진 전문가들이었다. 이들은 기술 보고서에 미등록 이주자의 추정치가 왜 쓸모없는 정보인지 설명을 넣게 해 주지 않으면(그렇게 하면 해당 추정치는 공개적으로 무효화될 수 있었다.) 딜링햄의 요구를 들어주지 않기로 뜻을 모았다.[7] 이와 같은 집단행동은 트럼프의 임기가 끝날 때까지 세 사람에게 시간을 벌어 주었고, 2020년 총인구조사 데이터는 결국 정치적으로 악용되지 않을 수 있었다. 애보드, 벨코프, 자르민 모두 혼자서는 입장을 고수할 수 없었을지 모른다. 함께 행동했기에 가능한 일이었다.

트럼프 임기 동안 정부 기관에서 일어난 이런 사건들은 위법행위에 맞서고 그런 행위를 막는 데 집단행동이 위력을 발휘함을 증명해 준다. 10장에서 우리는 어떻게 타일러 슐츠와 에리카 청이 협력하여 테라노스의 범죄에 가담하지 않고 홈스의 사기에 종지부를 찍었는지, 대학원생들이 힘을 합쳐 연구 윤리 위반 행위를 폭로했는지 보았다. 범법 행위를 방지하고 공모를 피하려 노력하는 직원들은 우연한 기회로 힘을 합치기도 한다. 그러나 리더들도 조직 구성원들이 연대하여 비윤리적 행위를 막도록 장려하는 구조를 만들 수 있다. 하지만 안타깝게도 너무 많은 조직이 비밀주의를 조장하며 그와 반대되는 행태를 보인다.

윤리적인 조직 설계하기

리더들을 비롯하여 너무나 많은 사람이 조직의 설계와 구조가 비교적 불변한다고 생각한다. 그러나 조직을 만든 것은 사람이고, 리더에게는 조직의 중요한 특성을 바꿀 수 있는 힘이 있다.[8] 리더들은 조직의 구조와 구성을 살펴봄으로써 직원들이 비윤리적인 행위를 방조하는 이유를 알아낼 수 있다.

하버드 경영대학원의 마이클 투시먼 교수와 스탠퍼드 대학교의 찰스 오라일리 교수는 적합성 모델이라고 알려진 조직 설계 모델을 제시하는데, 이 모델은 왜 조직이 그렇게 행동하는지 진단하고, 리더들이 어떻게 조직을 목표에 더 가까이 이끌 수 있는지 파악하기 위해 사용된다.[9] 투시먼과 오라일리에 따르면 리더들은 조직 설계의 네 가지 측면을 자세히 살펴봄으로써 조직의 행동을 더 잘 이해할 수 있다. 네 가지 측면이란 1) 조직이 수행해야 하는 핵심 과업, 2) 조직 문화가 장려하는 행위와 장려하지 않는 행위, 3) 위계와 비공식적 의사소통 채널 면에서의 조직 구조, 4) 조직에 선발되거나 승진하는 사람들의 특성이다. 리더들이 이런 네 가지 구성 요소가 서로 충돌하는지 아니면 부합하는지를 살펴봄으로써 더 좋은 성과를 내는 방향으로 조직을 이끌 수 있다고 투시먼과 오라일리는 설명한다.

이 모델은 더 윤리적인 행위를 촉진하는 방법도 제시한다. 각각의 구성 요소를 면밀하게 검토하면 일부 조직 구성원들이 뇌물, 절도, 내집단 편향, 재무 조작 같은 비윤리적인 행위를 하는 이유뿐만 아니라 주변 사람들이 그런 비윤리적 행위를 방조하는 이유도 파악할 수 있다.

리더들은 적합성 모델을 사용하여 투시먼과 오라일리가 성과 차이라고 부르는 것, 즉 조직의 실제 성과와 리더가 목표로 하는 성과의 차이를 평가함으로써 자신의 조직을 심사할 수 있다. 이 책의 주제와 관련해서는 리더들이 조직에서 일어나는 비윤리적 행위에 조직 구성원들이 가담하지 않도록 하는 방법을 고민하는 데 도움을 줄 수 있다.

많은 대학이 실제 캠퍼스에서 발생하는 성희롱 및 성폭행과 성범죄 근절이라는 목표 사이의 성과 차이를 경험한다. 모든 사람이 안전함을 느끼고 안전할 수 있는 캠퍼스 환경을 조성하는 중요한 과제를 달성하려면 무엇이 바뀌어야 할까? 적합성 모델을 적용해 보면 대학이 지지하는 문화적 규범이 무엇인지, 바람직한 행위에 영향을 줄 수 있는 조직 구조의 특성이 무엇인지, 조직의 구성원들이 누구인지를 고려해야 한다. 이런 요소들을 염두에 두면 대학의 리더들은 그 학교의 문화가 어떤 행위들을 정상화하는지 평가할 수 있다. 성폭행을 막고 가해자에게 책임을 물을 수 있도록 신고 체계가 제대로 작동하는지 확인할 수도 있다. 성범죄자들이 커뮤니티에 들어오거나 남아 있지 못하도록 최선을 다하고 있는지도 평가할 수 있다.

리더들은 스스로 조성하고 싶은 환경을 생각해 봄으로써 지향하는 결과에 방해가 되는 장해물이 무엇인지 파악하여 해결책을 마련할 수 있다. 대학 내 성폭력에서 중요하고 독특한 두 가지 특징이 있는데, 하나는 범죄 대부분이 상습범의 소행이라는 점이고 다른 하나는 피해자들이 대개 범죄 신고를 꺼린다는 점이다. 자신이 성폭행을 당한 기관에 직접 신고하는 일은 당황스럽고 무서우며 난처하고 외로운 경험이다. 게다가 대부분의 대학 문화와 조직 체계는 잠재적 피해자는 물론 실제 피해자들에게도 거의 도움이 되지 않는다.

때로는 창의적 사고가 성폭행 문제에서 다수의 대학이 직면한 성과 차이의 해결책을 강구하는 데 유용할 수 있다. 법학자 이언 에이어즈와 케이트 언코빅은 학생과 직원이 성범죄에 노출되었을 때 당국에 신고하도록 힘을 실어 주는 '정보 에스크로'라는 방법을 제안했다.[10] 두 사람은 정보 에스크로가 다양한 방법으로 구성될 수 있음을 강조하면서 성희롱 혐의가 제기된 상황을 예시로 든다. "피해자는 에스크로에 비공개로 고발을 넣고, 에스크로 요원은 동일 가해자에 대한 혐의 제기가 최소 두 번 이상 접수될 때만 적절한 당국 기관에 정식으로 고발장을 제출한다."[11] 이 방법의 핵심은 동일한 가해자에게 폭행당한 피해자 2명이 에스크로에 고발을 접수하면 두 사람은 공개적으로 피해 사실을 밝힐 때 외로운 싸움을 하지 않아도 된다는 것이다. 피해자들은 자신의 주장이 개별적으로도 입증되고 다른 피해자의 주장으로도 뒷받침될 것이라는 사실을 안다. 정보 에스크로는 많은 대학 캠퍼스에서 두려움을 느끼는 성폭력 피해자들을 돕기 위한 방편으로 시행되고 있다.

제시카 래드가 설립한 비영리단체 칼리스토는 디지털 플랫폼에 익명으로 성폭행을 신고하도록 돕는 정보 에스크로를 운영한다. 칼리스토는 대학생이나 일반인이 암호화된 디지털 플랫폼에 성폭행을 신고할 수 있도록 해 주고 정확한 신고 시각을 표기한다. 성폭행 생존자들은 해당 기관이나 경찰에 바로 신고할 수도 있고, 동일 가해자에 대한 또 다른 신고가 접수될 때까지 기다렸다가 칼리스토를 통해 고발할 수도 있다. 생존자들은 칼리스토를 통해 사건이 일어난 직후 범죄 사실을 신고할 수 있다. 그러면 사건이 나중에 드러나더라도 그들의 주장이 진지하게 받아들여질 가능성이 높아진다. 내가 이 글을 쓰고 있는 지금까지 열 곳이 넘는 대학이 칼리스토를 도입했고, 벤처 캐피털 업계를 비롯한 다양한 분야에서 빠르게 확산하고 있다.

혹자는 성희롱과 성폭행의 맥락에서 정보 에스크로를 꺼림칙하게 느낄지 모른다. 부정한 행위에 대한 혐의 제기를 비밀로 하면 가해자가 처벌받지 않고 더 많은 범죄를 저지를 수 있기 때문이다. 그러나 책임을 묻기 위해서는 비밀리에 신고하는 것이 전혀 신고하지 않는 것보다 훨씬 낫다. 정보 에스크로는 직원들이 다양한 비윤리적 행위에 가담하지 않도록 리더들이 신고 제도를 구축하는 방법을 더욱 다방면으로 고민할 수 있게 해 준다.

조직 구성원들의 공모 가능성을 줄이도록 리더들이 조직의 구조와 체계를 바꾸는 방법에는 여러 가지가 있다. 내가 가장 좋아하는 사례는 내 컨설팅 고객사 중 한 곳의 사례다.(대기업이며 기업 요청에 따라 이름을 밝히지 않는다.) 이 회사의 고위급 간부들은 직원들에게 도덕적으로 옳은 일을 하도록 장려하는 것을 자랑스럽게 여긴다. 그들은 직원들을 위한 사내 영상을 제작했는데, 4명의 고위직 임원들이 과거에 상사를 찾아가 불법행위 문제를 알렸던 일을 각자 이야기하는 내용이었다. 많은 직원이 시청한 이 영상의 목적은 회사가 위계에 대한 복종보다 윤리적인 행위를 더 가치 있게 여긴다는 사실을 분명하게 밝히기 위해서였다. 좋은 리더들은 기업의 강령이 단순히 어떤 외부의 평가 기준을 달성하기 위한 문서가 아니라 직원들이 반드시 따라야 하는 정책임을 이해하는 문화를 만들기 위해 노력한다.

정의로운 사회 만들기

리더에게는 조직 내 다양성을 증대할 도덕적 책임도 있다. 더욱 다양한 관점의 목소리를 듣는 방법을 찾는 것은 사업적으로도 합리적일 뿐만 아니라 다수가 불평등 영속화에 가담하는 위험을 줄이는 데도 도움이 된다. 4장에서 보았던 뉴욕의 공립 중고등학교 SIS(최근 보럼 힐 SIS로 개칭)에서 이런 현상이 나타나기 시작했다. 알다시피 SIS는 2015~2016년에 백인 학생과 부모가 갑작스럽게 쏟아져 들어오면서 혼란을 경험했다. 2016년 학기가 끝날 무렵 니콜 랜질라토가 새 교장으로 부임했다.[12] 학교가 점점 다양성을 잃어 가고 있음을 우려한 랜질라토는 재학생의 40퍼센트를 무상 또는 저렴한 급식 프로그램 대상자인 아이들(대부분 유색인종)로 배정했다. 또 프랑스어 프로그램의 예산을 축소하여 더 많은 유색인종 교사와 직원을 고용했으며 공정성이 핵심 목표인 학교 문화를 조성하기 위해 애썼다.

나는 내가 속한 조직의 다양성을 늘리기 위해 더 적극적으로 노력하고 있다. 4장에서 언급했던 것처럼 내가 추천한 후보자가 전미경영학회의 연례 펠로 그룹 회원에서 떨어졌을 때 실망했고, 그 일을 계기로 펠로 그룹이 백인으로만 구성되어 있다는 사실을 (너무 늦게) 깨달았다. 이런 일들이 발생했을 당시 나는 공모에 관한 책을 집필하며 삶의 모든 면에서 비윤리적인 행위에 가담하지 않으려고 최선을 다하고 있었다. 그래서 다양성 및 포용성 증진에 대해 나보다 전문성이 있는 몇몇 친구(돌리 추그, 모듀페 아키놀라, 마자린 바나지, 아서 브리프)의 도움을 받아 펠로 그룹에 신규 회원 선정 절차를 재검토해 달라는 서한의 초안을 작성하고 펠로 그룹 회원 26명에게 서명을 요청했다.

2021년 4월 23일, 펠로 그룹 회원인 브리프와 내가 펠로 그룹의 회장에게 서한을 보내 전미경영학회의 펠로 그룹 신입 회원 선정 과정에 다양성이 반영되어야 한다는 의견을 전달했다. 우리는 자격이 충분한 후보들이 많았는데도 펠로 그룹에 흑인이 1명밖에 되지 않는다는 사실을 강조하며 지금의 후보 추천 절차가 펠로 그룹의 인종적 단일성에 원인을 제공할 수 있다고 언급했다. 펠로 회원들과 함께 그룹 내 다양성을 논의할 수 있는 자리를 마련해 달라고 요청하면서 그 자리에 현명한 절차를 조언할 수 있는 외부 사회과학 전문가들을 초청하면 좋겠다고 제안했다. 제안한 논의 내용은 다음과 같았다.

> 1. 펠로 회원과 더 넓게는 경영학회 회원들의 인구통계 자료를 수집하고 공유할 것인가?
> 2. 후보 추천 및 최종 투표 시 과소대표된 집단 출신의 후보를 적극적으로 검토할 것을 명시적으로 장려할 것인가?
> 3. 후보 추천 위원회가 다양성을 고려한 펠로 그룹 조성을 목표로 직접 후보를 추천하도록 권한을 부여하고 장려할 것인가?
> 4. 기존 펠로 회원이 아닌 외부의 후보 추천을 받아들일 것인가?

2021년 9월에 펠로 그룹 간부들은 펠로 회원들을 초청하여 줌 회의를 열고 후보 선정 절차를 논의했다. 몇몇 회원은 기존 절차에 문제가 없다는 반응을 보였지만, 회의에 참석한 20명이 넘는 펠로 회원 대부분이 현 제도를 바꾸어 다양성을 개선하는 쪽을 열렬히 찬성했고 그렇게 해야 하는 이유도 설득력 있게 제시했다.

　명예로운 펠로 그룹의 다양성을 증진하는 변화를 지지한 다수의 회원들은 나와 브리프가 제안한 첫 세 가지 제안에 찬성하면서, 모든 회원이 공식적인 후보 추천을 할 수 있는 위원회를 창설할 것을 지도부에 촉구했다. 네 번째 제안을 찬성하는 사람은 다소 적었는데, 행정적으로 문제가 복잡해지고 기존 펠로 회원들의 절차에 대한 권한이 약해질 수 있다는 이유였다. 나는 긍정적인 변화가 일어나고 있다고 확신하며, 결과적으로 펠로 그룹의 다양성도 개선될 것이라 믿는다. 다시 말하지만 펠로 그룹 내 다양성 증진을 적극적으로 반대한 사람은 소수에 지나지 않았다. 그러나 오랜 세월 동안 우리는 대부분 학계에서 명예나 상을 수여할 때 불평등하게 작용하는 시스템을 묵인하고 특권을 수용했다. 여러분이 각자의 조직에서 유사한 변화를 이끌어 내려면 조직의 인구통계 데이터를 수집하고 검토하여 필요한 개선점을 확인하고 과소대표된 집단의 후보자들을 공정하게 고려하는 전략을 수립하면 된다.

윤리적인 제도 수립하기

　위법행위를 예방하고 그 해악을 줄이는 방안은 대개 특정 조직을 넘어 산업이나 사회구조 전반을 포괄한다. 이 책은 상장 기업에 대해 독립적인 감사를 수행하지 않은 회계감사 산업부터 고객사의 비위를 맞추기 위해 편파적으로 등급을 책정한 신용평가기관, 규제 대상인 은행에 포획된 연준 이사회까지 얼마나 많은 조직이 실망스러운 일을 저질렀는지 보여 주었다. 이렇게 제 기능을 하지 못한 기관들은 저절로 탄생한 것도, 알 수 없는 힘으로 만들어진 것도 아니다. 이런 기관들은 리더의 위치에 있으면서도 비윤리적 행위를 예방하는 조직과 제도를 수립하지 못한 인간들이 만든 것이다.

우리는 더 강력한 조치를 취하지 않은 당사자들에게 변명의 빌미를 제공한 실패한 방법들을 주의해야 한다. 일례로, 여러 연구를 통해 입증된 바에 따르면 이해관계의 충돌을 공공연히 밝히는 일은 상황을 개선하는 게 아니라 악화할 수 있는 잘못된 방법이다. 실제로 이해관계의 충돌 문제를 밝히는 의료인들은 단순히 사실대로 말했다는 이유로 더욱 스스럼없이 자신의 이익에 부합하는 쪽을 선택한다. 게다가 의사의 편향된 조언을 들은 환자들은 그런 의사를 더 믿는 경향이 있는데, 이해관계의 충돌을 솔직하게 밝힐 만큼 그 의사가 정직하다고 생각하기 때문이다.[13] 이런 사실을 입증한 연구들은 효과적인 정책을 수립하는 데 중요한 통찰을 제공한다. 정책 입안자들은 대개 이해관계의 충돌 문제를 밝히는 것이 문제 해결에 더 도움이 된다고 착각한다. 그렇게 착각하면 문제를 더 효과적으로 해결할 수 있는 제도 개선의 진정한 필요성을 더 이상 인식하지 못한다.

공모자들이 범죄자를 용인하거나 방조한 일로 처벌을 받는 경우도 있다. 예를 들어 펜실베이니아 주립대학교의 총장 그레이엄 스패니어는 아동을 위험에 빠뜨린 혐의로 해고 후 기소되었고, 펜실베이니아 주립대학교 풋볼 부코치 제리 선더스키가 저지른 아동 성 학대에 공모한 혐의로 2개월 징역형을 선고받았다. 그러나 조직, 업계, 주 정부가 책임을 묻지 않거나 아주 가벼운 처벌만 받고 지나가는 공범자들이 너무나 많다. 하비 와인스틴, 엘리자베스 홈스, 애덤 뉴먼, 래리 나사르의 범죄를 방조한 사람들 가운데 그들이 한 행위 또는 하지 않은 행위를 온전히 책임진 사람은 거의 없었다.

6장에서 언급한 유타 대학교 법학과 교수 에이머스 기오라는 적어도 성폭행에 관한 한 공모를 범죄로 간주해야 한다고 주장한다.[14] 그러면서 성폭력범의 범죄를 용이하게 하는 공모자들을 방관자와 조력자 두 유형으로 구분한다. 그는 범죄가 일어나는 순간 그 자리에 함께 있으면서도 911에 전화하지 않거나 가해자를 말리지 않는 등 범죄를 막으려고 노력하지 않은 사람을 방관자라고 정의한다. 반면 조력자는 사건이 발생한 이후에 범죄 사실을 알고도 조직 내에서 자신이 차지하는 위치 때문에 생존자를 돕거나 추후 동일 가해자가 또 다른 폭력을 일으키는 것을 막기 위한 조치를 충분히 취하지 않은 사람이라고 정의한다. 조력자와 방관자는 성폭력에 각각 다른 방식으로 가담하지만, 두 유형 모두 행동하지 않는다는 특성이 있다고 기오라는 강조한다. 9장에서 확인한 것처럼 사람들은 작위에 의한 위법행위보다 부작위에 의한 위법행위를 잘 처벌하지 않는 경향이 있다.

방관자의 공모 행위와 관련하여 기오라는 2020년에 펴낸 『방조자들』에서 미국의 10개 주(캘리포니아, 플로리다, 하와이, 매사추세츠, 미네소타, 오하이오, 로드아일랜드, 버몬트, 워싱턴, 위스콘신)에 신고 의무법이 있음을 언급한다.[15] 이 법은 주마다 달라서 모든 범죄에 적용되기도 하고 아동에 대한 범죄에만 적용되기도 하며 성범죄에만 적용되기도 한다. 기오라에 따르면 유타주가 신고 의무법 통과를 고려하고 있을 때 일부 의원이 다양한 이유를 들어 법을 반대했는데, 도덕을 법률화하는 것에 대한 반대, 국민을 과잉보호하는 것이라는 비판, 법 집행 기관에 대한 불신을 조장한다는 등의 이유에서였다. 위험에 처한 피해자의 관점에 초점을 맞추는 기오라는 방관자들의 무작위를 범죄로 규정하는 법안을 반대하는 사람은 훗날 발생할 범죄의 공범이라고 주장한다.

조력자들이 대체로 신중히 생각할 시간이 더 많고 권력을 지닌 경우도 많기에 기오라는 방관자들보다 조력자들을 훨씬 더 신랄하게 비판한다. 그는 동일한 가해자가 저지른 여러 건의 성폭력에 대해 앞서 설명한 정보 에스크로 제도가 작동할 수 있는 기준보다 훨씬 더 확실한 증거를 갖고 있으면서도 아무런 조치를 취하지 않는 조력자들을 언급한다. 이런 조력자들은 대개 명망 높은 기관에서 요직을 차지하고 있기 때문에 피해자들은 당연히 이들의 도움을 받고 이들이 향후 범죄 재발 방지에 힘써 주기를 기대한다. 적절한 조치를 취하지 않은 가톨릭교회, 펜실베이니아 주립대학교, 미시간 주립대학교의 지도부는 가해자의 범죄행위를 사실상 용인하고 제도화했다. 기오라는 특히 보스턴 대주교 버나드 F. 로를 더 일찍 기소하지 않은 것이 현 사법제도의 한계를 보여 줄 뿐만 아니라 정의보다 종교의 신성함을 중시하는 경향 때문에 수많은 피해자가 발생했다고 주장한다. 조직에 대한 충성심이 성폭력 용인으로 이어질 때 발생하는 도덕적 실패도 지적한다. 미국의 모든 주는 연방 정부의 아동 학대 예방 및 치료법에 따라 조력자의 범죄 사실 목격 여부와 관계없이 아동 학대 신고를 의무화하는 법을 제정해야 한다. 그러나 기오라에 따르면 주 정부들이 이 법을 굉장히 다양한 방식으로 시행하고 있고 상당히 미흡한 경우가 많다.

나는 방관자의 부작위와 관행적 조력자들을 범죄로 규정해야 한다는 기오라의 주장이 옳다고 믿는다. 조직을 연구하는 학자이자 행동윤리학자로서 리더들이 비윤리적인 행위를 저지르는 일이 다반사고 부당한 행위에 가담하도록 조장하는 조직을 만드는 경우가 많다는 사실을 덧붙이고 싶다. 조직의 리더들은 입법자의 도덕적 의무와 유사하게 자신의 의무가 개인의 책임 범위를 넘어선다는 점을 이해해야 한다. 그들은 자신의 조직에서 벌어지는 범죄 공모 행위를 개선하는 방법을 찾는 데 힘써야 한다. 기오라는 성폭력에 중점을 두어 설명했지만 리더들은 사기, 절도, 차별 등 조직 내에서 벌어질 수 있는 다양한 영역의 비윤리적 행위에 대한 공모를 염두에 두어야 한다.

1863년에 미국 의회는 링컨 법이라고도 불리는 부정청구법을 통과시켰다. 이 법은 남북전쟁 당시 북부군의 방위 계약 업체들이 정부와 정부군에 부정한 청구를 하지 못하도록 제정되었으나, 현재는 연방 정부에 소속되어 있지 않은 사람들이 정부의 자금을 직간접적으로 사취한다고 생각되는 연방 정부 도급업체를 상대로 소송을 제기하는 데 쓰인다. 게다가 소송을 제기한 내부 고발자는 정부가 환수하는 금액의 일정 부분을 포상금으로 받을 수 있어 일반 시민들에게 사취 고발에 따르는 위험을 감수할 강력한 유인 요소를 제공한다. 이 법이 초창기부터 보장했던 이런 내용은 일반 시민들이 용기를 내어 내부 고발자가 되는 데 큰 도움이 되었다.

내부 고발자 보호를 위한 비영리단체 '미국정부책임성감시(Government Accountability Project)'에 따르면,[16] 내부 고발자는 불법행위, 경영진의 중대 과실, 권력 남용, 공중 보건 및 치안에 대한 실질적이고 분명한 위험의 증거를 제공하는 사람을 말한다. 조직에서 타인의 비윤리적 행위를 고발한 사람은 보통 어떻게 되는가? 더 포괄적으로 말해서 조직은 내부 고발자에게 포상하는가 아니면 벌을 주는가? 역사적으로 보면 불행히도 내부 고발자들은 대개 좋은 대우를 받지 못했다. 내부 고발을 하려는 사람이 조직에 도움이 되는 정보를 가져다주었는데도 조직이 고발하지 못하도록 그 사람을 단념시키거나 사실을 공개하면 벌을 받으리라는 두려움을 준다면, 그 조직의 리더들은 윤리적 과제를 풀지 못하고 실패하는 것이다. 이는 다른 사람들이 비윤리적인 행위에 가담하도록 조장할 뿐만 아니라 자신도 그 위법행위에 가담하는 것이다.

부정청구법이 국가 차원에서 공모 행위를 예방하는 절차를 제도화한 것과 같이, 조직의 리더들은 직원들이 부도덕한 행위를 발견하면 거리낌 없이 이야기할 수 있도록 장려하는 방법을 강구할 의무가 있다. 윤리적 행위를 권장하는 지도자들, 조직 문화, 제도와 유인 요소가 있다면 조직 구성원들이 기꺼이 내부 고발에 나서는 분위기를 조성할 수 있다.

먼저 입을 열다

조직에서 발생한 비윤리적인 행위에 관해 이야기할 때마다 우려되는 점은 그런 조직에도 좋은 사람이 많다는 것이다. 이런 좋은 사람들은 대개 직장에서 일어난 불법행위에 연루되어 이미 고통을 받았을 것이 분명하다. 대부분은 아무런 잘못이 없다. 일부는 범죄를 저지르지는 않았지만 다른 사람의 위법행위에 가담했을 것이다. 위법행위에 공모했다 해서 반드시 악한 인간은 아니다. 그러나 우리 모두 이제는 비윤리적인 일에 가담하는 일이 없도록 적극적으로 노력해야 한다.

이 책의 집필을 마무리할 무렵 유명 금융회사의 전직 간부였던 친구와 함께 등산을 갔다. 내가 공모에 관한 책을 쓰고 있다고 이야기하자, 그가 직원들을 평가하는 고위 관리직을 맡았을 때 있었던 일화를 들려주었다. 평가 항목 대부분에서 훌륭한 점수를 보였지만 후배 여성들을 성희롱한다는 고발도 여러 건 접수되어 있던 직원이 있었다. 그에 대한 평가가 긍정적으로 결론 나려 할 때, 친구는 그에 대한 성희롱 고발이 우려해야 할 상황인지 평가팀에 물었다. 친구가 이야기를 꺼내자마자 평가팀 구성원들이 모두 그 직원에 대한 근심을 솔직하게 털어놓기 시작했고 평가팀은 정식으로 그의 성희롱에 대응하기로 결정했다. 내 친구는 그날의 일을 통해 리더들이 얼마나 쉽게 부도덕한 행위에 공모하지 않을 수 있는지를 배웠다. 직원들은 그저 이야기를 먼저 꺼내 줄 누군가가 필요했을 뿐이었다.

리더는 조직이 불법행위에 가담하는 문제에 맞서 대응하고 사람들이 그런 일을 하지 않도록 힘써야 하는 책임과 기회가 있다. 여러분이라면 필요한 변화가 시작되는 데 힘을 보탤 것인가? 마거릿 미드의 말을 빌려 말하면 "소수의 사려 깊고 헌신적인 시민들이 세상을 바꿀 수 있다는 사실을 절대 의심치 마라. 실제 세상을 바꿔 온 것은 바로 그들이다."[17] 이 감동적인 인용문은 더 나은 세상을 만드는 데 모든 인간이 지닌 책임과 기회를 강조한다. 리더의 자리에 앉는 특권을 가진 사람들은 세상을 있는 그대로 수용하는 것이 아니라 범죄나 비윤리적인 행위를 예방하는 데 필요한 조치를 취해야 한다. 여기에는 조직 구성원들이 위법행위에 가담하지 않도록 돕는 일도 포함된다. 올바른 인식과 용기가 있다면 리더는 부도덕한 행위에 공모하지 않는 능률적인 조직을 만들 수 있다.

나가며

이 책의 핵심을 이루는 여러 공모 유형과 9장에서 논의한 공모의 심리는 왜 그토록 많은 사람이 나쁜 일의 공범이 되는지 잘 보여 준다. 이 책이 잠재적 범죄자들의 진정한 파트너와 협력자들의 행동을 바꾸는 데 큰 도움이 되리라고는 생각지 않는다. 그 대신 다른 사람이 저지르는 해악에 우리가 어떤 역할을 하는지 고민하지 않는 일상적인 공모에서 벗어나, 더 윤리적인 세상을 만들 기회를 더 깊이 생각해 보는 데에 도움이 되기를 바란다. 나는 여러 인물의 사례를 통해 우리가 스스로 위법행위의 공모자가 되는 길을 피함으로써 세상을 좀 더 나은 곳으로 만들 수 있다는 점을 강조하고자 했다.

2014년에 펴낸 『무엇을 놓치고 있는가』에서 나는 우리가 모호한 정보에 대해 조치를 취하지 못하는 경우가 많다고 주장했다.[1] 모호함은 대개 무엇인가 잘못되었음을 보여 주는 첫 번째 징후다. 앞서 언급했던 것처럼, 데이터들이 앞뒤가 맞지 않는 경우에 대개 특종 거리가 숨어 있다고 말하는 기자들을 많이 보았다. 7장에서 소개한 데이터 조작 사건을 다시 언급하면, 보험회사의 현장 실험 데이터를 처음 보았을 때 분명 말이 되지 않는 점이 있었다. 그때 더욱 적극적으로 대처했어야 했다. 그렇게 하지 않음으로써 나는 조작된 데이터가 명망 높은 학술 저널에 발표되고 여러 기관의 의사결정에 영향을 미치도록 방조한 공범이 되었다.

내가 지금 공모에 대해 알고 있는 지식이 2011년에도 있었더라면, 조작된 데이터를 근거로 작성한 논문을 발표하는 일이 없도록 더 많은 노력을 기울였을 것이다. 이 데이터 조작 사례는 부정행위에 가담하지 않기 위한 중요한 메시지를 제공한다. 무언가 잘못되었을 때 가장 간편한 설명을 받아들여서는 안 된다는 점이다. 상황이 완전히 이해될 때까지 끈기 있게 살펴보아야 한다. 이런 일은 우리가 맺고 있는 관계를 위험에 빠뜨리기도 하고 우리를 불편하게 하기도 한다. 하지만 그것이 바로 우리가 취해야 할 윤리적 행동이다.

감사의 말

나는 의사결정(이제는 대개 행동경제학이라 부르는)과 협상을 연구하며 경력 대부분을 쌓았다. 이 두 가지 주제는 윤리적 문제와 자주 충돌하기에 나는 점점 더 윤리에 흥미를 갖게 되었다. 내가 의사결정과 협상에서 윤리로 서서히 연구 분야를 전향할 수 있었던 것은 주변에 있는 많은 멋진 동료들의 도움 덕분이다. 마자린 바나지, 돌리 추그, 조슈아 그린, 데이비드 메식, 돈 무어, 앤 텐브룬셀은 모두 이 책을 집필하는 데 필요한 통찰을 준 중요한 사람들이다.

나는 무슨 일이든지 지금 하는 일에 온 정신을 빼앗기는 편이다. 이 책을 쓰는 동안에도 공모라는 주제에 완전히 사로잡혀 있었다. 이런 나를 참아 주고 내 주장에 이의를 제기하고 의견을 들려준 많은 친구와 동료에게 고마운 마음을 전한다. 이 책의 초고를 여러 친구와 동료에게 보여 주었다. 그들이 나누어 준 통찰 덕분에 더 날카롭게 사유하고 오류를 피할 수 있었으며 공모에 관해 더 깊이 있게 고찰할 수 있었다.

그동안 나는 학계에서 눈부신 경력을 쌓고 있는 여러 학자에게 자문을 제공하는 행운을 누렸다. 그중에는 컬럼비아 대학교의 모두페 아키놀라, 뉴욕 대학교 스턴 스쿨의 돌리 추그, 하버드 경영대학원의 캐슬린 맥긴, 펜실베이니아 대학교 와튼 스쿨의 케이티 밀크맨, UC 버클리 하스 스쿨의 돈 무어, 하버드 케네디 스쿨의 토드 로저스가 있는데, 이들 모두 없는 시간을 쪼개어 초고를 읽어 주었다.(돈의 경우 들어 주었다.) 여섯 사람 덕분에 지금 독자의 손에 들려 있는 이 책이 더 나은 글이 될 수 있었다.

다시 말하지만 내 책을 가장 비판적으로 읽어 준 사람은 아내 말라 펠처다. 말라는 내게 부족한 감수성을 지녀서 논점이 어그러지는 부분을 날카롭게 지적해 준다. 그 때문에 논쟁을 벌이는 순간에도 아내의 조언에 정말 고맙다. 린다 긴젤, 마이크 투시먼, 에릭 에어(『머드릭에서의 죽음』의 저자), 엘리자베스 스위니, 마크 스타이츠, 프린스턴대학교출판부의 익명의 서평가들도 초고의 일부나 전체를 읽어 주면서 더 좋은 책을 만드는 데에 큰 도움을 주었다. 애리조나 대학교 산부인과 의사 캐스린 리드는 지난 몇 년 동안 하버드에서 경영자 프로그램에 참가하면서 나의 친구가 되어 주고 그동안 출간한 내 책들을 비판적으로 읽어 주었다. 프린스턴대학교출판부의 편집자 조 잭슨은 내가 매번 현명한 판단을 내릴 수 있도록 이끌어 주었고, 나의 개인 편집자 케이티 숑크는 언제나처럼 아이디어를 다듬고 책 전반에 걸쳐 글을 매끄럽게 고치는 데 도움을 주었다. 이 책이 읽기 쉽다고 느껴진다면 모두 케이티 덕분이다.

감사의 말

내 책은 공저가 많다. 그러나 『우리는 어떻게 공범이 되는가』처럼 다른 사람과 함께 책을 쓰지 않을 때는 내가 독자적으로 가장 잘 쓸 수 있는 주제를 끊임없이 생각했다. 그럼에도 윤리학에 관한 나의 식견은 동료들과 공저자들에게서 큰 영향을 받았다. 윤리, 공모, 그리고 관련 주제에 관한 견해에 이론적 영향을 미친 사람들은 그 밖에도 많다. 이렇게 많은 훌륭한 학계 친구들로부터 배우는 일은 언제나 큰 즐거움이다. 모든 이의 통찰에 감사의 마음을 전한다.

주

1장 누구나 공범이 될 수 있다

1. P. Whoriskey and C. Rowland, "McKinsey, Advisor to Businesses around the World, Agrees to Pay $573.9 Million to Settle Charges for Its Role in Opioid Epidemic," *Washington Post*, February 4, 2021, https://www.washingtonpost.com/business/2021/02/04/mckinsey-opioid-settlement-purdue/.
2. The People of the State of California v. McKinsey & Company, Inc., United States (February 4, 2021), Complaint for Permanent Injunction and Other Relief, https://oag.ca.gov/system/files/attachments/press-docs/People%20v%20McKinsey%20File%20Stamped%20Complaint.pdf.
3. I. MacDougall, "McKinsey Never Told the FDA It Was Working for Opioid Makers While Also Working for the Agency," ProPublica, October 4, 2021, https://www.propublica.org/article/mckinsey-never-told-the-fda-it-was-working-for-opioid-makers-while-also-working-for-the-agency.
4. E. Markey, "Markey Joins Senators Hassan, Grassley, and Whitehouse in Call to FDA to Provide Answers on Potential Conflicts of Interest with Consulting Firm McKinsey in Relation to Opioid Crisis," press release, August 24, 2021, https://www.markey.senate.gov/news/press-releases/markey-joins-senators-hassan-grassley-and-whitehouse-in-call-to-fda-to-provide-answers-on-potential-conflicts-of-interest-with-consulting-firm-mckinsey-in-relation-to-opioid-crisis.
5. MacDougall, "McKinsey Never Told the FDA."
6. M. Forsythe and W. Bogdanich, "McKinsey Settles for Nearly $600 Million over Role in Opioid Crisis," *New York Times*, October 27, 2021, https://www.nytimes.com/2021/02/03/business/mckinsey-opioids-settlement.html.
7. Whoriskey and Rowland, "McKinsey, Advisor to Businesses."

8   C. Clark, "McKinsey's Business Model Is Unethical," Medium, November 30, 2020, https://calebclark.medium.com/mckinseys-business-model-is-unethical-f3356a32e1fa.
9   G. Mulvihill, "McKinsey & Company Agrees to Pay Nearly $600 Million Over Opioid Crisis," PBS NewsHour, February 4, 2021, https://www.pbs.org/newshour/economy/mckinsey-company-agrees-to-pay-nearly-600-million-over-opioid-crisis.
10 Whoriskey and Rowland, "McKinsey, Advisor to Businesses."
11 Forsythe and Bogdanich, "McKinsey Settles."
12 N. Oreskes and E. M. Conway, *Merchants of Doubt: How a Handful of Scientists Obscured the Truth on Issues from Tobacco Smoke to Global Warming*, 2nd ed. (New York: Bloomsbury Press, 2020).
13 P. Singer, *Practical Ethics*, 3rd ed. (Cambridge: Cambridge University Press, 2011); M. H. Bazerman, *Better, Not Perfect: A Realist's Guide to Maximum Sustainable Goodness* (New York: Harper Business, 2020).
14 M. H. Bazerman and A. E. Tenbrunsel, *Blind Spots: Why We Fail to Do What's Right and What to Do about It* (Princeton, NJ: Princeton University Press, 2011).
15 M. R. Banaji and A. G. Greenwald, *Blindspot: Hidden Biases of Good People* (New York: Delacorte Press, 2013).
16 M. Bazerman and D. Chugh, "Decisions without Blinders," *Harvard Business Review*, January 2006, 88–97.
17 T. Aquinas, *The summa theologica* (Claremont, CA: Coyote Canyon Press, 2018).
18 C. Kutz, *Complicity* (Cambridge, UK: Cambridge University Press, 2000).
19 G. Mellema, *Complicity and Moral Accountability* (Notre Dame, IN: University of Notre Dame Press, 2016).
20 Bazerman, *Better, Not Perfect*.
21 Bazerman, *Better, Not Perfect*.
22 Banaji and Greenwald, *Blindspot*.

2장 진정한 파트너

1. U. S. Centers for Disease Control and Prevention, Opioid Overdose: Overview, https://www.cdc.gov/drugoverdose/data/prescribing/overview.html.
2. Associated Press, "White House: True Cost of Opioid Epidemic Tops $500 Billion," CNBC, November 20, 2017, https://www.cnbc.com/2017/11/20/white-house-true-cost-of-opioid-epidemic-tops-500-billion.html.
3. B. Meier, *Pain Killer: An Empire of Deceit and the Origin of America's Opioid Epidemic* (New York: Random House, 2018).
4. A. W. D. Aoyama, "The Two Arthur Sacklers," *Harvard Crimson*, October 17, 2019, https://www.thecrimson.com/article/2019/10/17/two-arthur-sacklers/.
5. G. S. Hava, "Arthur Sackler and a Victim's Legacy," *Harvard Crimson*, November 11, 2020, https://www.thecrimson.com/column/for-sale/article/2020/11/16/hava-sackler-and-victim-legacy/.
6. A. Van Zee, "The Promotion and Marketing of OxyContin: Commercial Triumph, Public Health Tragedy," *American Journal of Public Health* 99, no. 2 (2009): 221–27.
7. Meier, *Pain Killer*, 32.
8. Meier, *Pain Killer*, 75.
9. Meier, *Pain Killer*, 75.
10. E. Helmore, "Purdue Pharma Escaped Serious Charges over Opioid in 2006, Memo Shows," *Guardian*, August 10, 2020, https://www.theguardian.com/us-news/2020/aug/19/purdue-pharma-oxycontin-justice-department-memo-opioid.
11. Helmore, "Purdue Pharma."
12. Meier, *Pain Killer*, 185.
13. J. Hoffman, "Sacklers and Purdue Pharma Reach New Deal with States over Opioids," *New York Times*, March 3, 2022, https://www.nytimes.com/2022/03/03/health/sacklers-purdue-oxycontin-settlement.html?smid=em-share.

14   E. Eyre, *Death in Mud Lick: A Coal Country Fight against the Drug Companies That Delivered the Opioid Epidemic* (New York: Scribner, 2020).
15   Eyre, *Death in Mud Lick*, 5–6.
16   Eyre, *Death in Mud Lick*.
17   J. Hoffman, "CVS, Walgreens and Walmart Fueled Opioid Crisis, Jury Finds," *New York Times*, November 23, 2021, https://www.nytimes.com/2021/11/23/health/walmart-cvs-opioid-lawsuit-verdict.html.
18   "Perpetrators, Collaborators, and Bystanders," The Holocaust, https://www.holocaust.com.au/the-facts/perpetrators-collaborators-and-bystanders/.
19   J. Wolfreys, "How France's Vichy Regime Became Hitler's Willing Collaborators," *Jacobin*, July 10, 2010, https://www.jacobinmag.com/2020/07/vichy-france-holocaust-nazi-hitler-world-war-ii.
20   "MS *St. Louis*," Wikipedia, https://en.wikipedia.org/wiki/MS_St._Louis.
21   M. Kranish, "Trump Has Referred to His Wharton Degree as 'Super Genius Stuff.' An Admissions Officer Recalls It Differently," *Washington Post*, July 8, 2019, https://www.washingtonpost.com/politics/trump-who-often-boasts-of-his-wharton-degree-says-he-was-admitted-to-the-hardest-school-to-get-into-the-college-official-who-reviewed-his-application-recalls-it-differently/2019/07/08/0a4eb414-977a-11e9-830a-21b9b36b64ad_story.html; S. Eder and D. Philipps, "Donald Trump's Draft Deferments: Four for College, One for Bad Feet," *New York Times*, August 6, 2016, https://www.nytimes.com/2016/08/02/us/politics/donald-trump-draft-record.html; R. Buettner, S. Craig, and D. Barstow, "11 Takeaways from the Times's Investigation into Trump's Wealth," *New York Times*, October 2, 2018, https://www.nytimes.com/2018/10/02/us/politics/donald-trump-wealth-fred-trump.html.
22   A. Serwer, "The Nationalist's Delusion," *Atlantic*, November 20, 2017, https://www.theatlantic.com/politics/archive/2017/11/the-nationalists-delusion/546356/.
23   M. Kaplan, "Major Landlord Accused of Antiblack Bias in City," *New York Times*, October 16, 1973, https://www.nytimes.com/1973/10/16/archives/major-landlord-accused-of-antiblack-bias-in-city-us-accuses-major.html.

24 Serwer, "Nationalist's Delusion."
25 Serwer, "Nationalist's Delusion."
26 G. Hood, "The GOP Convention: Race, Identity, and Power," *American Renaissance*, July 26, 2016, https://www.amren.com/features/2016/07/the-gop-convention-race-identity-and-power/.
27 M. Fox, "Stephen Bannon's Uber-Right Religion Parked in the Bosom of the White House," March 9, 2017, https://www.matthewfox.org/blog/stephen-bannons-uber-right-religion-parked-in-the-bosom-of-the-white-house.
28 Fox, "Stephen Bannon's Uber-Right Religion."

3장 협력자들

1 C. Duhigg, "How Venture Capitalists Are Deforming Capitalism," *New Yorker*, November 30, 2020, https://www.newyorker.com/magazine/2020/11/30/how-venture-capitalists-are-deforming-capitalism; R. Weideman, *Billion Dollar Loser: The Epic Rise and Spectacular Fall of Adam Neumann and WeWork* (New York: Little, Brown, 2020); E. Brown and M. Farrell, *The Cult of We: WeWork, Adam Neumann, and the Great Startup Delusion* (New York: Crown, 2021).
2 Duhigg, "Venture Capitalists."
3 Weideman, *Billion Dollar Loser*.
4 Weideman, *Billion Dollar Loser*.
5 Duhigg, "Venture Capitalists."
6 Duhigg, "Venture Capitalists."
7 Weideman, *Billion Dollar Loser*.
8 Weideman, *Billion Dollar Loser*. In an interview, Neumann later claimed that he answered, "smart guy" (see J. de la Merced, "'It Went to My Head: Adam Neumann Has Regrets about His Time at WeWork," *New York Times*, November 9, 2021, https://www.nytimes.com/2021/11/09/business/dealbook/adam-neumann-wework.html).

9   Weideman, *Billion Dollar Loser*.
10 Weideman, *Billion Dollar Loser*.
11 Weideman, *Billion Dollar Loser*.
12 Weideman, *Billion Dollar Loser*.
13 Duhigg, "Venture Capitalists."
14 J. Ewing, *Faster, Higher, Farther: The Volkswagen Scandal* (New York: W. W. Norton, 2017).
15 N. C. Smith and E. McCormick, "Volkswagen's Emissions Scandal: How Could It Happen?" INSEAD, 2018, https://publishing.insead.edu/case/volkswagen-scandal.
16 Bazerman, *Better, Not Perfect*.
17 J. B. Stewart, "Problems at Volkswagen Start in the Boardroom," *New York Times*, September 24, 2015, https://www.nytimes.com/2015/09/25/business/international/problems-at-volkswagen-start-in-the-boardroom.html.
18 K. Connolly, "Bribery, Brothels, Free Viagra: VW Trial Scandalises Germany," *Guardian*, January 13, 2008, https://www.theguardian.com/world/2008/jan/13/germany.automotive.
19 J. Ewing and K. Granville, "VW, BMW and Daimler Hindered Clean-Air Technology, European Regulator Says," *New York Times*, April 5, 2019, https://www.nytimes.com/2019/04/05/business/eu-collusion-bmw-vw-daimler-emissions.html.
20 A. Applebaum, "History Will Judge the Complicit," *Atlantic*, July/August 2020, https://www.theatlantic.com/magazine/archive/2020/07/trumps-collaborators/612250/.
21 T. Kopan, "McConnell: 'Obvious' Trump Doesn't Know Issues," CNN, June 10, 2016, https://www.cnn.com/2016/06/10/politics/mitch-mcconnell-donald-trump-issues/index.html.
22 Associated Press, "Mitch McConnell Has Gone Silent on Donald Trump as Senate Hangs in the Balance," CBS News, October 25, 2016, https://www.cbsnews.com/news/mitch-mcconnell-has-gone-silent-on-donald-trump-as-senate-hangs-in-balance/.
23 Applebaum, "History Will Judge."

24　G. Gass, "Graham: Trump's Immigration Plan Is 'Stupid' and 'Illegal,'" Politico, August 25, 2015, https://www.politico.com/story/2015/08/lindsey-graham-slams-donald-trump-immigration-proposal-121710.

25　J. Senior, "Good Riddance, Leader McConnell," *New York Times*, January 19, 2021, https://www.nytimes.com/2021/01/19/opinion/good-riddance-leader-mcconnell.html.

26　J. Mayer, "Why McConnell Dumped Trump," *New Yorker*, January 23, 2021, https://www.newyorker.com/magazine/2021/02/01/why-mcconnell-dumped-trump.

27　Applebaum, "History Will Judge."

28　L. Zhou, "'Our Democracy Would Enter a Death Spiral': Mitch McConnell Urges Republicans to Back the Election Results," Vox, January 6, 2020, https://www.vox.com/2021/1/6/22217204/mitch-mcconnell-trump-election-results.

29　J. Martin and M. Haberman, "McConnell Is Said to Be Pleased about Impeachment, Believing It Will Be Easier to Purge Trump from the G.O.P.," *New York Times*, January 12, 2021, https://www.nytimes.com/2021/01/12/us/mitch-mcconnell-trump-impeachment.html.

30　C. E. Lee, K. Welker, S. Ruhle, and D. Linzer, "Tillerson's Fury at Trump Required an Intervention from Pence," NBC News, October 4, 2017, https://www.nbcnews.com/politics/white-house/tillerson-s-fury-trump-required-intervention-pence-n806451.

31　K. Kelly and M. Haberman, "Gary Cohn, Trump's Advisor, Said to Have Drafted Resignation Letter after Charlottesville," *New York Times*, August 25, 2017, https://www.nytimes.com/2017/08/25/us/politics/gary-cohn-trump-charlottesville.html.

32　K. D. Tenpas, "Turnover in the Trump Administration," Brookings Institution, January 2021, https://www.brookings.edu/research/tracking-turnover-in-the-trump-administration/.

33　D. Malhotra and M. H. Bazerman, *Negotiation Genius: How to Overcome Obstacles and Get Better Results at the Bargaining Table and Beyond* (New York: Random House, 2007).

34 J. Gillespie and M. H. Bazerman, "Parasitic Integration," *Negotiation Journal* 13 (1997): 271–82.
35 Bazerman, *Better, Not Perfect*.
36 J. Greene, *Moral Tribes: Emotion, Reason, and the Gap between Us and Them* (New York: Penguin, 2013).
37 Greene, *Moral Tribes*.
38 A. H. Hastorf and H. Cantril, "They Saw a Game: A Case Study," *Journal of Abnormal and Social Psychology* 49, no. 1 (1954): 129–34.
39 Bazerman, *Better, Not Perfect*.

4장 특권을 누리는 사람들

1 C. Joffe-Walt, "Episode One: The Book of Statuses," July 30, 2020, in *Nice White Parents*, produced by J. Snyder, podcast, https://www.nytimes.com/2020/07/30/podcasts/nice-white-parents-serial.html.
2 A. Zimmer, "How Brownstone Brooklyn Parents Aim to Take Over a Struggling Middle School," DNAInfo, January 29, 2015, https://www.dnainfo.com/newyork/20150129/boerum-hill/brownstone-brooklyn-parents-aim-take-over-struggling-middle-school/.
3 Zimmer, "Brownstone Brooklyn Parents."
4 Joffe-Walt, "Book of Statuses."
5 Joffe-Walt, "Book of Statuses."
6 Joffe-Walt, "Book of Statuses."
7 Joffe-Walt, "Book of Statuses."
8 A. Farrow, *Complicity: How the North Promoted, Prolonged, and Profited from Slavery* (New York: Ballantine, 2006).
9 Farrow, *Complicity*, 4.
10 H. McGhee, *The Sum of Us: What Racism Costs Everyone and How We Can Prosper Together* (New York: One World, 2021).
11 D. A. Brown, *The Whiteness of Wealth: How the Tax System Impoverishes Black Americans—And How We Can Fix It* (New York: Crown, 2021).

12 McGhee, *The Sum of Us*, 276.

13 M. Bertrand and S. Mullainathan, "Are Emily and Greg More Employable than Lakisha and Jamal? A Field Experiment on Labor Market Discrimination," *American Economic Review* 94, no. 4 (2004): 991–1013.

14 K. L. Milkman, M. Akinola, and D. Chugh, "What Happens Before? A Field Experiment Exploring How Pay and Representation Differentially Shape Bias on the Pathway into Organizations," *Journal of Applied Psychology* 100, no. 6 (2015): 1678–712.

15 Unfortunately, Lee passed away in 2021; see A. Traub, "Lee Ross, Expert in Why We Misunderstand Each Other, Dies at 78," *New York Times*, June 16, 2021, https://www.nytimes.com/2021/06/16/science/lee-ross-dead.html.

16 M. H. Bazerman, G. F. Loewenstein, and S. B. White, "Reversals of Preference in Allocation Decisions: Judging an Alternative versus Choosing among Alternatives," *Administrative Science Quarterly* 37 (1992): 220–40.

17 K. A. Diekmann, S. M. Samuels, L. Ross, and M. H. Bazerman, "Self-Interest and Fairness in Problems of Resource Allocation," *Journal of Personality and Social Psychology* 72 (1997): 1061–74.

18 D. Chugh, *The Person You Mean to Be: How Good People Fight Bias* (New York: Harper Business, 2018).

19 B. J. Lucas, Z. Berry, L. M. Giurge, and D. Chugh, "A Longer Shortlist Increases the Consideration of Female Candidates in Male-Dominant Domains," *Nature Human Behavior* 5 (2021): 736–42.

20 McGhee, *The Sum of Us*.

21 D. M. Peterson and C. L. Mann, "Closing the Racial Inequality Gaps: The Economic Cost of Black Inequality in the U.S.," Citi GPS: Global Perspectives and Solutions, September 2020, https://www.citivelocity.com/citigps/closing-the-racial-inequality-gaps/.

5장 가짜 예언가에게 빠지다

1   D. Morain, "Layton Sentenced to Life in Ryan's Death," *Los Angeles Times*, March 4, 1987, https://www.latimes.com/archives/la-xpm-1987-03-04-mn-4627-story.html.

2   Wikipedia, "Peoples Temple," accessed November 9, 2021, https://en.wikipedia.org/wiki/Peoples_Temple.

3   B. Weinstein, "Two Great Reasons to Stop Saying 'Drinking the Kool-Aid,'" *Forbes*, March 29, 2018, https://www.forbes.com/sites/bruceweinstein/2018/03/29/two-great-reasons-to-stop-saying-i-drank-the-kool-aid/?sh=71dfc6b334e3.

4   "Ex-Aide to Jim Jones Kills Himself at News Briefing," *New York Times*, March 13, 1979, 18.

5   S. Pinker, *Enlightenment Now: The Case for Reason, Science, Humanism, and Progress* (New York: Viking, 2018).

6   J. Gunther, *Inside Europe* (New York: Harper & Brothers, 1940), 516–17, 530–32, 534–35.

7   J. Carreyrou, "Hot Startup Theranos Has Struggled with Its Blood-Test Technology," *Wall Street Journal*, October 14, 2015, https://www.wsj.com/articles/theranos-has-struggled-with-blood-tests-1444881901.

8   J. Carreyrou, *Bad Blood: Secrets and Lies in a Silicon Valley Startup* (New York: Knopf, 2018).

9   R. Abelson, "Theranos Founder Elizabeth Holmes Indicted on Fraud Charges," *New York Times*, June 15, 2018, https://www.nytimes.com/2018/06/15/health/theranos-elizabeth-holmes-fraud.html.

10 E. Griffith and E. Woo, "Elizabeth Holmes Is Found Guilty of Four Counts of Fraud," *New York Times*, January 3, 2022, https://www.nytimes.com/2022/01/03/technology/elizabeth-holmes-guilty.html.

11 Carreyrou, *Bad Blood*.

12 Carreyrou, *Bad Blood*, 88.

13 J. Carreyrou, "Theranos Voids Two Years of Edison Blood Test Results," *Wall Street Journal*, May 18, 2016, https://www.wsj.com/articles/theranos-

14. voids-two-years-of-edison-blood-test-results-1463616976; Carreyrou, *Bad Blood*, 289.
14. B. Unglesbee, "Walgreens Wants Court to Toss Theranos Lawsuit," Retail Dive, May 9, 2019, https://www.retaildive.com/news/walgreens-wants-court-to-toss-theranos-lawsuit/554464/.
15. A. Edgecliffe-Johnson, "Adam Neumann, the Salesman-Guru Out to Prove That We Works," *Financial Times*, January 11, 2019, https://www.ft.com/content/20900d4c-1582-11e9-a581-4ff78404524e.
16. G. Sherman, "'You Don't Bring Bad News to the Cult Leader': Inside the Fall of WeWork," *Vanity Fair*, November 21, 2019, https://www.vanityfair.com/news/2019/11/inside-the-fall-of-wework.
17. Sherman, "Inside the Fall."
18. Sherman, "Inside the Fall."
19. Edgecliffe-Johnson, "Adam Neumann."
20. Sherman, "Inside the Fall."
21. Sherman, "Inside the Fall."
22. Sherman, "Inside the Fall."
23. Sherman, "Inside the Fall."
24. Weideman, *Billion Dollar Loser*.
25. Sherman, "Inside the Fall."
26. Wikipedia, "Cult," accessed November 9, 2021, https://en.wikipedia.org/wiki/Cult.
27. Wikipedia, "Faith and Rationality," accessed November 9, 2021, https://en.wikipedia.org/wiki/Faith_and_rationality.
28. Wikipedia, "Faith and Rationality."
29. Anonymous, "Faith and Reason in Islam," *Dawn*, July 24, 2009, https://www.dawn.com/news/844220/faith-reason-in-islam.
30. Pope John Paul II, *Fides et Ratio*, encyclical letter, Vatican website, September 14, 1998, https://www.vatican.va/content/john-paul-ii/en/encyclicals/documents/hf_jp-ii_enc_14091998_fides-et-ratio.html.
31. D. Kahneman, *Thinking, Fast and Slow* (New York: Farrar, Straus, & Giroux, 2013); Pinker, *Enlightenment Now*.

32 K. E. Stanovich and R. F. West, "Individual Difference in Reasoning: Implications for the Rationality Debate?" *Behavioral and Brain Sciences* 23, no. 5 (2000): 645–726.

33 D. Moore and M. H. Bazerman, *Decision Leadership* (New Haven, CT: Yale University Press, 2022).

6장 권위와 충성

1 R. Farrow, "From Aggressive Overtures to Sexual Assault: Harvey Weinstein's Accusers Tell Their Stories," *New Yorker*, October 10, 2017, https://www.newyorker.com/news/news-desk/from-aggressive-overtures-to-sexual-assault-harvey-weinsteins-accusers-tell-their-stories.

2 M. Twohey, J. Kantor, S. Dominus, J. Rutenberg, and S. Eder, "Weinstein's Complicity Machine," *New York Times*, December 5, 2017, https://www.nytimes.com/interactive/2017/12/05/us/harvey-weinstein-complicity.html.

3 Twohey et al., "Weinstein's Complicity Machine."

4 Twohey et al., "Weinstein's Complicity Machine."

5 R. Farrow, *Catch and Kill: Lies, Spies, and a Conspiracy to Protect Predators* (New York: Little, Brown, 2019), 246.

6 Farrow, "Harvey's Weinstein's Accusers"; Twohey et al., "Weinstein's Complicity Machine."

7 Farrow, "Harvey's Weinstein's Accusers."

8 J. Kantor and M. Twohey, "Harvey Weinstein Paid Off Sexual Harassment Accusers for Decades," *New York Times*, October 5, 2017, https://www.nytimes.com/2017/10/05/us/harvey-weinstein-harassment-allegations.html.

9 Farrow, *Catch and Kill*, 246.

10 Farrow, *Catch and Kill*, 38–39.

11 Kantor and Twohey, "Harvey Weinstein."

12 Farrow, *Catch and Kill*, 124.

13 Twohey et al., "Weinstein's Complicity Machine."

14 Farrow, *Catch and Kill*.

15 Farrow, *Catch and Kill*, 240.
16 D. McDonald, "Sir Peter Jackson: Harvey Weinstein Made Me Blacklist Stars," *Stuff*, December 16, 2017, https://www.stuff.co.nz/entertainment/99921399/sir-peter-jackson-harvey-weinstein-made-me-blacklist-stars.
17 Farrow, *Catch and Kill*, 173.
18 Farrow, *Catch and Kill*, 155.
19 R. Farrow, "'I Haven't Exhaled in So Long': Surviving Harvey Weinstein," *New Yorker*, February 25, 2020, https://www.newyorker.com/news/q-and-a/i-havent-exhaled-in-so-long-surviving-harvey-weinstein.
20 J. Haidt, *The Righteous Mind: Why Good People Are Divided by Politics and Religion* (New York: Pantheon Books, 2012).
21 J. Barajas, "How the Nazi's Defense of 'Just Following Orders' Plays Out in the Mind," PBS NewsHour, February 20, 2016, https://www.pbs.org/newshour/science/how-the-nazis-defense-of-just-following-orders-plays-out-in-the-mind.
22 International Law Commission, "Principles of International Law Recognized in the Charter of the Nüremberg Tribunal and in the Judgment of the Tribunal, 1950," ICRC website, accessed November 9, 2021, https://ihl-databases.icrc.org/applic/ihl/ihl.nsf/Treaty.xsp?action=openDocument&documentId=854DDAACFDE285E4C12563CD002D6B95.
23 T. Evans, M. Alesia, and M. Kwiatkowski, "Former USA Gymnastics Doctor Accused of Abuse," *Indianapolis Star*, September 12, 2016, https://www.indystar.com/story/news/2016/09/12/former-usa-gymnastics-doctor-accused-abuse/89995734/.
24 "Larry Nassar Case: USA Gymnastics Doctor 'Abused 265 Girls,'" BBC News, January 31, 2018, https://www.bbc.com/news/world-us-canada-42894833.
25 E. Levenson, "Michigan State University Reaches $500 Million Settlement with Larry Nassar Victims," CNN, May 17, 2018, https://www.cnn.com/2018/05/16/us/larry-nassar-michigan-state-settlement/index.html.
26 J. Barr and D. Murphy, "Nassar Surrounded by Adults Who Enabled His

Predatory Behavior," ESPN.com, January 16, 2018, https://www.espn.com/espn/otl/story/_/id/22046031/michigan-state-university-doctor-larry-nassar-surrounded-enablers-abused-athletes-espn.

27 Barr and Murphy, "Nassar Surrounded by Adults."
28 L. Clarke, "Senate Panel: Negligence by Olympic, USA Gymnastics Officials Enabled Abuse by Ex-Team Doctor Nassar," *Washington Post*, July 30, 2019, https://www.washingtonpost.com/sports/olympics/panel-to-introduce-legislation-to-reform-us-olympic-and-paralympic-committee/2019/07/30/7472683e-b266-11e9-8f6c-7828e68cb15f_story.html.
29 L. Roscher, "Nassar Abuse Survivors Reach $380 Million Settlement with USA Gymnastics," Yahoo! Sports, December 13, 2001, https://sports.yahoo.com/nassar-survivors-reach-380-million-settlement-with-usa-gymnastics-194745758.html?guccounter=1.
30 J. Macur, "Biles and Her Teammates Rip the F.B.I. for Botching Nassar Abuse Case," *New York Times*, September 15, 2021, https://www.nytimes.com/2021/09/15/sports/olympics/fbi-hearing-larry-nassar-biles-maroney.html?smid=em-share.
31 Macur, "Biles and Her Teammates."
32 T. Farragher, "Admission of Awareness Damning for Law," *Boston Globe*, December 14, 2002, http://www.boston.com/globe/spotlight/abuse/stories3/121402_admission.htm.
33 Greene, *Moral Tribes*.
34 Bazerman and Tenbrunsel, *Blind Spots*.
35 A. Guiora, *The Crime of Complicity: The Bystander in the Holocaust* (Chicago: American Bar Association, 2017).
36 A. Guiora, *Armies of Enablers: Survivor Stories of Complicity and Betrayal in Sexual Assaults* (Chicago: American Bar Association, 2020).
37 J. A. Hildreth, F. Gino, and M. H. Bazerman, "Blind Loyalty? How Group Loyalty Makes Us See Evil or Engage in It," *Organizational Behavior and Human Decision Processes* 132 (2016): 16–36.
38 A. Libson and G. Parchomovsky, "The Curse of Loyalty," working paper,

March 2022.

39 D. Barrett and M. Laris, "Former Boeing Chief Test Pilot Indicted on Fraud Charge in Probe of 737 Max Crashes," *Washington Post*, October 14, 2021, https://www.washingtonpost.com/national-security/boeing-indict-mark-forkner-pilot/2021/10/14/166e2dfc-2d3b-11ec-985d-3150f7e106b2_story.html.

40 P. Valdes-Dapena, "GM: Steps to a Recall Nightmare," CNN Money, accessed June 17, 2014, https://money.cnn.com/infographic/pf/autos/gm-recall-timeline/.

41 CBS/AP, "General Motors Announces 30th Recall of Year," CBS News, May 23, 2014, https://www.cbsnews.com/news/general-motors-announces-30th-recall-of-year/.

42 B. Vlasic, "A Fatally Flawed Switch, and a Burdened Engineer," *New York Times*, November 13, 2014, https://www.nytimes.com/2014/11/14/business/a-fatally-flawed-switch-and-a-burdened-engineer.html.

43 Vlasic, "Fatally Flawed Switch."

44 Vlasic, "Fatally Flawed Switch."

45 "VW Engineer Sentenced to 40-Month Prison Term in Diesel Case," CNBC, August 26, 2017, https://www.cnbc.com/2017/08/26/vw-engineer-sentenced-to-40-month-prison-term-in-diesel-case.html.

46 B. Vlasic, "Volkswagen Engineer Gets Prison in Diesel Cheating Case," *New York Times*, August 25, 2017, https://www.nytimes.com/2017/08/25/business/volkswagen-engineer-prison-diesel-cheating.html.

47 E. O. Wilson, *Sociobiology: The New Synthesis* (Cambridge, MA: Harvard University Press, 1975).

48 Wilson, *Sociobiology*.

49 Singer, *Practical Ethics*.

50 Singer, *Practical Ethics*.

51 T. Arango, N. Bogel-Burroughs, and J. Senter, "3 Former Officers Are Convicted of Violating George Floyd's Civil Rights," *New York Times*, February 24, 2022, https://www.nytimes.com/2022/02/24/us/guilty-verdict-george-floyds-rights.html.

52 J. Mustian, "'I'm Scared': AP Receives Video of Deadly Arrest of Black Man," AP News, May 19, 2021, https://apnews.com/article/louisiana-arrests-monroe-eca021d8a54ec73598dd72b269826f7a.

53 Mustian, "AP Receives Video."

54 J. Mustian and J. Bleiberg, "Beatings, Buried Videos a Pattern at Louisiana State Police," AP News, September 8, 2021, https://apnews.com/article/police-beatings-louisiana-video-91168d2848b10df739cc35b0c02f8.

55 Mustian and Bleiberg, "Beatings, Buried Videos."

56 M. al-Gharbi, "Police Punish the 'Good Apples,'" *Atlantic*, July 1, 2020, https://www.theatlantic.com/ideas/archive/2020/07/what-police-departments-do-whistle-blowers/613687/.

57 al-Gharbi, "Police Punish the 'Good Apples.'"

58 al-Gharbi, "Police Punish the 'Good Apples.'"

59 GBD 2019 Police Violence U.S. Subnational Collaborators, "Fatal Police Violence by Rate and State in the USA, 1980–2019: A Network Meta-Regression," *Lancet* 398 (2021): 1239–55.

60 T. Arango and S. Dewan, "More than Half of Police Killings Are Mislabeled, New Study Says," *New York Times*, September 30, 2021, https://www.nytimes.com/2021/09/30/us/police-killings-undercounted-study.html?referringSource=articleShare.

61 J. Haidt, *The Righteous Mind: Why Good People Are Divided by Politics and Religion* (New York: Pantheon Books, 2012).

7장 타인에 대한 신뢰

1 U. Simonsohn, J. Simmons, and L. Nelson, "Evidence of Fraud in an Influential Field Study about Dishonesty," DataColada, August 17, 2021, http://datacolada.org/98.

2 L. Shu, N. Mazar, F. Gino, D. Ariely, and M. Bazerman, "Signing at the Beginning Makes Ethics Salient and Decreases Dishonest Self-Reports in Comparison to Signing at the End," *Proceedings of the National Academy of*

Sciences 109, no. 38 (2012): 15197–200.
3 나는 사실의 정확성을 기하기 위해 모든 공저자에게 이 책의 초고를 보냈다.
4 Bazerman and Tenbrunsel, *Blind Spots*.
5 Google Scholar, "Signing at the Beginning Makes Ethics Salient and Decreases Dishonest Self-Reports in Comparison to Signing at the End," accessed November 9, 2021, https://scholar.google.com/citations?view_op=view_citation&hl=en&user=NGKWT4gAAAAJ&cstart=20&pagesize=80&citation_for_view=NGKWT4gAAAAJ:3htObqc8RwsC.
6 A. S. Kristal, A. V. Whillans, M. H. Bazerman, F. Gino, L. L. Shu, N. Mazar, and D. Ariely, "Signing at the Beginning versus at the End Does Not Decrease Dishonesty," *Proceedings of the National Academy of Sciences* 117 (2020): 7103–107.
7 S. M. Lee, "A Famous Honesty Researcher Is Retracting a Study over Fake Data," BuzzFeed News, August 20, 2021, https://www.buzzfeednews.com/article/stephaniemlee/dan-ariely-honesty-study-retraction.
8 Lee, "Famous Honesty Researcher."
9 Lee, "Famous Honesty Researcher."
10 R. C. Mayer, J. H. Davis, and F. D. Schoorman, "An Integrative Model of Organizational Trust," *Academy of Management Review* 20 (1995): 709–34.

8장 비윤리적 시스템에 의한 공모

1 K. R. Tringale, D. Marshall, T. K. Mackey, M. Connor, J. D. Murphy, and J. A. Hattangadi-Gluth, "Types and Distributions of Payments from Industries to Physicians in 2015," *Journal of the American Medical Association* 317, no. 17 (May 2, 2017): 1774–84.
2 A. P. Mitchell, N. U. Trivedi, R. L. Gennarelli, S. Chimonas, S. M. Tabatabai, J. Goldberg, L. A. Diaz Jr., and D. Korenstein, "Are Financial Payments from the Pharmaceutical Industry Associated with Physician Prescribing?" *Annals of Internal Medicine*, March 2021, https://www.acpjournals.org/doi/10.7326/M20-5665.

3   Mitchell et al., "Financial Payments."
4   Mitchell et al., "Financial Payments."
5   Alosa Health website, accessed November 10, 2021, https://alosahealth.org/.
6   Alosa Health website, accessed November 10, 2021, https://alosahealth.org/.
7   P. R. Lichter, "Debunking Myths in Physician-Industry Conflicts of Interest," *American Journal of Ophthalmology* 146, no. 2 (August 2008): 159–71.
8   D. Koreinstein, S. Keyhani, and J. S. Ross, "Physician Attitudes toward Industry: A View across the Specialties," *Archives of Surgery*, June 2010, https://pubmed.ncbi.nlm.nih.gov/20566978/.
9   S. P. Kim, C. P. Gross, P. L. Nguyen, M. C. Smaldone, R. H. Thompson, N. D. Shah, A. Kutikov, L. C. Han, R. J. Karnes, J. Y. Ziegenfuss, and J. S. Tilburt, "Specialty Bias in Treatment Recommendations and Quality of Life among Radiation Oncologists and Urologists for Localized Prostate Cancer," *Prostate Cancer and Prostatic Diseases* 17, no. 2 (June 2014): 163–69.
10 D. A. Myers, "Consuming Health: Physician Conflict, Patient Care, and Developing Technology," *Southern California Interdisciplinary Law Journal* 14 (2005): 151–80.
11 D. A. Moore, D. M. Cain, G. Loewenstein, and M. Bazerman, eds., *Conflicts of Interest: Problems and Solutions from Law, Medicine, and Organizational Settings* (New York: Cambridge University Press, 2005).
12 C. Grassley, "Grassley Statement on Efforts to Address Conflicts of Interest in Medicine," press release, April 1, 2009, https://www.grassley.senate.gov/news/news-releases/grassley-statement-efforts-address-conflicts-interest-medicine.
13 J. Feinman, *Delay, Deny, Defend: Why Insurance Companies Don't Pay Claims and What You Can Do about It* (New York: Portfolio, 2010).
14 Feinman, *Delay, Deny, Defend*.
15 S. Kolhatkar, "McKinsey's Work for Saudi Arabia Highlights Its History of Unsavory Entanglements," *New Yorker*, November 1, 2018, https://

www.newyorker.com/news/news-desk/mckinseys-work-for-saudi-arabia-highlights-its-history-of-unsavory-entanglements.

16   Kolhatkar, "McKinsey's Work for Saudi Arabia."
17   J. Cotterill, "Global Firms Under Scrutiny in Isabel dos Santos Alleged Corruption Leak," *Financial Times*, January 20, 2020, https://www.ft.com/content/cf261ec8-3b7e-11ea-b232-000f4477fbca.
18   M. Boyle, "McKinsey Pulls Back from Russia after Staff, Alumni Assailed Firm's Stance," Bloomberg News, March 3, 2022, https://www.bloombergquint.com/onweb/mckinsey-staff-alumni-pushed-firm-to-cut-ties-to-russia-after-ukraine-invasion.
19   P. Sauer, "McKinsey Chief Admits Email Banning Staff from Attending Navalny Rally Incorrectly Reflected Policy," *Moscow Times*, January 25, 2021, https://www.themoscowtimes.com/2021/01/25/mckinsey-chief-admits-email-banning-staff-from-navalny-protest-incorrectly-reflected-firms-policy-a72722.
20   L. D. Ordóñez, M. E. Schweitzer, A. D. Galinsky, and M. H. Bazerman, "Goals Gone Wild: The Systematic Side Effects of Over-Prescribing Goal Setting," *Academy of Management Perspectives* 23, no. 1 (2009): 6–16.
21   Ordóñez et al., "Goals Gone Wild."
22   Ordóñez et al., "Goals Gone Wild."
23   M. Cheng, K. R. Subramanyam, and Y. Zhang, *Earnings Guidance and Managerial Myopia*, unpublished paper (Los Angeles: University of Southern California, 2005), https://papers.ssrn.com/sol3/papers.cfm?abstract_id=851545.
24   D. J. Simons and C. F. Chabris, "Gorillas in Our Midst: Sustained Inattentional Blindness for Dynamic Events," *Perception* 28, no. 9 (1999): 1059–74.
25   M. Schweitzer, L. Ordóñez, and B. Douma, "Goal Setting as a Motivator of Unethical Behavior," *Academy of Management Journal* 47, no. 3 (2004), 422–32.
26   Bazerman and Tenbrunsel, *Blind Spots*.
27   S. Cowley, "Wells Fargo Review Finds 1.4 Million More Suspect

Accounts," *New York Times*, August 13, 2017, https://www.nytimes. com/2017/08/31/business/dealbook/wells-fargo-accounts.html.
28 B. McClean, "How Wells Fargo's Cutthroat Corporate Culture Allegedly Drove Bankers to Fraud," *Vanity Fair*, May 31, 2017, https://www.vanityfair.com/news/2017/05/wells-fargo-corporate-culture-fraud.
29 McClean, "Wells Fargo's Cutthroat Corporate Culture."
30 C. Arnold, "Former Wells Fargo Employees Describe Toxic Sales Culture, Even at HQ," National Public Radio, October 4, 2016, https://www.npr.org/2016/10/04/496508361/former-wells-fargo-employees-describetoxic-sales-culture-even-at-he.
31 B. Van Rooij and A. Fine, "Toxic Corporate Culture: Assessing Organizational Processes of Deviancy," *Administrative Science* 8 (2018): 23.
32 E. S. Reckard, "Wells Fargo's Pressure-Cooker Sales Culture Comes at a Cost," *Los Angeles Times*, December 21, 2013, https://www.latimes.com/business/la-fi-wells-fargo-sale-pressure-20131222-story.html.
33 M. Egan, "More Wells Fargo Workers Allege Retaliation for Whistleblowing," CNN, November 7, 2017, http://money.cnn.com/2017/11/06/investing/wells-fargo-retaliation-whistleblower/index.html.
34 Van Rooij and Fine, "Toxic Corporate Culture."
35 A. Lustgarten and R. Knutson, "Years of Internal BP Probes Warned That Neglect Could Lead to Accidents," ProPublica, June 7, 2010, https://www.propublica.org/article/years-of-internal-bp-probes-warned-that-neglect-could-lead-to-accidents.
36 L. C. Steffy, *Drowning in Oil: BP and the Reckless Pursuit of Profit* (New York: McGraw Hill Professional, 2010).
37 Van Rooij and Fine, "Toxic Corporate Culture."
38 Moore et al., *Conflicts of Interest*.
39 앞선 세 문단은 아디 리스본, 유발 펠드먼과 나눈 대화에서 영감을 받았다.
40 M. Bazerman, G. Loewenstein, and K. Morgan, "The Impossibility of Auditor Independence," *Sloan Management Review* 38, no. 4 (1997): 89–95.
41 AICPA, "Objectivity, Integrity and Disclosure," accessed November 9, 2021,

https://www.aicpa.org/interestareas/personalfinancialplanning/resources/practice center/professionalresponsibilities/objectivityintegritydisclosure.html.

42 J. Swanson, "Ratings Agencies Hit for Role in Financial Crisis," Mortgage News Daily, October 22, 2008, http://www.mortgagenewsdaily.com/10232008_Ratings_Agencies_.asp.

9장 공모의 심리학

1 A. L. McGill, "Context Effects in Judgments of Causation," *Journal of Personality and Social Psychology* 57, no. 2 (1989): 189–200.

2 S. Rathje, "The Danger of Searching for One True Cause," *Psychology Today*, January 25, 2019, https://www.psychologytoday.com/us/blog/words-matter/201901/the-danger-searching-one-true-cause.

3 Z. Beauchamp, "A New Study Reveals the Real Reason Voters Switched to Trump," Vox, October 16, 2018, https://www.vox.com/policy-and-politics/2018/10/16/17980820/trump-obama-2016-race-racism-class-economy-2018-midterm.

4 T. Lombrozo, "Simplicity and Probability in Causal Explanation," *Cognitive Psychology* 55 (2007): 232–57.

5 H. Rosling, *Factfulness: Ten Reasons We're Wrong about the World* (New York: Flatiron Books, 2018).

6 N. Paharia, K. S. Kassam, J. D. Greene, and M. H. Bazerman, "Dirty Work, Clean Hands: The Moral Psychology of Indirect Agency," *Organizational Behavior and Human Decision Processes* 109, no. 2 (2009): 134–41.

7 L. C. Coffman, "Intermediation Reduces Punishment (and Reward)," *American Economic Journal: Microeconomics* 3, no. 4 (2011): 77–106.

8 D. J. Simons and C. F. Chabris, "Gorillas in Our Midst: Sustained Inattentional Blindness for Dynamic Events," *Perception* 28, no. 9 (1999): 1059–1074. See video at https://www.youtube.com/watch?v=vJG698U2Mvo.

9   A. E. Tenbrunsel and D. M. Messick, "Ethical Fading: The Role of Self-Deception in Unethical Behavior," *Social Justice Research* 17 (2004): 223–36.

10 I. Ritov and J. Baron, "Reluctance to Vaccinate: Omission Bias and Ambiguity," *Journal of Behavioral Decision Making* 3 (1990): 263–77; J. R. Meszaros, D. A. Asch, J. Baron, J. C. Hershey, H. Kunreuther, and J. Schwartz-Buzaglo, "Cognitive Processes and the Decisions of Some Parents to Forego Pertussis Vaccination for Their Children," *Journal of Clinical Epidemiology* 49 (1996): 697–703.

11 Greene, *Moral Tribes*.

12 P. Foot, *Virtues and Vices and Other Essays in Moral Philosophy* (New York: Oxford University Press, USA, 1978); Greene, *Moral Tribes*.

13 I. Kant, *Groundwork of the Metaphysics of Morals* (New York: Harper & Row, 1964).

14 M. H. Bazerman, *The Power of Noticing: What the Best Leaders See* (New York: Simon & Schuster, 2014).

15 Guiora, *Armies of Enablers*.

16 C. A. Sanderson, "Slippery Slopes and the Boiling-Frog Effect: How the Republican Party Succumbed to Trump," *USA Today*, December 23, 2020, https://www.usatoday.com/story/opinion/2020/12/23/surrender-to-donald-trump-republicans-slippery-slope-column/3989411001/.

17 Sanderson, "Slippery Slopes."

18 F. Gino and M. H. Bazerman, "When Misconduct Goes Unnoticed: The Acceptability of Gradual Erosion in Others' Unethical Behavior," *Journal of Experimental Social Psychology* 45, no. 4 (2009): 708–19.

19 M. H. Bazerman and D. Moore, *Judgment in Managerial Decision Making*, 8th ed. (New York: Wiley, 2013).

20 D. T. Welsh, L. D. Ordóñez, D. G. Snyder, and M. S. Christian, "The Slippery Slope: How Small Ethical Transgressions Pave the Way for Larger Future Transgressions," *Journal of Applied Psychology* 100, no. 1 (2015): 114–27.

21 Sanderson, "Slippery Slopes."

22 Twohey et al., "Weinstein's Complicity Machine."

23 Farrow, *Catch and Kill*, 38–39.

10장 공범이 되지 않으려면

1   G. Packer, "The President Is Winning His War on American Institutions," *Atlantic*, April 2020, https://www.theatlantic.com/magazine/archive/2020/04/how-to-destroy-a-government/606793/.
2   Packer, "President."
3   Packer, "President."
4   Packer, "President."
5   E. Newland, "I'm Haunted by What I Did as a Lawyer in the Trump Justice Department," *New York Times*, December 20, 2020, https://www.nytimes.com/2020/12/20/opinion/trump-justice-department-lawyer.html.
6   Newland, "I'm Haunted."
7   A. E. Tenbrunsel, K. A. Diekmann, K. Wade-Benzoni, and M. H. Bazerman, "The Ethical Mirage: A Temporal Explanation as to Why We Aren't as Ethical as We Think We Are," *Research in Organizational Behavior* 30 (2010): 153–73.
8   T. Rogers and M. H. Bazerman, "Future Lock-In: Future Implementation Increases Selection of 'Should' Choices," *Organizational Behavioral and Human Decision Processes* 106, no. 1 (2008): 1–20.
9   R. Fisher and W. Ury, *Getting to Yes* (New York: Penguin, 1981).
10 J. R. Detert, "Cultivating Everyday Courage," *Harvard Business Review*, November–December 2018, https://hbr.org/2018/11/cultivating-everyday-courage.
11 S. E. Asch, "Effects of Group Pressure on the Modification and Distortion of Judgments," in *Groups, Leadership and Men*, ed. H. Guetzkow (Pittsburgh: Carnegie Press, 1951), 177–90.
12 Tenbrunsel et al., "Ethical Mirage."
13 Chugh, *The Person You Mean to Be*.
14 J. Haidt, *The Righteous Mind: Why Good People Are Divided by Politics and*

Religion (New York: Pantheon Books, 2012).
15 Singer, *Practical Ethics*.
16 S. Biles, "Feelings……," Twitter, January 18, 2018, https://twitter.com/Simone_Biles/status/953014513837715457.
17 *Simone vs. Herself* (Facebook Watch Original), online docuseries, https://www.facebook.com/watch/vsonwatch/517934389392544/.
18 J. Macur, "Simone Biles and the Weight of Perfection," *New York Times*, July 24, 2021, https://www.nytimes.com/2021/07/24/sports/olympics/simone-biles-gymnastics.html.
19 S. Stump, "Simone Biles Returning to Olympics to Be a Voice for Abuse Survivors," The Today Show website, April 14, 2021, https://www.today.com/news/simone-biles-competing-tokyo-olympics-be-voice-abuse-survivors-t214955.
20 Macur, "Simone Biles."
21 L. Clarke, "Simone Biles Blasts USA Gymnastics' Settlement Proposal; Aly Raisman Assails 'Massive Cover Up,'" *Washington Post*, August 7, 2019, https:// www.washingtonpost.com/sports/2020/02/29/simone-biles-aly-raisman-blast-usa-gymnastics-settlement-proposal/.
22 Clarke, "Simone Biles."
23 Macur, "Simone Biles."
24 S. Lewis, "Simone Biles Says She Feels the 'Weight of the World' on Her Shoulders after Tough Olympic Qualifiers," CBS News, July 26, 2021, https://www.cbsnews.com/news/simone-biles-olympics-gymnastics-qualifiers/.
25 A. North, "America's Mental Health Moment Is Finally Here," Vox, July 30, 2021, https://www.vox.com/22596341/simone-biles-withdrawal-osaka-olympics-mental-health.
26 M. Hohman, "Simone Biles Addresses for 1st Time Whether Nassar Abuse Impacted Olympics Performance," The Today Show website, August 4, 2021, https:// www.today.com/news/simone-biles-nassar-abuse-s-impact-tokyo-performance-today-t227296.
27 D. Barrett, "Simone Biles to Congress: 'I Blame Larry Nassar, and I

Also Blame an Entire System,'" *Washington Post*, September 15, 2021, https://www.washingtonpost.com/national-security/gymnasts-nassar-fbi-investigation-hearing/2021/09/14/de4832cc-159f-11ec-9589-31ac3173c2e5_story.html.

28 M. Luo, "Mitt Romney's Act of Political Courage," *New Yorker*, February 5, 2020, https://www.newyorker.com/news/our-columnists/mitt-romneys-act-of-political-courage.

29 John F. Kennedy Library Foundation, "U.S. Senator Mitt Romney to Receive the John F. Kennedy Profiles in Courage Award," press release, March 26, 2021, https://www.jfklibrary.org/about-us/news-and-press/press-releases/2021-profile-in-courage-award-announcement.

30 M. Romney, "Full Transcript: Mitt Romney's Speech Announcing Vote to Convict Trump," *New York Times*, February 5, 2020, https://www.nytimes.com/2020/02/05/us/politics/mitt-romney-impeachment-speech-transcript.html.

31 Luo, "Mitt Romney's Act of Political Courage."

32 Luo, "Mitt Romney's Act of Political Courage."

33 M. Leibovich, "Romney, Defying the Party He Once Personified, Votes to Convict Trump," *New York Times*, February 5, 2020, https://www.nytimes.com/2020/02/05/us/politics/romney-trump-impeachment.html.

34 John F. Kennedy Library Foundation, "U.S. Senator Mitt Romney."

35 Financial Crisis Inquiry Commission, "The Financial Crisis Inquiry Report," January 2011, https://www.govinfo.gov/content/pkg/GPO-FCIC/pdf/GPO-FCIC.pdf.

36 The Investopedia Team, "Federal Reserve Regulations," Investopedia, December 15, 2020, https://www.investopedia.com/terms/f/federal-reserve-regulations.asp.

37 J. Bernstein, "Inside the New York Fed: Secret Recordings and a Culture Clash," ProPublica, September 26, 2014, https://www.propublica.org/article/carmen-segarras-secret-recordings-from-inside-new-york-fed.

38 Bernstein, "Inside the New York Fed."

39 Bernstein, "Inside the New York Fed."

40 J. Weir, "Goldman Sachs Whistleblower Carmen Segarra Speaks Up Again," Rantt Media, October 19, 2019, https://rantt.com/goldman-sachs-whistleblower-carmen-segarra-speaks-up-again.

41 J. Bernstein, "The Secret Recordings of Carmen Segarra," *This American Life*, September 26, 2014, podcast, https://www.thisamericanlife.org/536/the-secret-recordings-of-carmen-segarra; Bernstein, "Inside the New York Fed: Secret Recordings and a Culture Clash," ProPublica, September 26, 2014, https://www.propublica.org/article/carmen-segarras-secret-recordings-from-inside-new-york-fed.

42 Bernstein, "Secret Recordings of Carmen Segarra."

43 Weir, "Segarra Speaks Up Again."

44 Weir, "Segarra Speaks Up Again."

45 Bernstein, "Secret Recordings of Carmen Segarra."

46 Weir, "Segarra Speaks Up Again."

47 C. Anthony, "Theranos Whistleblowers Model Courage, Integrity," McCoy Family Center for Ethics in Society, Stanford University, February 26, 2019, https://ethicsinsociety.stanford.edu/buzz-blog/theranos-whistleblowers-model-courage-integrity.

48 Anthony, "Theranos Whistleblowers."

49 Anthony, "Theranos Whistleblowers."

50 Carreyrou, *Bad Blood*, 197.

51 Carreyrou, *Bad Blood*, 198.

52 T. Dunn, V. Thompson, R. Jarvis, and A. Louszko, "Ex-Theranos CEO Elizabeth Holmes Says 'I Don't Know' 600-Plus Times in Never-Before-Broadcast Deposition Tapes," ABC News, January 23, 2019, https://abcnews.go.com/Business/theranos-ceo-elizabeth-holmes-600-times-broadcast-deposition/story?id=60576630.

53 M. H. Bazerman, *The Power of Noticing: What the Best Leaders See* (New York: Simon & Schuster, 2014).

54 R. N. Proctor, *Golden Holocaust: Origins of the Cigarette Catastrophe and the Case for Abolition* (Berkeley: University of California Press, 2012).

55 A. M. Brandt, *The Cigarette Century: The Rise, Fall, and Deadly Persistence of*

the Product That Defined America (Basic Books, 2007).

56 Proctor, Golden Holocaust.
57 Wikipedia, "Coumarin," accessed November 10, 2021, https://en.wikipedia.org/wiki/Coumarin.
58 Goldberg Kohn Ltd., "Famous Whistleblowers and Their Impact on America," January 26, 2019, https://www.whistleblowersattorneys.com/blogs-whistleblowerblog,famous-whistleblowers-in-america.
59 C. Feldman, "60 Minutes' Most Famous Whistleblower," CBS News, February 4, 2016, https://www.cbsnews.com/news/60-minutes-most-famous-whistleblower/.

11장 리더는 무엇을 할 수 있는가

1 D. A. Moore and M. H. Bazerman, *Decision Leadership* (New Haven, CT: Yale University Press, 2022).
2 K. Benner, "Trump and Justice Dept. Lawyer Said to Have Plotted to Oust Acting Attorney General," *New York Times*, October 13, 2021, https://www.nytimes.com/2021/01/22/us/politics/jeffrey-clark-trump-justice-department-election.html.
3 Benner, "Trump and Justice Dept. Lawyer."
4 E. Bazelon and M. Wines, "How the Census Bureau Stood Up to Trump's Meddling," *New York Times*, August 15, 2021, https://www.nytimes.com/2021/08/12/sunday-review/census-redistricting-trump-immigrants.html.
5 Bazelon and Wines, "Census Bureau."
6 H. L. Wang, "Immigration Hard-Liner Files Reveal 40-Year Bid behind Trump's Census Obsession," National Public Radio, February 15, 2021, https://www.npr.org/2021/02/15/967783477/immigration-hard-liner-files-reveal-40-year-bid-behind-trumps-census-obsession.
7 Bazelon and Wines, "Census Bureau."
8 M. L. Tushman and C. A. O'Reilly, *Winning through Innovation* (Cambridge,

MA: Harvard Business School Press, 2016).

9   C. A. O'Reilly III and M. L. Tushman, *Winning Through Innovation: A Practical Guide to Leading Organizational Change and Renewal* (Boston: Harvard Business School Press, 1997).

10 I. Ayres and C. Unkovic, "Information Escrows," *Michigan Law Review* 111, no. 2 (2012): 145–96.

11 Ayres and Unkovic, "Information Escrows."

12 C. Joffe-Walt, "Episode One: The Book of Statuses," July 30, 2020, in *Nice White Parents*, produced by J. Snyder, podcast, https://www.nytimes.com/2020/07/30/podcasts/nice-white-parents-serial.html.

13 D. A. Moore, D. M. Cain, G. Loewenstein, and M. Bazerman, eds., *Conflicts of Interest: Problems and Solutions from Law, Medicine, and Organizational Settings* (New York: Cambridge University Press, 2005).

14 Guiora, *Armies of Enablers*.

15 Guiora, *Armies of Enablers*.

16 "What Is a Whistleblower?" Government Accountability Project, accessed November 10, 2021, https://whistleblower.org/resources/.

17 L. Herrero, "The Missing Word in the Famous Margaret Mead Quote," Leandro Herrero website, February 19, 2016, https://leandroherrero.com/the-missing-word-in-the-famous-margaret-mead-quote/.

나가며

1   M. H. Bazerman, *The Power of Noticing: What the Best Leaders See* (New York: Simon & Schuster, 2014).

옮긴이 **연아람**

한국외국어대학교 영어교육학과를 졸업한 후 서강대학교에서 국제관계학을, 영국 런던정치경제대학(LSE)에서 인권학을 공부하고 이주 정책 및 청소년 교육 관련 공공기관에서 근무했다. 한국외국어대학교 통번역대학원에서 번역 전공으로 석사 학위를 받았으며 영미권 도서를 우리말로 옮기는 작업에 매진하고 있다. 옮긴 책으로 『알고리즘에 갇힌 자기 계발』, 『라이프 이즈 하드』, 『죽음은 최소한으로 생각하라』, 『음식 중독』, 『주소 이야기』, 『생명 가격표』가 있다.

우리는 어떻게 공범이 되는가

1판 1쇄 찍음 2025년 8월 29일
1판 1쇄 펴냄 2025년 9월 5일

지은이　　맥스 베이저먼
옮긴이　　연아람
발행인　　박근섭·박상준
펴낸곳　　(주)민음사

출판등록　1966. 5. 19. 제16-490호
주소　　　서울시 강남구 도산대로 1길 62(신사동)
　　　　　강남출판문화센터 5층 (우편번호 06027)
대표전화　02-515-2000 | 팩시밀리 02-515-2007
홈페이지　www.minumsa.com

한국어판 ⓒ (주)민음사, 2025. Printed in Seoul, Korea

ISBN 978-89-374-2283-6 03300

* 잘못된 책은 구입처에서 교환해 드립니다.